Unterwegs

UNTERWEGS

Die Reisen großer Schriftstellerinnen und Schriftsteller

Travis Elborough

Aus dem Englischen von Dagmar Brenneisen

KOSMOS

Inhalt

Einleitung — 6

Hans Christian Andersen wird in Italien zum Romancier — 8

Maya Angelou verliert ihr Herz an Ghana — 12

W. H. Auden und **Christopher Isherwood** ziehen in den Krieg — 16

Jane Austen schnuppert Seeluft und Tang in Worthing — 22

James Baldwin verliebt sich in Paris — 28

Bashō wandert auf schmalen Pfaden durchs Hinterland — 34

Charles Baudelaire gelangt nie bis nach Indien — 38

Elizabeth Bishop ist überwältigt von Brasilien — 44

Heinrich Böll lässt sich von Irland verzaubern — 50

Lewis Carroll findet auch in Russland ein Wunderland — 54

Agatha Christie an Bord des Orient-Express — 60

Kein Müßiggang in Cumbria für **Wilkie Collins** und **Charles Dickens** — 68

Joseph Conrad wird Zeuge der Kongogräuel — 72

Karen Blixen ist diesseits und jenseits von Afrika — 78

Sir Arthur Conan Doyle findet ein würdiges Grab für seinen Sherlock Holmes — 82

F. Scott Fitzgerald badet im Licht der Côte d'Azur — 90

Gustave Flaubert vergnügt sich im Orient — 98

Johann Wolfgang von Goethe lässt sich in Italien treiben — 104

Graham Greene lernt in Liberia das Leben wieder lieben — 112

Hermann Hesse sucht in Ostasien die Erleuchtung	**118**
Patricia Highsmith erspäht in Positano ihren Romanhelden	**124**
Zora Neale Hurston verfällt dem Zauber von Jamaika und Haiti	**130**
Jack Kerouac ist zum ersten Mal „On the Road"	**136**
Jack London schürft am Klondike nach Gold	**142**
Federico García Lorca schließt Freundschaften in New York	**148**
Katherine Mansfield sammelt Geschichten in einem deutschen Kurort	**154**
Herman Melville erkundet die Weltmeere	**160**
Alexander Puschkin erholt sich im Kaukasus und auf der Krim	**166**
J. K. Rowling kommt im Zug von Manchester nach London ein genialer Einfall	**172**
Antoine de Saint-Exupéry überlebt den Absturz in Ägypten	**176**
Sam Selvon kommt auf dem Seeweg nach England	**182**
Bram Stoker lässt Dracula im englischen Whitby an Land	**188**
Sylvia Townsend Warner findet Poesie in der Marsch von Essex	**194**
Mary Wollstonecraft tröstet ihr Herz in Skandinavien	**200**
Virginia Woolf begeistert sich für das antike Griechenland	**206**
Auswahlbibliografie	**212**
Index	**218**
Bildnachweise	**223**

Einleitung

Der französische Literaturtheoretiker Roland Barthes schrieb einmal einen Essay mit dem Titel *Der Schriftsteller in Ferien*. Barthes sinnierte darüber, dass es offenbar unmöglich war für Autoren, ihre Arbeit zu pausieren, selbst wenn sie am Strand entspannten oder den Kongo hinabfuhren. „Mit Ferien ausgestattet, kehrt er das Zeichen seines Menschseins heraus, doch der Gott bleibt; man ist Schriftsteller, so wie Ludwig XIV. König war, selbst auf dem Nachtstuhl." Betrachten wir unser Leben generell als eine Reise, so ist in diesem Sinne die Reise eines Schriftstellers einfach eine weitere Quelle für neuen literarischen Stoff. Wobei ein Ortswechsel wahre Wunder bewirken kann, was Kreativität und Fantasie angeht. Wie in diesem Buch nachzulesen ist, entstanden einige echte literarische Meisterwerke entweder als Reaktion auf einen besuchten Ort, als unmittelbares Resultat einer Auszeit fern der gewöhnlichen Umgebung, oder weil die Schreibenden den Neuanfang in einem fremden Land wagten.

Häufig machen sich Autorinnen und Dichter mit der erklärten Absicht auf den Weg, einen Text oder ein Buch zu verfassen. Für diese Kategorie liefert das vorliegende Buch viele Beispiele. Die eine oder andere Odyssee kann aber, wie man sehen wird, auch für das spätere Werk eines Autors ungewollte Folgen haben und in manchen Fällen sogar die literarische Laufbahn komplett verändern. Andere Umstände wiederum bewirken, dass ein Mensch durch das Reisen überhaupt erst zum Schreibenden wird – durch das Eintauchen in andere Landschaften, Begegnungen mit fremden Menschen und Verkehrsmitteln, Bräuchen, Speisen und Getränken, das fremde Klima, die Insekten, Cafés, Bars und Hotels ... Alles dient als Rohmaterial und Erinnerungsfundus, um nachträglich – und lohnenswert – auf Papier verewigt zu werden. Außerdem kann ein Ortswechsel dem Autor die Zeit, die Distanz und den Raum bieten, die er zum Schreiben benötigt – plus ein paar nette Einheimische und gleichgesinnte kunstaffine Ausländer.

Die Welt ist heute erheblich leichter zu bereisen als in früheren Jahrhunderten, und die Sehenswürdigkeiten, Geräusche und Geschmäcker fremder Länder sind in unserer digital vernetzten und globalisierten Zeit leicht zu haben. Bis vor relativ kurzer Zeit war das Reisen äußerst beschwerlich, kostspielig und mit beträchtlichen Risiken verbunden.

Einheimische und Hoteliers waren nicht immer freundlich. Vor der Zeit der Dampf- und Dieselschifffahrt waren die hölzernen Segelschiffe von der Gunst des Wetters abhängig und ständig in Gefahr, Schiffbruch zu erleiden (so mancher Autor in diesem Buch entging nur knapp dem Tod auf hoher See). Dazu kamen bedrohliche Krankheiten, denen die umherziehenden Schreiberlinge ausgesetzt waren, und selbst Bildungsreisen durch Länder des Altertums bargen Gefahren wie Cholera oder Malaria. Einer der wanderlustigsten Autoren im Buch fiel bedauerlicherweise der Ruhr zum Opfer.

Einige Schriftstellerinnen und Schriftsteller in diesem Buch machten sich buchstäblich auf eine Reise ins Ungewisse, während andere durch Gebiete streiften, die nur unzureichend kartografiert waren und mit denen sich nur wenige Menschen befassten. Das andere Extrem sind die kommerziell erfolgreichen Profis mit Bestsellern in der Tasche, die stilvoll in der Ersten Klasse reisten, am Kapitänstisch und in den besten Restaurants dinierten und nur in vornehmsten Hotels abstiegen. Man kann mit Fug und Recht behaupten, dass einige der Autorinnen und Autoren dazu beigetragen haben, bestimmte Orte auf die Landkarten der Touristen zu setzen, indem sie darüber schrieben und andere dazu ermunterten, auf ihren Spuren bzw. denen ihrer Figuren zu wandeln. Seit Langem schon zieht es Literaturpilger zu realen Schauplätzen, an denen die fiktiven Geschichten ihrer Lieblingsautoren spielen oder an denen ihre schreibenden Idole über späteren Meisterwerken brüteten.

So widmet sich dieses Buch letztendlich wie ein Atlas nicht nur den Schriftstellerinnen und Schriftstellern, die sich auf den weiten Weg machten, sondern auch den näheren oder fernen Orten, die ihre Kreativität auf die eine oder andere Weise angeregt haben. Die vom Autor und von der Kartografin gezogenen Linien zeichnen auf dem Papier ihre Reiserouten nach, die Ziffern folgen der jeweiligen Reiserichtung. Wenngleich sich die Stationen der Literaten ohne große Mühe kartieren lassen, erzählen sie nur einen Teil der Geschichte. Alle porträtierten Reisen hatten enorme Auswirkungen auf das persönliche Leben der jeweiligen Person und auf die Literaturlandschaft im Allgemeinen. Mögen die Reisewege ebenso wie die Reiseziele der hier vorgestellten Schriftstellerinnen und Schriftsteller Ihnen großes Lesevergnügen bereiten!

Hans Christian Andersen wird in Italien zum Romancier

Hans Christian Andersen (1805–1875), der uneheliche Sohn eines belesenen Schusters und einer ungebildeten Waschfrau, identifizierte sich zeitlebens mit Außenseitern. Der für seine Schlaksigkeit, mädchenhafte Art und Stimme verhöhnte Andersen musste als Kind in einer Tuch- und Tabakfabrik schuften, um zum Broterwerb seiner früh verwitweten Mutter beizutragen. Nach deren Wiederheirat fand er in seiner dänischen Geburtsstadt Odense Aufnahme an der Armenschule, was ihn vor einer Zukunft voll harter körperlicher Arbeit bewahren sollte. Andersen genügte es jedoch nicht, sein Dasein in der Provinz zu fristen, und so zog er 1828 nach Kopenhagen, wo er Gönner für sein Studium an der hiesigen Universität gewinnen konnte. Im darauffolgenden Jahr konnte Andersen mit einer fantastischen Erzählung im Stil des deutschen Schriftstellers der Romantik, E. T. A. Hoffmann, einen ersten literarischen Erfolg feiern. Dann begann er, für das Theater zu schreiben.

Andersen unternahm eine erspießliche Deutschlandreise, bevor ihm 1883, zwei Jahre später, vermögende Bewunderer einen längeren Auslandsaufenthalt ermöglichten, den er überwiegend in Italien verbringen würde. Seit der Lektüre von Goethes *Italienischer Reise* und Madame de Staëls seinerzeit populärem Roman *Corinna oder Italien* war er erpicht darauf, dieses Land zu besuchen.

Andersen verließ Kopenhagen am 22. April 1833 und kehrte erst am 3. August 1834 zurück. Sein erstes Ziel war Paris. Drei Monate verbrachte er in der französischen Hauptstadt und begegnete dort erstmalig Victor Hugo. Am 15. August 1833 brach er in die Schweiz auf und weilte drei Wochen in Le Locle, nahe der gebirgigen Grenze zu Frankreich. Die Alpenkulisse sollte später in *Die Eisjungfrau,* einem seiner weniger bekannten Märchen, wieder auftauchen. Am 19. September betrat Andersen italienischen Boden und gelangte am 18. Oktober nach Rom, wo er bis zum 12. Februar 1883 blieb.

Rom gilt als Wendepunkt in Andersens Karriere. Inspiriert von den Plätzen und Klängen, den katholischen Rokoko-Kirchen und antiken Tempeln, begann Andersen mit dem Schreiben seines halb-autobiografischen Debütromans *Der Improvisator.* Dieser Bildungsroman – „vom Tellerwäscher zum Künstler" – legte den Grundstein für Andersens frühen Ruhm. Als bedeutsames Detail ließ er seinen Romanhelden, den Sänger Antonio, in der Via Felice an der Ecke Piazza Barberini in Sichtweite des Tritonenbrunnens von Gian Lorinzo Berinini das Licht der Welt erblicken.

Weitere topografische Elemente im Roman sind die Spanische Treppe oder das Kolosseum. Unweit des Trevi-Brunnens trifft der junge Antonio den *improvisatore,* einen Straßenmusiker mit Gitarre. Antonios eigenes stimmliches Talent offenbart sich im Alter von neun Jahren in der ikonenreichen Basilica Santa Maria in Aracoeli auf dem Kapitolshügel. Andersen selbst besichtigte die Kirche am 27. September 1833 in Begleitung seines dänischen Dichterkollegen Henrik Hertz, der gerade bei ihm zu Besuch war.

Im neuen Jahr reisten Andersen und Hertz weiter in den Süden und erreichten am 16. Februar 1834 Neapel. Die Hitze und zwielichtige Atmosphäre des Hafenviertels, in dessen Straßen es von Seeleuten, Sängern, Falschspielern, Zuhältern und Prostituierten wimmelte, scheinen Hertz' erotische Begierden augenblicklich geweckt zu haben. Nach drei Tagen in der Stadt erwähnte Andersen in seinem Tagebuch Zuhälter, die die Dienste einer *bella donna* feilboten, und notierte: „Ich konnte spüren, wie das Klima auf mein Blut wirkte, ich fühlte eine rasende Leidenschaft, doch ich widerstand." Hertz hingegen konnte sich der neapolitanischen Versuchungen offenbar nicht erwehren.

An einem ihrer ersten Abende in der Stadt sorgte der Ausbruch des Vesuvs östlich von Neapel für weitere Aufregung. Andersen vernahm „plötzlich ein seltsames Geräusch in der Luft, als würden mehrere Türen auf einmal zugeschlagen, jedoch mit einer übernatürlichen Kraft". Er eilte zu einer nahe gelegenen Piazza, um das Schauspiel genauer zu verfolgen. Später bestieg er den Vesuv und warf einen Blick in den glühenden Krater. Auch die Ruinen von Herculaneum und Pompeji hinterließen bei dem Schriftsteller tiefe Eindrücke, die er, ebenso wie Neapel und den Vesuv, in seinem Werk *Der Improvisator* verarbeitete. Wie anzunehmen, decken sich Antonios Interessen und zurückgelegten Wege mit denen des Autors.

Im Opernhaus von Neapel, dem Teatro di San Carlo, wo der Romanheld Antonio sein Publikum fesselt, lauschte Andersen am 23. Februar der legendären Mezzosopranistin Maria Malibran in der Titelrolle in Vincenzo Bellinis *Norma*. Sie inspirierte den Schriftsteller zu der Figur Annunziata, der ersten großen Liebe Antonios.

Noch ein weiterer Schauplatz spielt in dem Roman eine zentrale Rolle: die *Grotta Azzurra*, die Blaue Grotte auf der Insel Capri, zu der Andersen seinen Helden Antonio am Ende der Geschichte zurückkehren lässt. Nur über eine kleine Öffnung in der Klippe zugänglich, war das Felsenloch einst der Privatpool des Kaisers Tiberius und wurde erst kurz vor Andersens Besuch im März 1834 von der Öffentlichkeit wiederentdeckt. Andersen machte die Blaue Grotte für Hunderte Dänen und Skandinavier zu einer fast heiligen literarischen Pilgerstätte. Alle wollten diese Märchenwelt mit eigenen Augen sehen, „wo alles wie der Aether schimmerte" und das Wasser „einem blauen brennenden Feuer glich."

In der Osterwoche kehrte Andersen nach Rom zurück, bevor ihn seine Route über Florenz und Venedig nach Wien und München weiterführte. Nach seinem Aufenthalt in Italien habe er „keinen Sinn und kein Auge für Deutschland" gehabt und der dänischen Heimat „mit Schrecken und Angst" entgegengesehen, bekannte Andersen. Dennoch kehrte er nach Dänemark zurück. Dort stellte er seinen Roman *Der Improvisator* fertig und bereitete die Publikation seiner ersten zwei Märchenbände vor. Diese drei Werke erschienen allesamt 1835 innerhalb weniger Monate. Wie ein Kritiker weise vorhersagte, war es sein Roman, der Andersen berühmt machte, seine Märchen jedoch machten ihn unsterblich.

▸ OBEN Rom.
▸ UNTEN *Die Blaue Grotte auf der Insel Capri,* Aquarell von Jakob Alt, um 1835.

HANS CHRISTIAN ANDERSEN WIRD IN ITALIEN ZUM ROMANCIER

Maya Angelou verliert ihr Herz an Ghana

Das künstlerische Gesamtwerk von Maya Angelou (1928–2014) umfasst Gedichte, volkstümliche Erzählungen, eine mitreißende Autobiografie und Memoiren. Sie machte als Sängerin und Schauspielerin Karriere, ging u. a. mit einer *Porgy and Bess*-Produktion auf Tournee und war die erste Schwarze Hollywood-Regisseurin. Ende der 1950er- und 1960er-Jahre wurde Angelou zu einer prominenten Bürgerrechtlerin. Ihre Aufgabe als Koordinatorin der Bürgerrechtsorganisation Southern Christian Leadership Conference unter Dr. Martin Luther King Jr. bewog sie schließlich dazu, nach Afrika überzusiedeln.

Mit ihrem Sohn Guy und Ehemann Vusumzi Make, einem südafrikanischen Anti-Apartheid-Aktivisten, der als Repräsentant des Panafrikanischen Kongresses (PAC) in Ägypten diente, ließ sich Angelou für knapp zwei Jahre in Kairo nieder. 1962 endete ihre kurze Ehe und sie wollte einen Posten beim Ministry of Information in Liberia antreten. Zuvor reiste sie jedoch mit ihrem Sohn nach Ghana, wo dieser sich an der Universität in Accra einschreiben wollte. Wenige Tage nach ihrer Ankunft wurde Guy allerdings bei einem Autounfall durch einen betrunkenen Fahrer verletzt und Angelou blieb, um sich um ihren Sohn zu kümmern. Im fünften Band ihrer Autobiografie *Ich kenne einen Ort weit weg von hier*, der ihre Zeit in Ghana schildert, schrieb Angelou augenzwinkernd, sie sei versehentlich („by accident" – im wörtlichen Sinne „durch einen Unfall") in Ghana hängen geblieben.

Die westafrikanische Nation an der Küste des Golfs von Guinea hatte erst 1957 die Unabhängigkeit von Großbritannien erlangt. Ihr erster Präsident, der charismatische Marxist Kwame Nkrumah, glaubte fest daran, dass sein Land für ganz Afrika das Ende der Kolonialherrschaft einleiten könne, und hoffte, dass der gesamte Kontinent, wenn er von den imperialen Unterdrückern befreit war, sich unter dem Sozialismus einen würde. Der ehemalige Student der Lincoln University in Pennsylvania (USA) hieß alle Afroamerikaner willkommen, die nach Ghana auswandern wollten, und und nahm politische Flüchtlinge aus dem unter weißer Herrschaft stehenden südlichen und östlichen Afrika auf. Trotz der Stelle, die in Liberia auf sie wartete, beschloss Angelou erst einmal zu bleiben. Endlich, so schrieb sie, waren ihr Sohn und sie an einem Ort, „wo unsere Hautfarbe zum ersten Mal in unserem Leben als völlig normal und unauffällig akzeptiert wurde."

Angelou fand eine Stelle in der Verwaltung der Universität am Institute of African Studies und tauchte immer tiefer in das kulturelle Leben in Accra ein. Sie machte Bekanntschaft mit dem Autor, Dramatiker und Schauspieler Julian Mayfield, einem emigrierten Afroamerikaner, der aus Furcht vor der CIA und dem FBI die USA verlassen hatte, und mit Efua Sutherland, einer Schriftstellerin, Dramatikerin, Lehrerin und Leiterin des Nationaltheaters von Ghana. Schon bald mischte Angelou am Theater mit, kümmerte sich an der Kasse um Reservierungen und Ticketverkauf und stand irgendwann auf

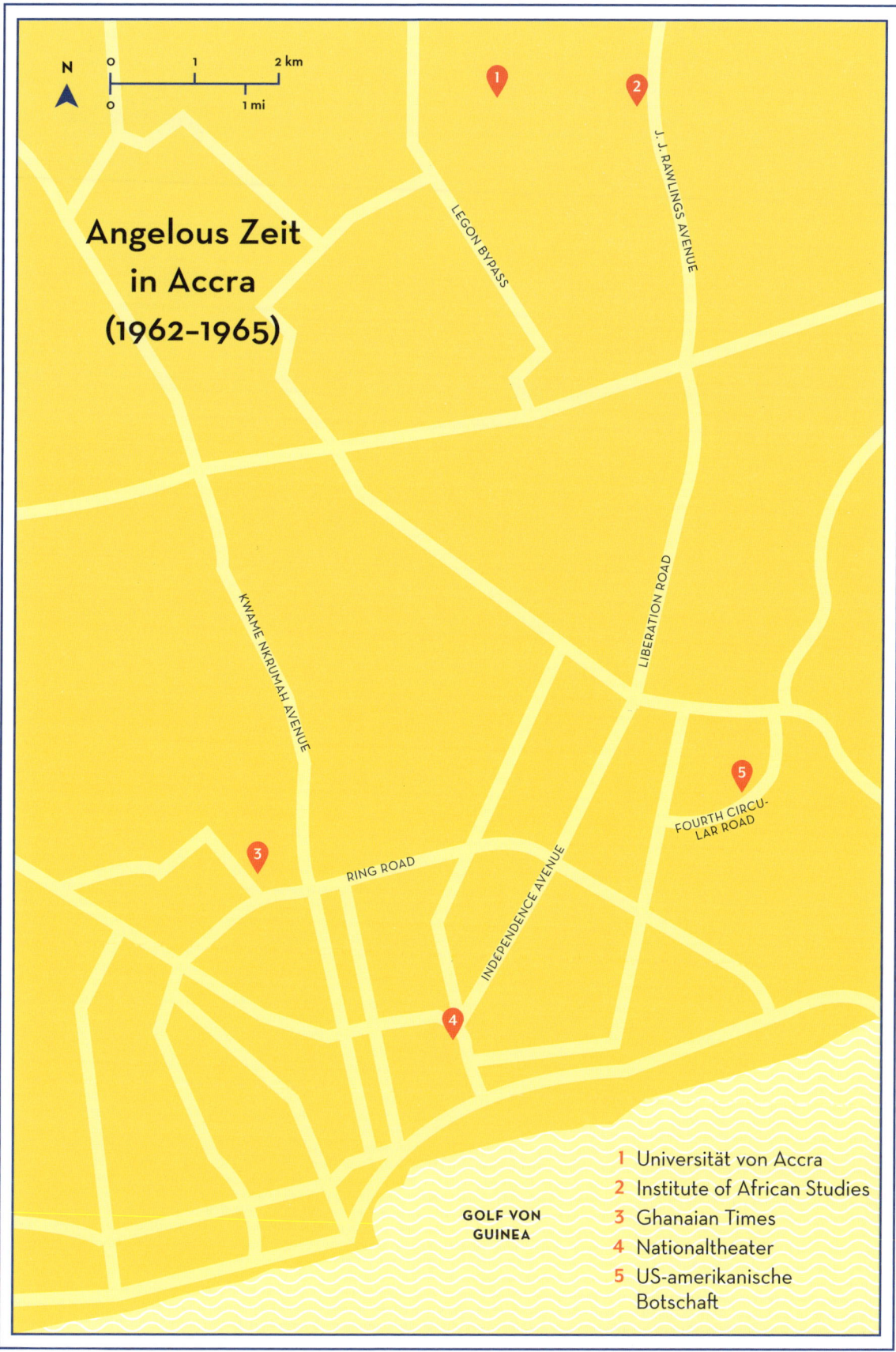

der Bühne in der Hauptrolle von Bertolt Brechts *Mutter Courage und ihre Kinder.*

Neben ihrer Arbeit schrieb Angelou immer mehr Artikel für die *Ghanaian Times* und schloss Freundschaft mit deren Herausgeber – beide hegten sie eine Vorliebe für das lokale Club Beer gegenüber dem ghanaischen Star Beer. Als bekannt wurde, dass Martin Luther King Jr. am 28. August 1963 einen „Marsch auf Washington für Arbeit und Freiheit" plante – das historische Ereignis im Kampf für Bürgerrechte, bei dem etwa 250 000 Menschen vor dem Lincoln Memorial zusammenkamen und King zum Abschluss seine legendäre Rede „I Have a Dream" hielt –, organisierte Angelou mit anderen eine parallele Kundgebung in Accra. Als Zeichen der Solidarität zogen sie an der US-amerikanischen Botschaft vorbei, warteten aber bis Mitternacht, um zeitgleich mit King zu starten.

Während Angelou in Ghana lebte, ließen sich zwei weitere Hauptakteure des US-amerikanischen Bürgerrechtskampfs in Accra nieder: der Boxer Muhammad Ali und Malcolm X, ein Freund Angelous und glühender Redner der Schwarzen Befreiungsbewegung. Malcom X war in gewisser Weise auch ein Reisender. Nach einer Pilgerfahrt nach Mekka hatte er mit seinem früheren Mentor Elijah Muhammad gebrochen, dem Anführer der Nation of Islam. Malcolm X wurde eine Audienz bei Nkrumah gewährt, doch Ali zeigte Malcolm wegen seiner Abkehr von Elijah die kalte Schulter, als sich ihre Wege in Ghana kreuzten.

Angelou war glücklich in Ghana, auch wenn sie die Spannungen zwischen den afroamerikanischen Immigranten und der einheimischen Bevölkerung ebenso wahrnahm wie die Unterschiede im Lebensstil der Regierungsbeamten Nkrumahs verglichen mit den Normalbürgern. Sie erkannte, wie stark die Sprache zur Entzweiung der „émigrés" und Ghanaer beitrug, und begann aus diesem Grund, Fante zu lernen.

Nach zwei Jahren in Ghana litt Angelou an Heimweh. Malcolm X, der inzwischen seine Organization of Afro-American Unity ins Leben gerufen hatte, schilderte ihr in Briefen, was in den USA gerade vor sich ging, und Angelou spürte die großen Veränderungen, vor dem ihr Land stand. Sie beschloss, zurückzukehren und sich im Kampf zu engagieren. Von James Baldwin ermutigt, setzte sie das Schreiben von Gedichten und Prosa als Instrument ein, um den Anliegen und Erfahrungen der Afroamerikaner eine Stimme zu geben, besonders im Anschluss an die Ermordungen von Malcolm X und Martin Luther King. Doch Ghana war und blieb eine wichtige Station auf Angelous persönlicher und kreativer Reise. „Das Herz Afrikas hatte sich mir immer noch nicht erschlossen, aber meine Suche danach hatte mir geholfen, mich selbst und andere Menschen besser zu verstehen."

◀ Accra, Ghana.

▼ Kwame Nkrumah's Mausoleum, Kwame Nkrumah Memorial Park, Accra.

W. H. Auden und Christopher Isherwood ziehen in den Krieg

Das Reisebuch in Versen und Prosa mit dem Titel *Letters from Iceland,* das W. H. Auden (1907–1973) zusammen mit dem Dichter Louis MacNeice nach ihrer gemeinsamen Islandreise 1936 verfasst hatte, stieß auf derart positive Resonanz, dass ihm sein amerikanischer Verleger einen Folgeband über den Osten vorschlug. Für dieses Werk, das später unter dem Titel *Journey to a War* („Reise in einen Krieg") erscheinen würde, tat sich Auden mit Christopher Isherwood (1904–1986) zusammen, seinem alten Freund und gelegentlichen Geliebten. Gerade hatte er in Koproduktion mit Isherwood die in einem pseudo-asiatischen Land spielende Tragödie *The Ascent of F6* fertiggestellt.

Wie seinen Zeitgenossen George Orwell zog es auch Auden, von der politischen Lage in Spanien mobilisiert, im Januar 1937 nach Barcelona, um sich in freiwilligem Einsatz als Krankenwagenfahrer auf die Seite der Republikaner zu schlagen. Doch seine Versuche, sich nützlich zu machen, wurden vereitelt. Entsetzt über die internen Querelen diverser linker Gruppierungen und die mutwilligen Kirchenschändungen in der Stadt, kehrte er kaum zwei Monate später frustriert nach Großbritannien zurück. In jenem Sommer brüteten Auden und Isherwood gerade über den Plänen für ihr Reisebuch, als sie die Nachricht erreichte, dass die japanische Armee, die seit der Besetzung der Mandschurei 1931 immer tiefer in chinesisches Territorium vordrang, südlich von Peking eingefallen war und Shanghai angriff. So wurde China, wie Isherwood sich später erinnerte, „zu einem der entscheidenden Schlachtfelder der Welt" und die zwei Schriftsteller beschlossen, nach China zu reisen und darüber zu schreiben. Außerdem würden sich dort im Unterschied zu Spanien nicht schon „die besten literarischen Kriegsbeobachter tummeln". In seinen Jahrzehnte später verfassten Memoiren *Christopher and His Kind* zitierte er Auden mit den Worten: „Wir haben einen Krieg ganz für uns alleine." Ganz so war es dann doch nicht. Auch der Reiseschriftsteller Peter Fleming und der berühmte Kriegsfotograf Robert Capa waren unter den Koryphäen des Westens, denen Auden und Isherwood über den Weg liefen.

Sowohl für Auden als auch für Isherwood war es die erste Reise „an einen Ort östlich von Suez". Weder sprachen sie Chinesisch, noch besaßen sie irgendwelche „besonderen Kenntnisse über den Fernen Osten", wie sie offen zugaben. Doch das Interesse an den zwei Literaten, die sich auf das riskante Terrain der Kriegsreportage wagten, war groß und eine Reihe an Reportern und Pressefotografen erwartete sie an der Victoria Station in London, als sie am 19. Januar 1938 den Zug zur Fähre nach Dover bestiegen.

Nach einem Abend in Paris setzten sie ihre Reise südwärts nach Marseille fort, wo sie sich zwei Tage später auf der *Aramis* einschifften. Im ägptischen Port Said gingen die Schriftsteller für einen Tag von Bord und besichtigten Kairo. Dann kehrten sie auf ihr Schiff zurück, das inzwischen den Suezkanal passiert hatte und in Port Tewfik lag. Von hier nahm die

◀ Christopher Isherwood und W. H. Auden an Bord des Zuges zur Fähre in Dover, London, 19. Januar 1938.

▶ Nanchang, China.

Aramis steten Kurs nach Süden und fuhr über Dschibuti, Colombo in Sri Lanka, Singapur und Ho-Chi-Minh-Stadt (seinerzeit Saigon) in Vietnam, bis sie am 16. Februar in Hongkong eintraf. Zwar wurden die Schriftsteller in der britischen Kolonie von den Regierungsbeamten feierlich empfangen, doch fanden sie die Stadt „abscheulich" und bezeichneten sie als „viktorianische Kolonialfestung", deren Architekturstile nicht zueinanderpassten. Auch die britischen Bewohner missfielen ihnen.

Auden und Isherwood verließen Hongkong am 28. Februar auf einem Flussboot Richtung Guangzhou (seinerzeit Kanton). Ein anderes Transportmittel gab es nicht, da die Japaner nun täglich die Bahnstrecke Kowloon–Kanton bombardierten. Damit begann ihre lange, dreieinhalb Monate dauernde „Irrfahrt durch China", auf der ihnen, abgesehen von Chinesen, US-amerikanische Missionare, exilierte Weißrussen und unzählige nicht-einheimische Exzentriker begegneten. Ständig gab es auf ihrer Reiseroute Umwege und Verzögerungen und Kursänderungen wegen der japanischen Kriegsmanöver. Dazu kam eine Behinderungstaktik der chinesischen Regierung und Militärfunktionäre, die es darauf anlegten, westliche Journalisten auf Abstand zu halten.

In Li Kwo Yi stellte sich ihnen General Chang Tschen entgegen, als sie zur Frontlinie gelangen wollten. Ähnliches widerfuhr ihnen in Huangshan (seinerzeit Tunxi), als sie am Taisee von einem hartnäckigen Journalisten, Herrn Kao, aufgehalten wurden und man ihnen die Weiterreise nach Norden verwehrte, wo sie die 8. Marscharmee in Aktion beobachten wollten. Man zwang sie zur Umkehr entlang des Jangtsekiang flussabwärts nach Hankou (eine der drei Städte, die sich später zu Wuhan zusammenschlossen).

Die meiste Zeit der Reise wurden Auden und Isherwood von ihrem „Boy" Chiang begleitet, einem liebenswerten chinesischen Führer mittleren Alters, den ihnen der Konsul von Hankou zur Verfügung gestellt hatte. Hankou war nach Guangzhou ihr erster Anlaufpunkt, den sie nach einer der vielen entsetzlich langsamen Zugfahrten erreichten. In Hankou erlebten Isherwood und Auden, im Gras vor dem britischen Konsulat flach auf dem Rücken liegend, live einen japanischen Luftangriff. Auden schlug vor, diese entspannte Position einzunehmen, um einem steifen Nacken vorzubeugen.

Bei Begegnungen mit „echten" Kriegsbericht-erstattern fühlte sich Isherwood genötigt zuzugeben, dass sie „lediglich Touristen" und Amateure waren. Dabei erlebten sie riskante Momente, etwa als an der Front in Han Chiang die Japaner, während Auden und Isherwood über freies Feld liefen, das Feuer erwiderten.

Eine Atempause bescherte ihnen zumindest die Flussdampferfahrt nach Jiujiang (damals Kiukiang) sowie die prompte Einquartierung im Journey's End Hotel in den Hügeln von Guling (seinerzeit Kuling) durch dessen eigenwilligen Besitzer. Von Jiujiang aus wagten sich die zwei Literaten bis nach Nanchang vor, nahmen dort einen Zug nach Jinhua (damals Kin-hwa) und anschließend einen Bus nach Wenzhou. Hier erwartete sie wieder ein Flussdampfer, mit dem sie am 25. Mai in Shanghai eintrafen.

Auf Einladung des pfeiferauchenden britischen Botschafters Sir Archibald Clark-Kerr und seiner chilenischen Gattin Tita logierten sie in Shanghai in deren Wohnhaus im internationalen Viertel. „Noch trister als anderswo" schilderte Isherwood die Stadt, deren Außenbezirke von den Japanern besetzt waren. Dessen ungeachtet gönnten sich die beiden nach ihren traumatischen Kriegserlebnissen einen „Nachmittag frei von sozialem Gewissen" und ließen sich „in einem Badehaus von jungen Männern erotisch einseifen und massieren."

Am 12. Juni verließen sie Shanghai an Bord des kanadischen Pazifik-Liners *Empress of Asia*. Ausgerechnet in drei japanischen Häfen (Kobe, Tokio, Yokohama) musste das Schiff haltmachen, wie Isherwood später ironisch bemerkte, bevor sie endlich die Heimreise über Vancouver, Portal (North Dakota), Chicago und New York bis nach London fortsetzten.

Bei ihrer Ankunft am 17. Juli 1938 in London stand Audens Entschluss fest, dass er in die Vereinigten Staaten auswandern würde, und Isherwood folgte ihm nach. So bewirkte ihre „Reise in einen Krieg", dessen Brutalität sie in Asien hautnah miterlebt hatten, letzten Endes eine Art Rückzug der beiden.

◀ Shexian, Huangshan-Stadt, seinerzeit Tunxi, China.

Jane Austen schnuppert Seeluft und Tang in Worthing

Für eine Seefahrernation brauchten die Briten erstaunlich lange, bis sie ihre Küste als Erholungs- und Vergnügungsort für sich entdeckten. Erst nachdem Quacksalber im späten 17. Jahrhundert das Meerwasser als Allheilmittel gegen Gicht anpriesen, zog es die kränkelnde Oberschicht zunehmend in die bis dahin unscheinbaren Fischerdörfer wie Scarborough in Yorkshire und Margate in Kent. Als erster britischer Monarch reiste der „wahnsinnige" König Georg III. aus gesundheitlichen Gründen 1789 an die Küste nach Weymouth (Dorset) und badete im Meer. Seinem Sohn, dem Prinzregenten Georg, hat der schäbige Küstenort Brightelmsea (Sussex) seine Wiedergeburt als Brighton und den Ruf als bedeutendstes Seebad Englands zu verdanken. Praktisch zeitgleich erklärten die Romantiker das Meer zum ästhetisch „erhabenen" Ort, dessen Anblick einem Wunder gleichkam.

Die Schriftstellerin Jane Austen (1775–1817) war Zeitzeugin dieses Phänomens. Sie widmete nicht nur ihren Roman *Emma* aus dem Jahr 1815 augenzwinkernd „Eurer Königlichen Hoheit, dem Prinzregenten", sondern begann wenige Monate vor ihrem Tod mit *Sanditon* eine scharfe Satire über die boomende Küste. Doch die Arbeit an dem Werk musste sie krankheitsbedingt am 18. März 1817 aufgeben und erst 1925 erschien ihr unvollendeter Roman. Darin erwies sich Austen als messerscharfe Beobachterin menschlicher Torheit. Besonders die Hypochondrie prangerte sie an, was umso bemerkenswerter ist angesichts ihres eigenen todkranken Zustands. Bissig porträtierte sie die wohlsituierten, um ihre Gesundheit besorgten Badegäste, die sich absurden Meereskuren hingaben.

Austen schrieb immer über das, was sie selbst kannte. Nachdem ihr Vater im Jahr 1800 urplötzlich seinen Ruhestand einläutete, begann für Jane, ihre Eltern und ihre Schwester Cassandra ein Jahrzehnt zahlreicher Ortswechsel. Ihr eigentlicher Hauptwohnsitz war der inländische Kurort Bath in Somerset, doch die Austens weilten auch in den gerade entstehenden Seebädern Sidmouth, Dawlish und Teignmouth (Devon), in Charmouth und Lyme Regis (Dorset). Mit Sicherheit besuchten sie auch Tenby und Barmouth (Wales). Zum Teil flossen diese Orte und Landschaften in Austens fiktionale Erzählungen ein. In ihrem letzten vollendeten Roman, *Anne Elliot,* der Ende 1817 posthum erschien, spielt Lyme Regis eine zentrale Rolle, während Austens Aufenthalt im Spätsommer und Frühherbst 1805 in Worthing (Sussex) sie zu *Sanditon* inspirierte.

1798 wurde diesem kleinen Fischerdorf, das der Küstenarchäologe J. A. R. Pimlott zugespitzt als „ein paar kümmerliche Cottages" bezeichnete, ein ehrenvoller Besuch zuteil: Prinzessin Amelia, jüngste Tochter des Königs Georg III., wurde zur Genesung nach Worthing geschickt, das ihr Arzt als ruhigere Alternative zu dem damals bereits hektischen Brighton vorschlug. Das nervenschwache Mädchen, das die meiste Zeit seines kurzen Lebens kränkelte, hatte erst kürzlich die Diagnose „Knie-Tuberkulose" erhalten.

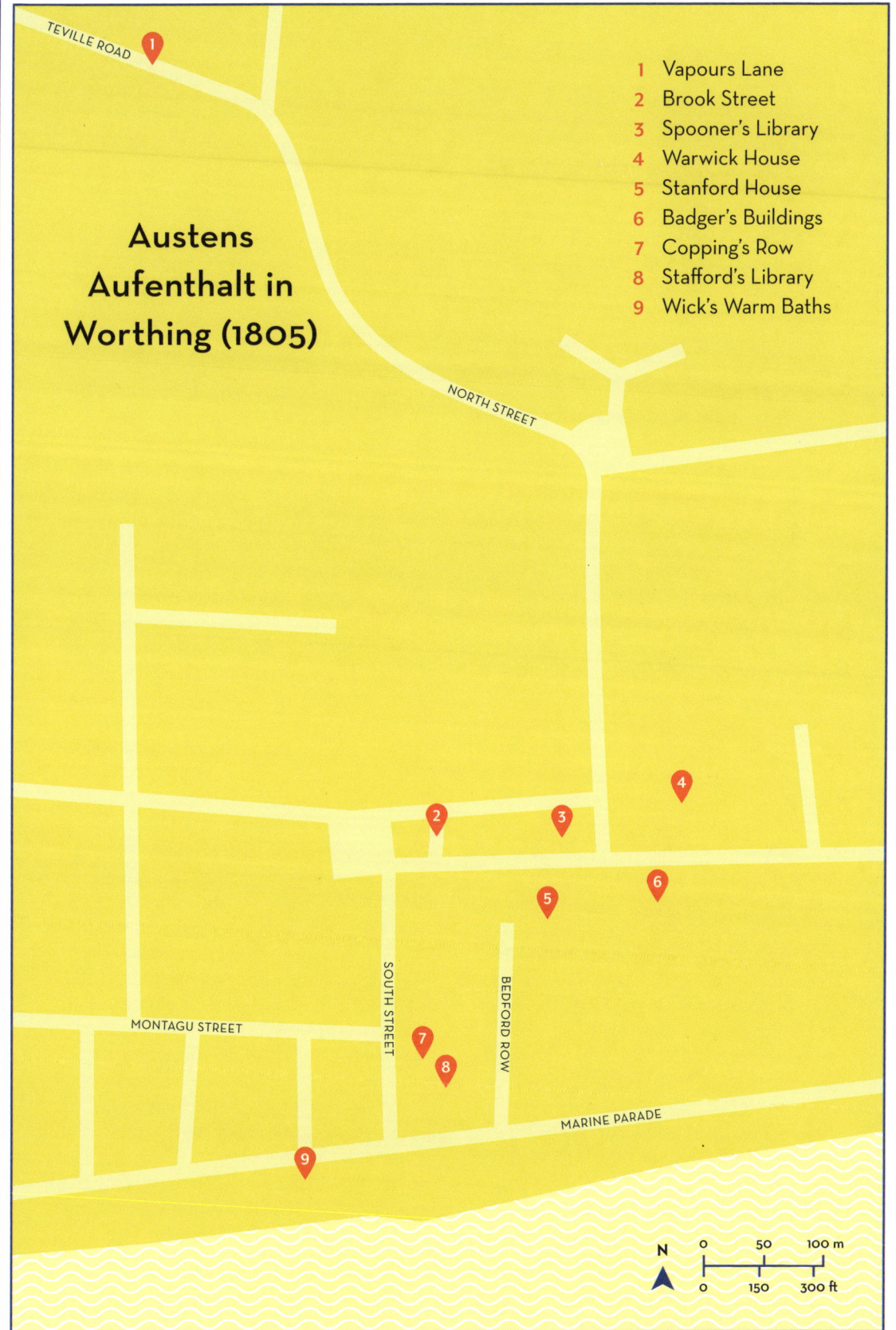

Bei Austens Eintreffen sieben Jahre später hatte Worthing einen kleinen Bauboom von Spekulanten erlebt und zwischenheitlich fünf neue vornehme Straßenzüge mit Reihenhäusern erhalten: Bedford Row, Copping's Row, Brook Street (heute South Place), Beach Row und Hertford Street – die letzten beiden stehen lange nicht mehr, wohl aber die anderen in der einen oder anderen Form. Als Seebad hatte sich Worthing allerdings kaum weiterentwickelt und nur sieben vereinzelte Gebäude säumten die künftige Uferpromenade. 1804 wurde eine Mautstraße von West Grinstead nach Worthing fertiggestellt, was die Zufahrt zur Stadt erheblich erleichterte. Doch wie der Heimatforscher Antony Edwards hervorhob, gab es 1805 nur wenige Läden und nach wie vor „keinen Markt, keine Kirche, kein Theater, kein Hotel".

Zu den Attraktionen am Ufer von Worthing gehörten drei Gasthöfe sowie das Badehaus Wick's Warm Baths, das Jane Austen höchstwahrscheinlich aufsuchte, auf jeden Fall aber ihre Schwester Cassandra. Eine Promenade war es aber noch lange nicht. Erst 1807 – im selben Jahr wurde das Steyne Hotel als erstes Hotel der Stadt eröffnet – ersetzte eine neue Straße entlang der Küste nach Lancing den von der Flut ausgewaschenen Küstenpfad. Der Bau der Esplanade als ufernahe Promenade und als Teil des Küstenschutzes erfolgte erst Anfang der 1820er-Jahre.

Laut Edwards war Worthing berüchtigt für seine sumpfigen Böden, den Nebel und üblen Gestank von Seegras, bis die Entwässerung endlich verbessert wurde. Interessant ist Edwards Hinweis auf die von Ost nach West verlaufende Hauptstraße am nördlichen Stadtrand, die heutige Teville Road, die im 19. Jahrhundert als Vapours Lane („Gasse der Dämpfe") bekannt war. Solche unschönen Aspekte werden in Austens Roman scharfzüngig kommentiert. Trickreich versuchte die Autorin ihre Leserschaft in die Irre zu führen. Zum einen rückte sie die erfundene Stadt Sanditon näher an Eastbourne heran, um den direkten Zusammenhang mit dem realen Worthing zu vermeiden, und zum anderen ordnete sie die Geruchsquelle (ein stehendes Sumpfgewässer, einen Saum aus verrottendem Seegras usw.) einem anderen, rivalisierenden Seebad namens Brinshore zu.

Das prächtigste Gebäude zu Austens Zeiten war das Warwick House aus dem Jahr 1789 (oder etwas früher), das 1896 endgültig abgerissen wurde. Die einstige Residenz von George Greville, Zweiter Earl von Warwick, wurde 1801 von Edward Ogle erworben, einem reichen Londoner Kaufmann, der sich dafür stark machte, Worthing in ein Seebad für Adelige und vornehme Pensionäre zu verwandeln. Ogle steckte einen beachtlichen Teil seines gewaltigen Vermögens in die Renovierung des Küstenanwesens, der Gärten und Ländereien. Das Wohnhaus lag zwar etwas landeinwärts, zwischen ihm und dem Meer standen aber nur drei Cottages, die Badger's Buildings, und so bot es einen freien Blick auf das Meer, war aber wegen seiner Lage auch den Elementen ausgesetzt. Ogle und sein Anwesen tauchen in *Sanditon* in Gestalt des überambitionierten Mr Parker auf, der für seinen Ort große Pläne hat und im Trafalgar House lebt.

In Worthing wohnte Austen vom 18. September bis mindestens zum 4. November 1805 und blieb möglicherweise sogar über Weihnachten, weshalb davon auszugehen ist, dass sie von Admiral Nelsons Sieg in der Schlacht von Trafalgar am 25. Oktober desselben Jahres hörte. Mr Parker jedenfalls wird in *Sanditon* als unverbesserlicher Trendjäger dargestellt, der es offen bedauert, sein Haus Trafalgar genannt zu haben, da doch nun Waterloo in aller Munde sei. Daher will er unbedingt Wellington Crescent bauen, eine neue Straße zu Ehren von Wellingtons großartigem Sieg über Napoleon. Vergleichbares ist tatsächlich in Worthing geschehen, als das Gasthaus, das im Jahr 1805 noch Marine Cottage hieß, 1816 ausgebaut und in Wellington Inn umgetauft wurde.

▲ Worthing, Ansicht vom Strand aus,
The Illustrated London News, 25. August 1849.

Jane Austen wohnte im Stanford House, unweit der heutigen Warwick Street, mit ihrer Mutter, Cassandra und ihrer Freundin Martha Lloyd. Zeitweilig lebten auch Austens Bruder Edward, seine Frau Elizabeth, Tochter Fanny und die Gouvernante Mrs Sharpe mit im Haushalt. Das hübsche, weiß verputzte Stanford House im Georgianischen Stil war seinerzeit freistehend mit Meeresblick. Zu den Lieblingsplätzen der Schriftstellerin gehörten 1805 auch die St Mary's Church im damaligen Nachbardorf Broadwater, etwas weiter weg von der Küste, das im Roman zu „Old Sanditon" wird, sowie die beiden Stadtbibliotheken – Spooner's Library im Colonnade House, fast unmittelbar gegenüber von Stanford House und im Besitz von Mr Ogle, sowie die Stafford's Marine Library bei Marine Place, wo auch das Postamt untergebracht war. Diese Bibliotheken verkauften nebenbei Kuriositäten oder Spielzeug und richteten Abendveranstaltungen für sittsame Damen aus, die sich offenbar meist um eine Tombola drehten. Aus Fannys Tagebuch erfährt man, dass Austen am Abend des 19. September sieben Schilling bei einer Verlosung gewann, höchstwahrscheinlich in Spooner's Library.

Soweit bekannt, kehrte Austen nie mehr nach Worthing zurück. *Sanditon* blieb unvollendet und bei der Lektüre entsteht der Eindruck, dass die Autorin zur Rückkehr keinen Wunsch verspürte. Doch die besten Satiren sind manchmal auch Liebeserklärungen und vielleicht schrieb Austen diesen Roman zum Teil auch in wehmütiger Erinnerung an den unschuldigen ruhigen Badeort, den sie 1805 kennengelernt hatte und von dem sie wusste, dass er sich bereits 1817 bis zur Unkenntlichkeit verändert haben würde.

◀ Viktorianischer Landungssteg in Worthing, England.

James Baldwin verliebt sich in Paris

James Baldwin (1924–1987), im New Yorker Stadtteil Harlem geboren, sagte über sich selbst, er „musste Schriftsteller werden – oder untergehen". Seine alleinerziehende Mutter gab die Identität seines Vaters nie preis, heiratete später einen tyrannischen Baptistenprediger und brachte acht weitere Kinder zur Welt. In Zeiten der Rassentrennung und Illegalisierung der Homosexualität, als Schwule und Lesben zum Sicherheitsrisiko erklärt und von Regierungs- und Militärposten ausgeschlossen wurden, musste Baldwin als Schwarzer und Schwuler Amerika verlassen, um all seine Vorhaben zu verwirklichen. Tatsächlich verbrachte der Autor von *Giovannis Zimmer* den Großteil seines Schriftstellerlebens außerhalb der USA und davon überwiegend, von 1961 bis 1971, in der Türkei. In seinen letzten Lebensjahren wohnte er vor allem im südfranzösischen Dorf Paul-de-Vence in der Provence. Seine allererste Reise außerhalb der USA, die Baldwin 1948 nach Paris führte, war zweifellos die prägendste.

Wie Baldwin wiederholt betonte, wollte er im Grunde seine Heimat nicht verlassen. Vielmehr war es ein Akt der Verzweiflung, er fühlte sich vertrieben von Rassismus, Armut und Homophobie. Ein enger Freund hatte im Harlem River Selbstmord begangen und Baldwin fürchtete, es ihm am Ende gleichzutun. Als man ihn wegen seiner Hautfarbe in einem Restaurant in Trenton (New Jersey) nicht bediente, war für Baldwin die Grenze des Erträglichen überschritten.

Vom restlichen Geld seines Stipendiums, das er von der Rosenwald-Stiftung gemeinsam mit seinem Freund, dem Fotografen Theodore Pelatowski, für ein nie realisiertes Projekt zur Dokumentation der ufernahen Kirchen in Harlem erhalten hatte, kaufte Baldwin ein One-Way-Flugticket. Mit nur 40 Dollar in der Tasche und einem Bündel Manuskripte, ein paar Büchern und Kleidern, die er in einen Seesack stopfte, flog er am 11. November 1948 von New York nach Paris. Trotz der diskreten und überhasteten Abreise – nur seiner Mutter und seinen Geschwister sagte er am Vorabend Bescheid – hatte sich seine Ankunft in Frankreich über gemeinsame Freunde in einem illustren Kreis amerikanischer Expats herumgesprochen, dem auch alte Bekannte aus Harlem und Greenwich Village angehörten und die ihn freudig in Paris erwarteten.

Dazu zählten Asa Benveniste und George Solomos (Theistocles Hoetis war sein Pseudonym), die erst kürzlich aus den USA eingetroffen waren und gerade die Gründung einer neuen Literaturzeitschrift, *Zero*, vorbereiteten. An Baldwins Ankunftstag hatten sie eine Verabredung mit dem französischen Philosophen Jean-Paul Sartre und dem afroamerikanischen Romancier Richard Wright (Baldwins früherem Mentor) zum Lunch im Les Deux Magot. Das Café im Pariser Viertel Saint-Germain-des-Prés bewirtete in Glanzzeiten alle großen Literaten, von Ernest Hemingway bis Simone de Beauvoir. Beim Anflug auf Paris war Baldwin überzeugt, „an dem rachsüchtigen Zacken des Eiffelturms zu zerschellen." Stattdessen wurde er am Bahnhof Gare des Invalides von

UNTERWEGS

◀ VORIGE SEITE
Blick über die Dächer
von Paris.

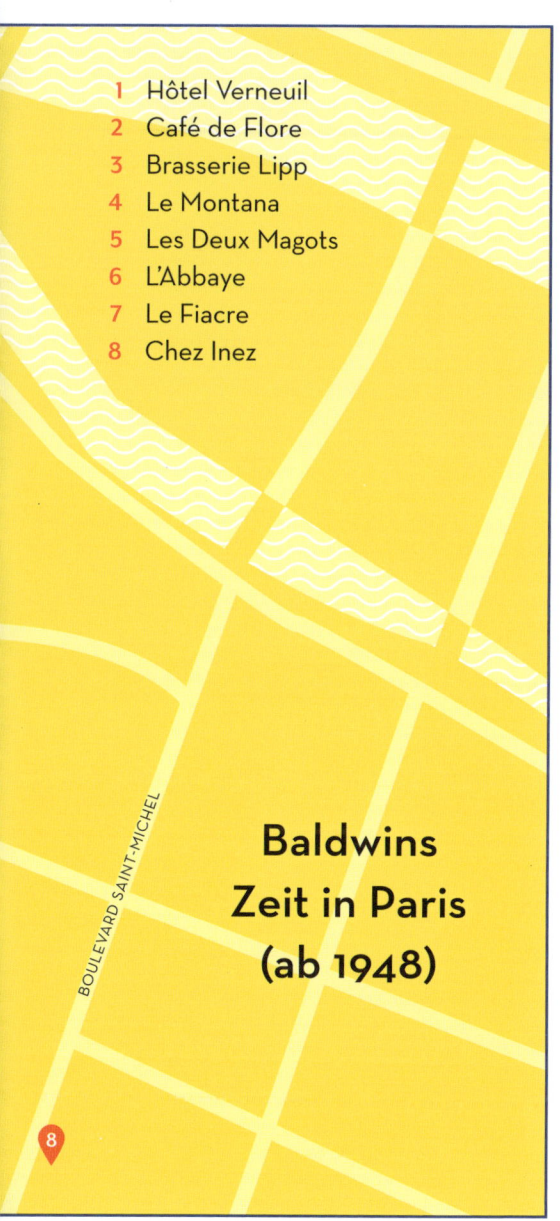

1. Hôtel Verneuil
2. Café de Flore
3. Brasserie Lipp
4. Le Montana
5. Les Deux Magots
6. L'Abbaye
7. Le Fiacre
8. Chez Inez

Baldwins Zeit in Paris (ab 1948)

einem kleinen Willkommenskomitée erwartet, angeführt von Benveniste, dem er bis dahin noch nicht begegnet war. Die Gruppe nahm ihn direkt mit zum Les Deux Magots, wo er Solomos vorgestellt wurde und Wright wiedersah. Dieser besorgte seinem ehemaligen Schützling ein billiges Zimmer im Hôtel de Rome auf dem Boulevard Saint-Michel.

Bald fand Baldwin mittels einer anderen alten Freundin aus New York, Priscilla Broughton, in der nahe gelegenen Rue de Verneuil ein weniger schäbiges und noch dazu geselligeres Hotel. Das Hôtel Verneuil, ein korsischer Familienbetrieb, unterstand der „famosen Matriarchin" des Clans, Madame Dumont, die moderat war, was die Mieten anging, und tolerant gegenüber unorthodoxen Uhrzeiten und Lebensstilen. Zu den von ihr veranstalteten Soirées lud sie nicht selten auch die Hotelgäste ein. Ihr großes Herz stellte Madame Dumont im bitterkalten Januar 1949 unter Beweis, als sie den schwer erkrankten Baldwin gesund pflegte – ein Akt der Freundlichkeit, den dieser nie vergaß.

Broughton machte Baldwin mit einem anderen Hotelgast bekannt, Mary Keen. Die englische Gewerkschaftlerin stellte anderen ausländischen Heimatlosen und Vagabunden des Viertels ihre Hotelräume als Treffpunkt und Mensa zur Verfügung. Mit einer Frau aus diesem Kreis, der norwegischen Journalistin Gidske Anderson, die für ein sozialistisches Blatt in Oslo schrieb, freundete sich Baldwin besonders an und eine Zeitlang waren die beiden in Paris unzertrennlich.

Baldwin war zum Schreiben nach Frankreich gekommen. Weil die Zimmer im Verneuil nicht beheizt waren, begab er sich strebsam, mit Notizbuch und Füller bewaffnet, ins Les Deux Magots oder häufiger noch ins Obergeschoss des Café de Flore, dem Hauptkonkurrenten des Magots, Ecke Boulevard Saint-Germain und Rue Saint-Benoît, wo er sich den ganzen Tag mit Kaffee wach hielt und bis in die Abendstunden schrieb.

Ein weiteres Stammlokal tagsüber war die Brasserie Lipp, auf der anderen Straßenseite direkt gegenüber des Café Flore. Hier hatten er und Wright eine Auseinandersetzung nach dem Erscheinen von Baldwins erstem *Zero*-Artikel, „Everybody's Protest Novel". Wright hielt den Artikel nicht zu Unrecht für einen Angriff auf seine vom Bürgerrechtskampf geprägten Werke und warf dem jungen Schriftsteller Verrat an den Afroamerikanern insgesamt vor, was Baldwin vehement von sich wies. Auch wenn ihre Beziehung danach stark belastet war, hatte sie dennoch Bestand.

Gewöhnlich blieben Baldwin und seine Clique nach ihren Cafébesuchen noch in den umliegenden Bars und Nachtclubs hängen und tranken. Bis in die frühen Morgenstunden zogen sie manchmal durch die Stadt, machten Abstecher in eines der französisch-algerischen Lokale von Le Pigalle, wo sie Haschisch rauchten, und landeten zum Frühstück in den Arbeitercafés am Markt von Les Halles. Baldwin besuchte auch gerne die Bar Le Montana in der Rue Saint-Benoît, den vom US-Schauspieler Gordon Heath betriebenen Folk- und Blues-Club L'Abbaye links der Seine in der Rue Jacob oder auch Chez Inez. In dem Jazzclub und „Soul Food"-Restaurant, dessen Inhaberin Inez Cavanaugh früher als Sekretärin für den Harlem-Renaissance-Dichter Langston Hughes gearbeitet hatte, schmetterte Baldwin, völlig abgebrannt, für ein Brathähnchen den Song „The Man I Love" von Ira Gershwin.

Männliche Gesellschaft suchte Baldwin eher im La Reine Blanche an der Südseite des Boulevard Saint-Germain oder im nobleren Nachbarlokal Le Fiacre, das später zur Vorlage für „Guillaume's Bar" in *Giovannis Zimmer* wurde – zwei der wenigen öffentlich bekannten Schwulenbars bei Baldwins erstem Parisaufenthalt. Im La Reine Blanche lernte Baldwin den Schweizer Künstler Lucien Happersberger kennen, den er als die Liebe seines Lebens bezeichnete.

In Paris schrieb Baldwin Artikel und Essays, doch sein halbbiografischer Roman, der von einem in den 1930ern in Harlem aufwachsenden Sohn eines Pfingstpredigers handelte, wollte partout nicht fertig werden. Über den ausbleibenden Fortschritt seines Geliebten besorgt, schlug ihm Happersberger vor, sich gemeinsam ins Chalet seiner Familie im schweizerischen Leukerbad zurückzuziehen, wo Baldwin ungestört schreiben könne. Tatsächlich vollendete Baldwin dort im Winter 1951/1952 innerhalb von drei Monaten seinen Debütroman *Von dieser Welt* (Titel der früheren Übersetzung: *Gehe hin und verkünde es vom Berge*). Das Interesse eines amerikanischen Verlegers und das Darlehen des Schauspielers Marlon Brando führten Baldwin für kurze Zeit in die USA zurück, doch die Weichen für sein späteres Nomadendasein jenseits des Atlantiks waren bereits gestellt.

▲ Inez Cavanaugh singt in ihrem Club, Chez Inez, Saint-Germain-des-Prés, Paris, 1949.

▶ Die Terrasse des Café de Flore, Paris, Juni 1948.

Bashō wandert auf schmalen Pfaden durchs Hinterland

Poeten neigen zu einer gewissen Rastlosigkeit und einer oft unbändigen Wanderlust, die ihnen von Natur aus gegeben scheint. Doch kaum ein Dichter legte für seine Werke so viele Meilen zurück wie der japanische Wanderpoet Matsue Kinsaku (1644–1694), besser bekannt unter dem Namen Bashō, der zu den bedeutendsten Haiku-Meistern Japans zählt. Bashō verfasste mindestens eintausend solcher sehr kurzen Gedichte und stellte mehrere Verssammlungen zusammen. Sein berühmtestes Werk sind Reiseskizzen, eine Abfolge von Schilderungen der Orte, die er auf seiner ruhelosen Pilgerschaft durch Japan besuchte. Diese Skizzen verfasste er als sogenannte Haibun, einer lyrischen Mischform, die knappe beschreibende Prosa und Haiku zu einer beinahe transzendenten Wirkung kombiniert. Als seine schönste poetische Erzählung gilt das Reisetagebuch *Oku no Hosomichi* (dt. Titel *Auf schmalen Pfaden durchs Hinterland*). Gemeinhin als Hauptwerk der klassischen japanischen Literatur anerkannt, schildert es Bashōs weite Reise in die abgelegenen nördlichen Provinzen Japans.

Vermutlich erblickte Bashō in der Nähe von Ueno in der Provinz Iga das Licht der Welt, rund 48 Kilometer südöstlich von Kyoto. Sein Vater, Matsuo Yozaemon, war ein Samurai, der mit Landwirtschaft seine Familie ernährte. Nach dem Tod des Vaters wurde Bashō zwölfjährig in die Dienste von Tōdō Yoshitada gestellt, einem jungen Verwandten des lokalen Feudalherrn. Trotz ihres Standesunterschieds schlossen die beiden Knaben eine enge Freundschaft, beschäftigten sich mit Poesie und verfassten gemeinsam Haiku, bis Yoshitada unerwartet früh verstarb, woraufhin Bashō seine Heimat Ueno verließ und nach Kyoto ging.

1672 lebte Bashō in Tokio. Dort erwarb er den Ruf als einer der stadtbesten Dichter und hatte viele Anhänger und Bewunderer. Als ihn 1683 die Nachricht vom Tod seiner Mutter erreichte, schlug er geografisch und schöpferisch neue Wege ein. Im folgenden August unternahm er eine mönchhafte Pilgerreise in seine Heimatregion, in Begleitung des jungen Chiri, der sich ihm freundlicherweise als Diener anbot, und ohne Proviant, dem Beispiel eines alten chinesischen Priesters folgend. Einen Monat lang brauchte Bashō bis zum Haus seiner Mutter. Das Ergebnis war *Das verwitterte Skelett*, sein erster lyrischer Reisebericht, der die Maßstäbe für seinen reiferen Stil setzte. Fortan wurde das Umherziehen zu Bashōs Lebensform. In seinem Reisetagebuch *Oi no kobumi* (deutscher Titel *Notizen aus dem Ranzen*) notierte er:

„Den Reisenden,
so nenne mich von nun an –
erster Regen des Winters."

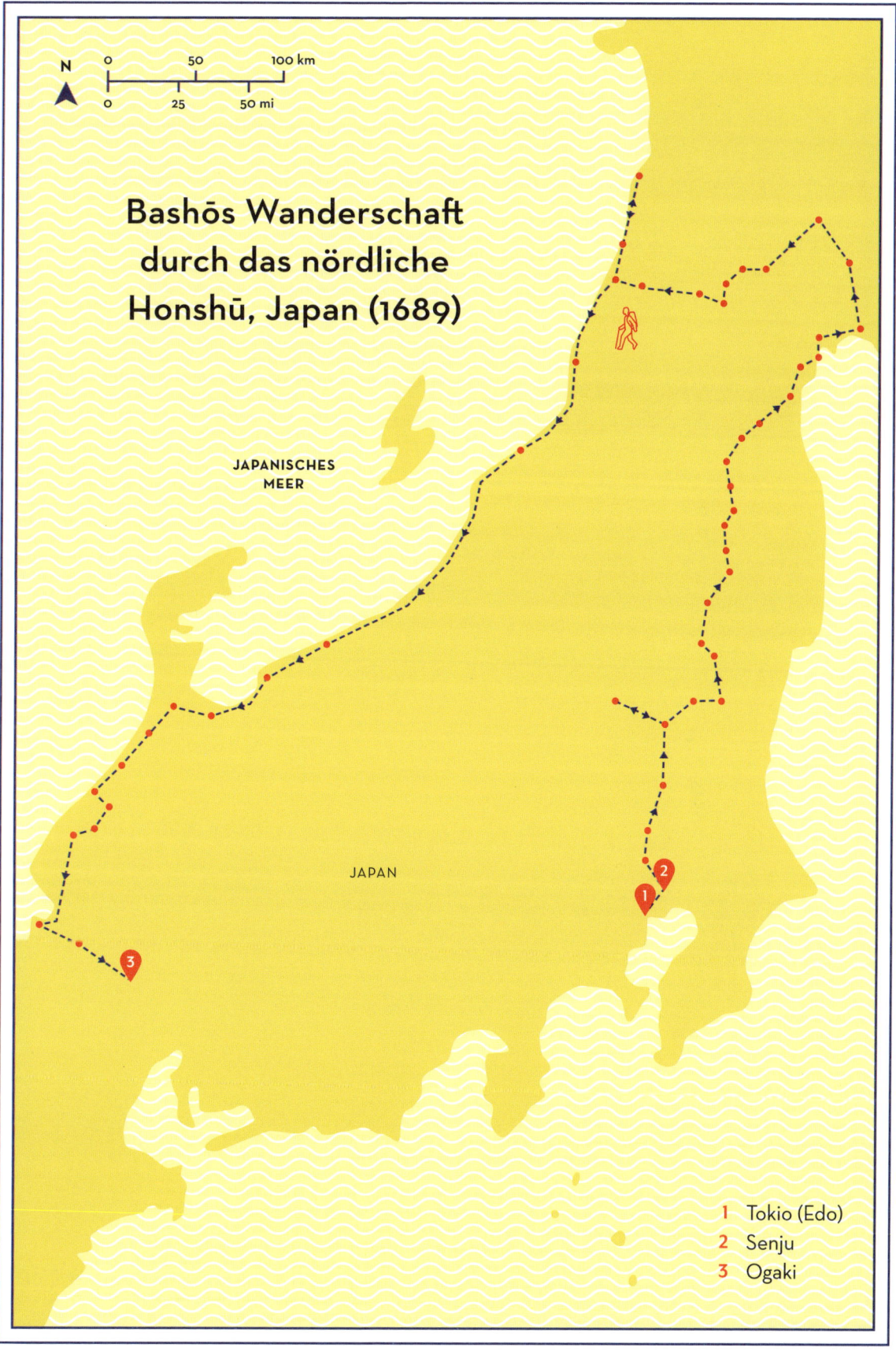

Nobuyuki Yuasa, der als einer der Ersten Bashōs Werke ins Englische übertrug, wies eindringlich auf die „prekären Reisebedingungen" hin und betonte, dass es seinerzeit „nur wenige Leute, wenn überhaupt, aus purem Vergnügen oder Zeitvertreib auf die Straßen" zog.

Auch Bashō selbst verwies in den einleitenden Worten zu *Auf schmalen Pfaden durchs Hinterland* auf mögliche Gefahren:

„In diesem 2. Jahr Genroku ist es also so weit, die leichthin ins Auge gefasste Wanderübung auf langen Pfaden durchs Hinterland wirklich anzutreten. Sicher wird mir so manches widerfahren – und sei es über dem Lande Wu oder woanders –, wird auch mein Haar ergrauen. Nun aber Hoffnungen zu nähren wie etwa: ‚Ach käme ich doch aus jenen Gegenden, die meinem Ohr zwar wohlbekannt, meinem Auge aber fremd sind, heil wieder zurück!'"

Dass Bashō ernsthaft in Betracht zog, es könnte seine letzte Reise werden, zeigt vielleicht der Entschluss, vor der Abreise am 16. Mai 1689 noch sein Haus zu verkaufen. Zu dem Zeitpunkt war er fünfundvierzig Jahre alt und gesundheitlich angeschlagen. Sein Vorhaben, sich über die Grenzbarriere von Shirakawa – die mythische Schwelle zwischen der feinen Gesellschaft Tokios und dem ungezähmten nördlichen Hinterland – in die unerforschte Welt hinauszuwagen, mag manchen seiner Schüler geradezu selbstmörderisch vorgekommen sein.

Zur Zeit der Kirschblüte geleitete eine kleine Anhängerschar Bashō auf einer kurzen Bootsfahrt von Tokio über den Sumida-Fluss hinauf nach Senju. Dort steuerten Bashō und sein Freund Kawai Sora den Ōshūkaidō an, einen Hauptverkehrsweg und Teil der Großen Nordstraße, dem sie sechs Wochen lang durch die Küstenebene nordwärts in die abgelegene ländliche Provinz Oshu folgten. Als die Route landeinwärts führte, gerieten sie in eine Gegend mit derart dichten Wäldern, dass Bashō schrieb: „Nicht einen einzigen Vogel konnten wir hören und unter den Bäumen war es so dunkel, als würden wir um Mitternacht wandern." Auf ihrer Reise tief in die Berge des Nordens verweilten sie eine Woche bei den Yamabushi, einem halb mythischen Eremitenorden, dessen Mönche derart zurückgezogen lebten, dass es sogar Bashōs Sehnsucht nach Frieden und Abgeschiedenheit weit übertraf.

Auf den idyllischen Zwischenhalt folgte eine der beschwerlichsten Etappen dieser Reise, ein abschließender Fußmarsch entlang der japanischen Westküste auf dem Hokurikudō, auf dem sie am 18. Oktober 1689 die Stadt Ogaki erreichten. An dieser Stelle schloss Bashō seine Erzählung *Auf schmalen Pfaden durchs Hinterland* ab. Bevor der Dichter allerdings den Heimweg nach Tokio antreten würde, sollten zwei weitere Jahre der Wanderschaft vergehen, während der er in der Gegend um Kyoto und andernorts bei Freunden und Anhängern Gastfreundschaft suchte und fand.

Nachdem er die Schilderungen seines Streifzugs durch den Norden Japans zu Papier gebracht hatte, wollte Bashō erneut aufbrechen, diesmal in den Süden des Landes. Er verließ Tokio im Frühling und erreichte Osaka im Herbst. Vermutlich erkrankte er dort an Ruhr und starb vier Tage später, am 12. Oktober 1694. Noch kurz vor seinem Tod hatte er ein letztes Gedicht verfasst:

„Erkrankt auf der Reise
meine Träume wandern umher
auf welker Heide."

Bis zu seinem Lebensende blieb die Wanderlust des Poeten ungemindert.

▶ Matsushima-Bucht, Tōhoku, Japan.

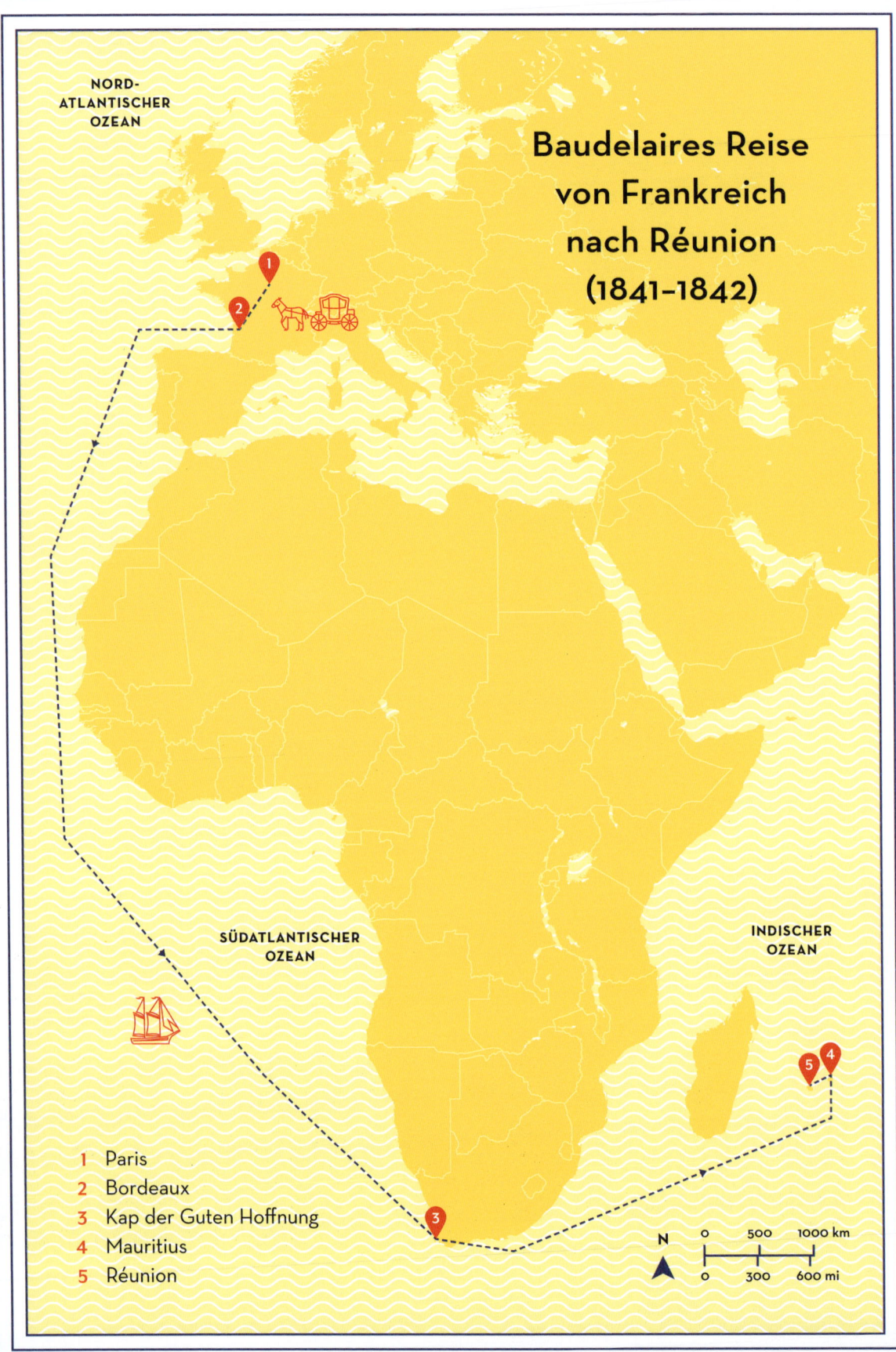

Charles Baudelaire gelangt nie bis nach Indien

Zwei Jahre nachdem er das Lycée Louis-le-Grand in Paris verlassen und sein ehrenwertes Jurastudium unwillig abgebrochen hatte, führte Charles Baudelaire (1821–1867) ein derart liederliches Leben, dass seine Familie einen Plan aushecke, um ihn auf den Pfad der Tugend zurückzuführen. Die Rede ist von einem der größten und einflussreichsten französischen Dichter des 19. Jahrhunderts und einem Essayisten, der den literarischen Geist und die Mode der damaligen Zeit prägen sollte. 1841 jedoch war er ein unbedarfter, obgleich vielversprechender Literat, der über 2000 Francs Schulden hatte, unsterblich in eine Prostituierte verliebt war und, wie seine Mutter später sagte, „sich mit den Bohémiens der schlimmsten Sorte herumtrieb, um seine Neugier auf die lasterhaften Pariser Spelunken zu stillen."

Im Pariser Vorort Neuilly tagte der Familienrat – General Aupick, Baudelaires Stiefvater, sowie Mutter und Bruder – und entschied in Anwesenheit eines Notars, den auf Abwege geratenen jungen Mann nach Indien zu schicken, wo er in sicherer Entfernung von den Pariser Verlockungen und seinen zwielichtigen Gefährten wieder zur Vernunft kommen sollte. Als Aupick seinen Stiefsohn über dessen Schicksal in Kenntnis setzte, soll Baudelaire angeblich versucht haben, diesen zu erwürgen. Biografen aus jüngerer Zeit entschärfen die Sache etwas. Baudelaire wäre zwar anfangs nicht begeistert gewesen von der Idee, hätte die Gelegenheit, in den Osten zu reisen, jedoch zumindest begrüßt, hegte er doch schon lange eine romantische Faszination für den exotischen Orient.

Den Ausschlag für die Wahl des Indischen Subkontinents gegenüber den trostlosen Gegenden in Deutschland oder Belgien, die als alternative Reiseziele angedacht waren, gab die notwendige lange Seereise. Aupick war Waise, wie übrigens auch Baudelaires Mutter, und als Vierjähriger an der nordfranzösischen Küste vom Magistraten und Hafenmeister am Kanalhafen von Gravelines adoptiert worden. Seine steile Militärlaufbahn hatte er zwar im Feld und im Krieg gegen Spanien absolviert, doch seit Kindheitstagen die tiefe Zuneigung zu Schiffen und dem Meer bewahrt, sodass er fest daran glaubte, die Zeit auf dem Schiff würde seinem Stiefsohn guttun.

Zunächst stand Baudelaire aber noch eine fünftägige Reise von Paris nach Bordeaux bevor, wo das *Paquebot-des-Mers-du-Sud* mit Zielhafen Kolkata (seinerzeit Kalkutta) auf ihn wartete. Am 9. Juni 1841 legte die *Mers-du-Sud* ab, schipperte entlang der Gironde-Mündung und stach in den Nordatlantik. Baudelaire war der Obhut des Schiffskommandanten, Kapitän Saliz, anvertraut, den Aupick dafür bezahlt hatte, dass er seinen Stiefsohn im Auge behielt. Der Kapitän hielt das Reisegeld seines Schützlings unter Verschluss, damit dieser es nicht bereits vor seiner

Ankunft in Indien verprasste. Die anfängliche Freude, mit der Baudelaire an Deck flanierte und sich wie ein nautischer Abenteurer fühlte, verflog schnell und seine Mitreisenden, meist Kaufleute oder Militäroffiziere, und deren oberflächliches Geschwätz über das Wetter langweilten ihn.

Die lange Fahrt an Bord dieses winzigen Schiffs war beklemmend, unbequem und recht eintönig. Doch gerade als Baudelaire vor lauter Langeweile schier verzweifelte, geriet das Schiff an der südafrikanischen Atlantikküste vor dem gefürchteten felsigen Kap der Guten Hoffnung in einen Taifun und wäre fast gesunken. Wegen der großen Schäden lag die *Mers-du-Sud* zur Reparatur zwei Wochen in Mauritius vor Anker und Baudelaire bot sich die Gelegenheit, die kosmopolitische Insel inmitten des Indischen Ozeans frei zu erkunden. Dabei machte er Bekanntschaft mit dort lebenden Franzosen, u. a. mit dem Advokaten Autard de Bragard, dessen schöner Ehefrau und junger Tochter.

Madame de Bragard gelangte posthum zu Berühmtheit, indem sie Beaudelaire zu dem Sonett „An eine kreolische Dame" aus seinem bekanntesten Gedichtband *Die Blumen des Bösen* inspirierte.

Als die Zeit zur Weiterfahrt nahte, ließ Baudelaire den Kapitän unmissverständlich wissen, dass er von der Idee mit Indien genug hatte und keinen Meter weiterfahren würde. Saliz konnte den Dichter überreden, wenigstens noch bis zur Insel Réunion (seinerzeit Bourbon) mitzufahren, die nur einen Reisetag entfernt war, wo er ihm eine Schiffspassage zurück nach Frankreich suchen würde. Saliz hielt Wort und organisierte Baudelaire einen Platz auf dem Frachterschiff *Alcide,* das im Hafen von Saint-Denis lag, der Hauptstadt von Réunion. Zur großen Enttäuschung Baudelaires ließ die Rückfahrt auf sich warten, weil die *Alcide* aufwendig überholt wurde. So musste der von Heimweh geplagte Dichter, nachdem

er am 9. September auf Réunion eingetroffen war, bis zum 4. November warten, bevor das Schiff endlich ablegte.

Die Heimreise war unwesentlich spannender und keineswegs komfortabler als die Hinfahrt, denn die *Alcide* war sogar noch kleiner als die *Mers-du-Sud*. Als das Schiff einen mehrtägigen Halt in Kapstadt einlegte, bummelte Baudelaire vergnügt durch die Stadt, betrachtete interessiert die Kolonialarchitektur und kommentierte abfällig die vielen Schäfereien und den Geruch von Wolle, der über den Straßen hing.

Von Südafrika fuhr das Schiff entlang der afrikanischen Westküste und über den Golf von Guinea in den Nordatlantik, bevor es 1842 in der zweiten Februarwoche in Bordeaux eintraf. Zwei Monate nach seiner Rückkehr wurde Baudelaire volljährig und hatte damit die finanzielle Freiheit, nach seinen eigenen Vorstellungen zu leben – solange ihm das Geld nicht ausging.

Zum Leidwesen von Mutter und Stiefvater war Baudelaires Sehnsucht nach dichterischem Ruhm und einem ausschweifenden Leben während seiner Zeit auf See nicht verflogen. Diese Reise hatte zwar Baudelaire die Lust geraubt, jemals wieder ein Schiff zu betreten, aber dafür hatte sie ihm ausreichend Stoff für seine gesamte literarische Laufbahn geliefert. Vor allem die Rückreise schmückte der Dichter als großes Abenteuer aus, das er allerdings niemals wiederholen wollte. Zu sehr genoss er die Pariser Bordelle und verruchten literarischen Salons, die nur einen Katzensprung entfernt lagen.

▼ Hafenanlage von Saint-Denis, Réunion. Illustration von Évremonde de Bérard, 1862.

▶ NÄCHSTE SEITE Le Morne Brabant, Mauritius.

Elizabeth Bishop ist überwältigt von Brasilien

Im Herbst 1951 befand sich Elizabeth Bishop (1911–1979) biografisch an einem Scheideweg. Die US-amerikanische Dichterin, von Alkohol abhängig und von Angstattacken und Depressionen geplagt, suchte mithilfe der Psychoanalyse einen Ausweg. Seitdem sie 1946 ihre Heimat in Key West (Florida) verlassen hatte, fand sie keinen Halt mehr in ihrem Leben. Da gewährte ihr das Bryn Mawr College in Pennsylvania ein Reisestipendium – die Gelegenheit für Bishop, etwas Abstand von Nordamerika zu bekommen. Sie plante eine längere, ambitionierte Tour durch Südamerika mit Halt in Rio de Janeiro (Brasilien), Buenos Aires und Montevideo (Argentinien), Punta Arenas (Chile) und danach die Weiterreise nach Peru und Ecuador.

Das norwegische Handelsschiff MS *Bowplate,* mit dem Bishop eigentlich am 26. Oktober 1951 abreisen wollte, konnte wegen eines Hafenstreiks erst am 10. November auslaufen. In gewisser Hinsicht war dieser verzögerte Auftakt bezeichnend für ihre gesamte Reise, bei der sie durch (schreckliche und schöne) Umstände in Brasilien aufgehalten wurde und die folgenden siebzehn Jahre dort verbringen würde.

An Bord der *Bowplate* mit Zielhafen Santos in Brasilien waren außer vielen Jeeps und Mähdreschern lediglich neun Passagiere, darunter Bishop. Von den Mitreisenden interessierte die Dichterin nur eine Miss Breen, Ex-Polizistin und pensionierte Leiterin eines Frauengefängnisses in Detroit (Michigan). Sie war eine imposante, etwa 1,75 Meter große Frau mit „großen blauen Augen und bläulichem welligem Haar", wie Bishop sie später in Briefen an Freunde beschrieb. Miss Breen besaß einen schier unerschöpflichen Vorrat an Geschichten über Gewalttaten und war für Bishop eine nette Gesellschaft während der eintönigen Fahrt auf dem Frachtschiff, das nur etwa halb so schnell war wie ein Passagierdampfer der Cunard Line.

Bei ihrer Ankunft in Santos wurde Breen von zwei alten Freundinnen abgeholt, die Bishop in ihrem Auto rund 80 km landeinwärts bis nach São Paulo mitnahmen. Diese erste Begegnung mit Brasilien verewigte Bishop dichterisch in „Ankunft in Santos", eines der ersten Gedichte, die sie in diesem Land schrieb. Es wurde später in der Zeitschrift *New Yorker* veröffentlicht und in ihrem mit dem Pulitzer-Preis ausgezeichneten Gedichtband *Poems: North & South – A Cold Spring* abgedruckt. Der Band enthält auch zwei weitere frühe Gedichte aus Brasilien, „Der Berg" und „Das Shampoo". In letzterem wird beschrieben, wie einer geliebten Person zärtlich die Haare in einer Zinkwanne gewaschen werden. Sowohl der *New Yorker* als auch *Poetry,* die Bishops Werke gerne abdruckten, lehnten dieses Gedicht ab. Auch wenn das Geschlecht der Protagonisten nicht genannt wird, war das Gedicht eine verschleierte Hommage an Bishops neue brasilianische Geliebte, die aus wohlhabender prominenter Familie stammende Architektin Lota de Macedo Soares. Der Biograf Bishops, Thomas Travisano, vermutete wie einige andere, dass die unterschwellige Homoerotik den beiden Zeitschriften nicht behagte.

Bishop hatte Soares bereits bei einem Besuch der Brasilianerin 1942 in New York kennengelernt. Die glühende Verehrerin ihrer Verse spielte eine aktive Rolle in den künstlerischen und aristokratischen Kreisen Brasiliens und war eine der wenigen, mit denen sich Bishop schon vor Reisebeginn in Rio de Janeiro verabredet hatte. Auch Pearl Kazin gehörte dazu, die US-amerikanische Redakteurin, Autorin, Kritikerin und einstige Geliebte von Dylon Thomas, die erst kürzlich mit ihrem Ehemann, dem Fotografen Victor Kraft, nach Brasilien gezogen war. Als Bishop am 30. November 1951 mit dem Zug aus São Paulo in Rio de Janeiro eintraf, empfingen sie Kazin und Mary Morse, Soares Bostoner Mädchen für alles, Geschäftspartnerin und Exfreundin, am Bahnhof.

Bald darauf wurde die Dichterin in Soares' palastartiger Penthouse-Wohnung in der Rua Antonio 5 im wohlhabenden Stadtteil Leme einquartiert. Bishop hatte ein Zimmermädchen, das sich um ihr Wohl kümmerte, und genoss eine einmalige Aussicht auf die Stadt und den Strand Copacabana vom Balkon im elften Stockwerk. Soares war sehr um ihren Gast bemüht. Sie zeigte Bishop an zwei Tagen die brasilianische Hauptstadt und lud sie ein, mit ihr zur Fazenda, ihrem Sommerhaus, zu fahren. Das Anwesen, das sie gerade mit einem Architekten der Moderne, dem jungen Brasilianer Sérgio Bernardes, für sich selbst entwarf, lag draußen in Samambaia, unterhalb der alten Kaiserstadt Petrópolis im Gebirge Serra dos Órgãos, westlich der Hauptstadt, und befand sich damals noch im Bau. Um dorthin zu gelangen, bedurfte es einer 90-minütigen Fahrt in Soares' Land Rover durch zunehmend schrofferes Gelände.

1 Ouro Preto
2 Samambaia
3 Petrópolis
4 Rio de Janeiro
5 São Paulo
6 Santos

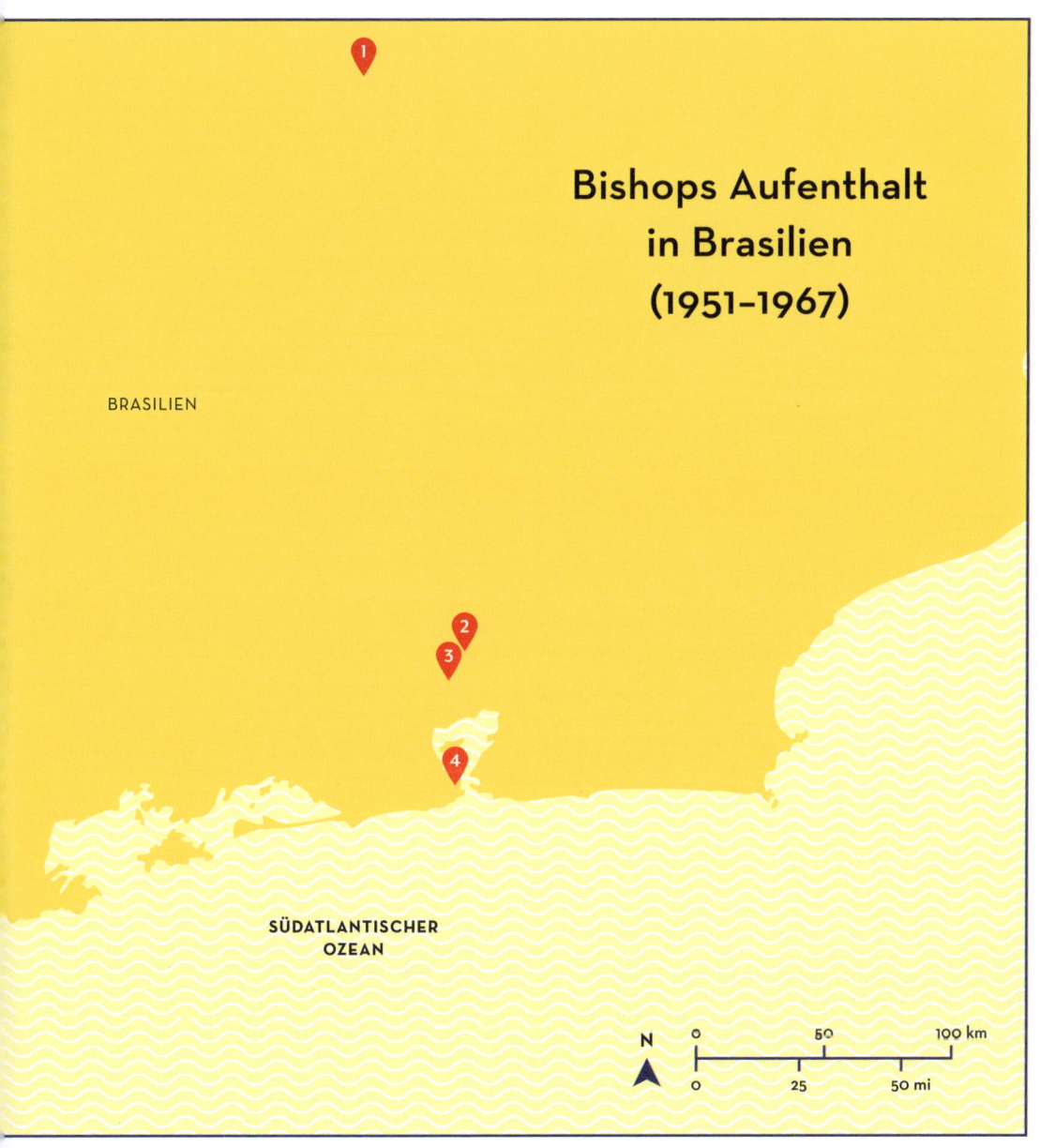

◀ VORIGE SEITE
Nationalpark Serra dos Órgãos, Brasilien.

Sowohl Bishops Großvater als auch ihr Vater waren im Baugewerbe tätig und die Begeisterung, die Soares für das spektakulär gelegene Sommerhaus hegte, berührte sie offensichtlich sehr. Trotzdem bestand Bishop darauf, ihre Reise bald fortzusetzen. Da erlitt sie nach dem Verzehr einer Cashewfrucht einen allergischen Schock und kam ins Krankenhaus von Petrópolis. Anschließend musste sie zur Genesung in Samambaia bleiben und verpasste deshalb ihre geplante Schiffsverbindung nach Tierra del Fuego. Soares kümmerte sich um die kranke Bishop und machte ihr das Angebot, bei ihr in Brasilien zu wohnen, was die Amerikanerin gerne annahm. Inmitten der Gebirgslandschaft entspann sich eine Liebesromanze zwischen den beiden und die wohlhabendere Soares versprach der Dichterin, neben dem Haupthaus in Samambaia noch ein Studio für sie zu bauen, in dem sie schreiben konnte.

Als sie ihren ungläubigen Literaturkollegen in den USA den Entschluss, sich in Brasilien niederzulassen, erklären musste, sagte sie nur: „Ich bin hier, weil die Person, die ich liebe, hier ist." Doch die Beziehung war nicht immer einfach. Ereignisse wie Bishops Krankenhausaufenthalt, als sie nach der Einnahme eines neuen Asthma-Medikaments zu viel Alkohol trank, oder auch Soares' aufreibender Regierungsauftrag zur (erfolgreichen) Umwandlung einer Mülldeponie in Rio de Janeiro in einen öffentlichen Park (Flamengo-Park), weshalb das Paar häufiger in der Wohnung in Leme leben musste, trieben einen immer größeren Keil zwischen die beiden Frauen. Auch die politische Situation des Landes nach einem Militärputsch 1964 trug zu einer wachsenden Entfremdung bei.

Während ihrer Zeit in Brasilien lernte Bishop Portugiesisch und wurde eine ausgezeichnete Übersetzerin brasilianischer Prosa

und Dichtung ins Englische, obwohl sie in der Öffentlichkeit nicht gerne Portugiesisch sprach. Die damals populären Aufzeichnungen *Minha Vida de Menina* („Mein Leben als junges Mädchen") von Alice Brant, in denen die Autorin ihre ärmliche Kindheit während der 1890er-Jahre in der Stadt Diamantina schildert, motivierten Bishop dazu, das Werk ins Englische zu übersetzen. Das Buch erschien 1957 mit dem Titel *The Diary of ‚Helena Morley'* und inspirierte Bishop zum Schreiben über ihre eigenen prägenden Jahre in der kanadischen Provinz Nova Scotia.

Für die US-amerikanische Bücherreihe *Life World Library* verfasste Bishop eine Monografie über Brasilien und seine Geschichte. Mitten auf dem Land im Osten Brasiliens, in der Stadt Ouro Preto im Gebirge Serra do Espinhaço, erwarb sie ein Zweitdomizil, dem sie den Namen Casa Mariana gab. Nach dem Tod ihrer Lebensgefährtin Soares, die sich kurz nach ihrer Ankunft in Bishops Apartment in New York mit einer Überdosis Beruhigungsmittel das Leben nahm, kehrte Bishop im September 1967 hierher zurück.

In den verbleibenden zehn Jahren ihres Lebens reiste Bishop immer wieder nach Brasilien, doch ab 1968 war das Land für sie keine Heimat mehr. Für ihr dichterisches Schaffen hingegen blieb Brasilien von unschätzbarem Wert. In ihrem 1965 erschienenen Gedichtband *Questions of Travel* beleuchtete Bishop das Wesen von Schriftstellern und deren Beziehung zu Orten.

▲ Ouro Preto, Brasilien.
◀ Sommerhaus von Lota de Macedo Soares, Samambaia, Brasilien.

Heinrich Böll lässt sich von Irland verzaubern

Heinrich Böll (1917–1985), Sohn einer liberalen katholischen Kölner Familie, setzte unerschrocken die jüngere deutsche Vergangenheit auf den Prüfstand und sezierte die Narben, die der Zweite Weltkrieg hinterlassen hatte. 1939 wurde Böll, obwohl Pazifist und Nazigegner, in die Wehrmacht eingezogen. „Es ist schrecklich, sechs Jahre in einem Krieg Soldat gewesen zu sein und immer wünschen zu müssen, dass er verloren geht", ließ er später eine seiner Romanfiguren verbittert sagen. Er kam an die russische und französische Front, wurde viermal verwundet, desertierte zeitweilig und geriet in US-amerikanische Kriegsgefangenschaft. Nach Kriegsende schrieb er sich wieder an der Universität Köln ein, brach aber bald das Studium ab und konzentrierte sich auf die schriftstellerische Tätigkeit. In den frühen, ab 1947 publizierten Texten und in seinem ersten Buch, der energischen, erstaunlich nüchternen Erzählung *Der Zug war pünktlich,* verarbeitete Böll seine Kriegserfahrungen und zeichnete ein entschieden unheldisches Soldatenbild. 1972 wurde Böll, dessen Werke von einigen deutschen Kritikern als Trümmerliteratur abgetan wurden, mit dem Nobelpreis für Literatur ausgezeichnet.

Doch zurück in das Jahr 1954, als Böll nach einem kurzen Aufenthalt in England mit dem Dampfschiff von Liverpool nach Dublin übersetzte. Kaum an Bord und in irischer Gesellschaft, hatte er „das einzige Volk in Europa, das nie Eroberungszüge unternahm", ins Herz geschlossen. Auf seiner Weiterfahrt mit Zug und Bus von Dublin quer durch Irland bis nach Westport und weiter nach Mayo beobachtete Böll die Einheimischen bei der Arbeit, bei der Erholung und beim Spiel. Er kommentierte den immensen Teekonsum („Ein kleines Schwimmbassin voll Tee also muss in jedem Jahr durch jede irische Kehle laufen.") und die erfrischend lockere Einstellung der Iren zum Thema Zeit („Als Gott die Zeit machte, hat er genug davon gemacht.") So beschrieb Böll, dass im Lichtspielhaus von Keel, einem Dorf auf der Insel Achill (irisch Acaill) vor der Nordwestküste Irlands, der Film erst anfing, wenn die Pfarrer eingetroffen waren, egal welche Uhrzeit im Programm stand. Auch bewunderte Böll, wie bereitwillig die Iren manche Widrigkeiten verharmlosten. So schrieb er in seinem *Irischen Tagebuch*:

„Passiert einem in Deutschland etwas, versäumt man den Zug, bricht man ein Bein, macht man Pleite, so sagen wir: Schlimmer hätte es nicht kommen können. Immer ist das, was passiert, gleich das Schlimmste – bei den Iren ist es fast umgekehrt: Bricht man hier ein Bein, versäumt man den Zug, macht man Pleite, so sagen sie: It could be worse – es könnte schlimmer sein: Man hätte statt des Beines den Hals brechen, statt des Zuges den Himmel versäumen (...) können."

Mehrere Sommer kehrte Böll nach Irland zurück und kaufte sich 1958 ein Cottage auf der Insel Achill, das er bis 1973 alljährlich besuchte.

Das im Zweiten Weltkrieg neutrale Irland war von den Bomben verschont geblieben, die auch Bölls Geburtstadt Köln in Schutt und Asche gelegt hatten. Doch Armut und Arbeitslosigkeit trieben in den 1950er- und 1960er-Jahren die jüngere Generation in die Emigration und ganze Dörfer waren verlassen, wie Böll in seinem *Irischen Tagebuch* dokumentierte. Das Buch entstand aus einer Reihe von Artikeln, die in der *FAZ* unter dem Titel „Irland-Impressionen" als Serie erschienen. Bei seinem Erscheinen 1957 löste das *Irische Tagebuch* in Deutschland eine regelrechte Reisewelle nach Irland aus. „Ausgerechnet als die Massenauswanderung das kritische Niveau erreichte", meinte der irische Schriftsteller Fintan O'Toole ironisch, hätte Böll Irland neu erfunden, „nicht als Ort, vor dem man reißaus nahm, sondern in den man sich flüchtete" – die Westdeutschen zumindest.

Das war keine Entwicklung, die Böll unbedingt begrüßte. Ebenso missfiel ihm die Geschwindigkeit, mit der sich Irland veränderte. Dass über Nonnen nichts mehr in der Zeitung stand und dass „die Pille" Einzug hielt, bereitete ihm Kopfzerbrechen, auch wenn er einsah, dass sich die Dinge für das irische Volk selbst verbesserten. Nach 1973 verbrachte er seine Ferien nicht mehr auf Achill und kehrte erst zehn Jahre später ein weiteres Mal zur Insel zurück, zwei Jahre vor seinem Tod. Bölls Cottage in den Torfmooren und mit Blick auf den Atlantik, den so viele Iren in der Hoffnung auf ein neues Leben nach Amerika überquerten, ist heute als Rückzugsort für Autorinnen und Autoren erhalten.

1 Liverpool
2 Dublin
3 Westport
4 Mayo
5 Insel Achill (Acaill)

◀ VORIGE SEITE
Insel Achill, Irland.

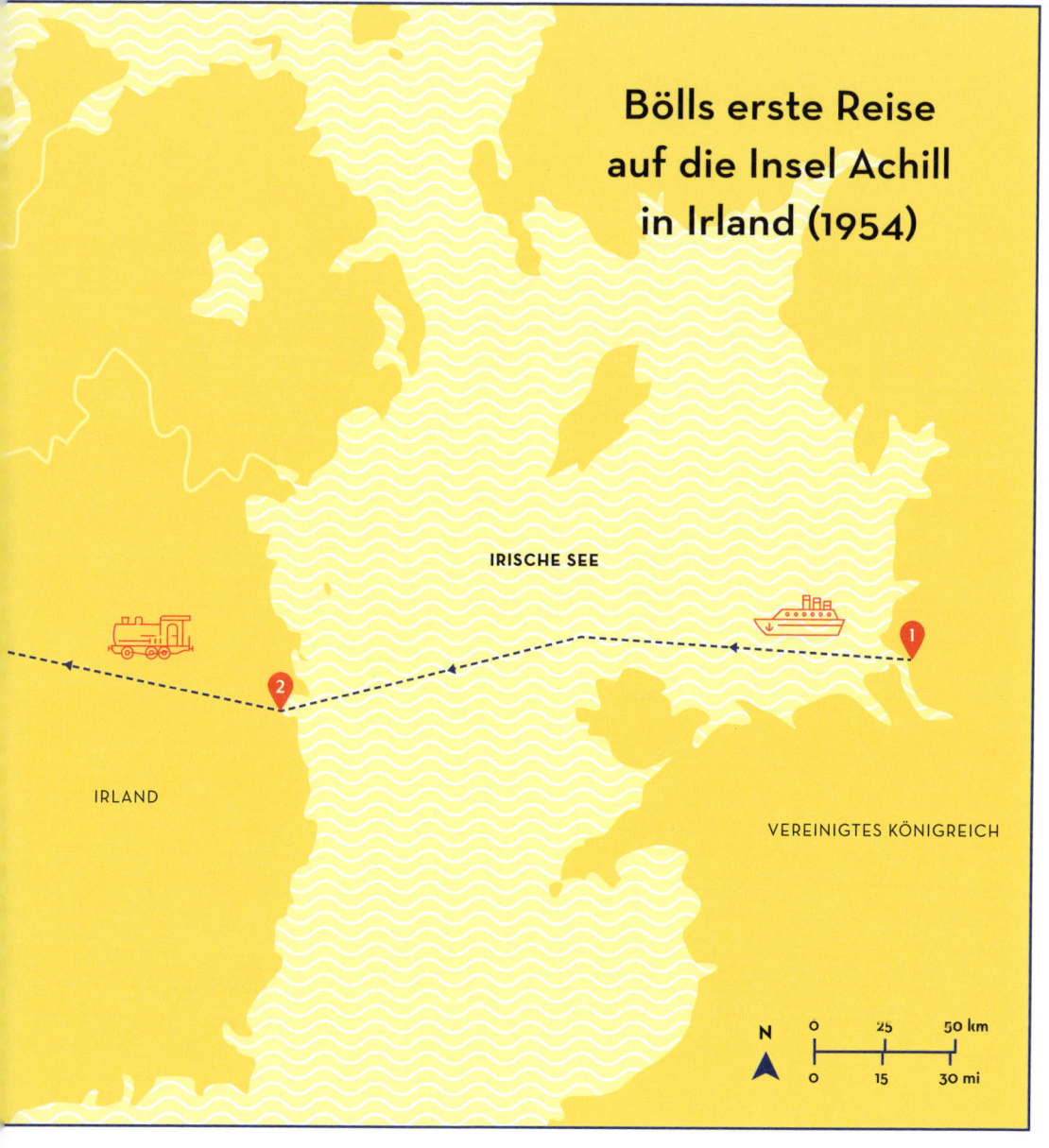

Lewis Carroll findet auch in Russland ein Wunderland

Der Mathematiker, Akademiker und Autor Charles Lutwidge Dodgson (1832–1898), besser bekannt unter seinem Pseudonym Lewis Carroll, war tief religiös und seinerzeit stark an den theologischen Debatten der Anglikaner beteiligt. Als Sohn eines Pfarrers der Church of England war auch Carroll für eine Kirchenlaufbahn bestimmt und empfing 1861 die Weihe zum Diakon, war aber wegen körperlicher Beeinträchtigungen ungeeignet für den Pfarrdienst. So entschied er sich für eine akademische Laufbahn und trat am Christ Church College in Oxford eine Stelle als Tutor für Mathematik an. Ungläubig sollen seine Studenten reagiert haben, als sie erfuhren, dass Carroll und Dodgson ein und dieselbe Person waren – das Schreiben einer so amüsanten Geschichte wie *Alice im Wunderland* hätten sie ihrem staubtrockenen Dozenten niemals zugetraut.

Am 4. Juli 1867, auf den Tag genau zwei Jahre, nachdem die namensgebende Miss Alice Liddell ihr Widmungsexemplar von *Alice im Wunderland* erhalten hatte, vereinbarten Carroll und sein Freund und Universitätskollege aus Oxford, der Theologe Dr. Henry Liddon, in den Sommerferien gemeinsam nach Russland zu reisen mit der halboffiziellen Mission, Verbindungen zur Östlich-Orthodoxen Kirche zu knüpfen.

Nach der Überfahrt am 13. Juli von Dover nach Calais reisten die beiden Männer über Brüssel, Köln und Berlin (dort besichtigten sie eine prachtvolle Synagoge), Danzig und Kaliningrad (Königsberg) bis nach Sankt Petersburg, das sie am 27. Juli mit dem Zug erreichten. Die Hauptstadt des Russischen Reichs hielt für Carroll lauter „Wunder und Neuheiten" bereit. Mehrere Tage lang erkundeten die englischen Akademiker die Stadt und ihre Umgebung. Die „enorme Breite der Straßen", das „verwirrende Geplapper der Einheimischen", die „riesigen Kirchen mit ihren blaubemalten und sternenbedeckten Kuppeln" und „bei der Admiralität [...] eine prächtige Reiterstatue Peters des Großen" gefielen Carroll besonders gut. Sie unternahmen einen Ausflug auf dem Dampfschiff, 32 Kilometer „den gezeiten- und salzlosen Finnischen Meerbusen hinab" zu den kaiserlichen Palästen und Anlagen von Schloss Peterhof, dessen Gärten nach Ansicht des Mathematikers denjenigen von Sanssouci, dem Palast Friedrichs des Großen in Potsdam, überlegen waren.

Am 2. August nahmen sie die Eisenbahn nach Moskau („Schlafkarten" für den Preis von zwei Rubel extra) und es war diese Stadt, die den beiden Reisenden komplett den Kopf verdrehte. Carroll schilderte ihren ersten Tag in Moskau und beschrieb die Stadt als einen Rummelplatz, wo einem schwindlig wurde und die normalen Gesetze der Perspektive scheinbar aufgehoben wurden:

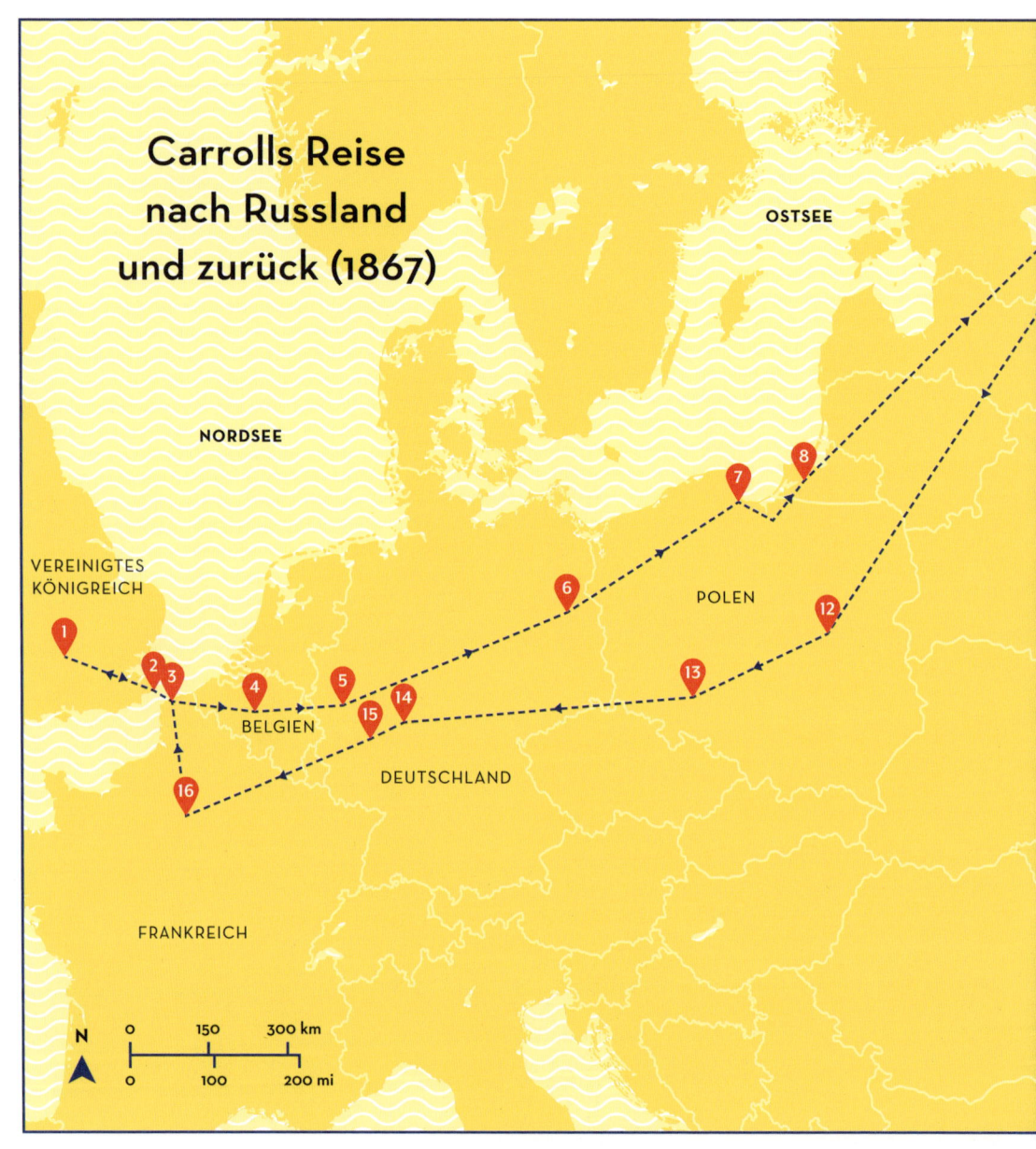

◀ VORIGE SEITE Basilius-Kathedrale, Moskau.

1 Oxford
2 Dover
3 Calais
4 Brüssel
5 Köln
6 Berlin
7 Danzig
8 Kaliningrad (Königsberg)
9 Sankt Petersburg
10 Moskau
11 Nischni Nowgorod
12 Warschau
13 Breslau
14 Gießen
15 Ems
16 Paris

„Wir wanderten fünf oder sechs Stunden lang durch diese wunderbare Stadt, eine Stadt aus Weiß mit grünen Dächern, mit konischen Türmen, die einer aus dem anderen emporsteigen wie ein verkürztes Teleskop; mit bauchigen vergoldeten Kuppeln, in denen man wie in einem Spiegel verzerrte Bilder der Stadt sieht; mit Kirchen, die von außen wie Sträuße verschiedener Kakteen aussehen und innen rundum mit Ikonen und Lampen behängt und bis zum Dach mit beleuchteten Bildern tapeziert sind; und schließlich mit einer Pflasterung, die auf und ab geht wie ein gepflügter Acker; und mit Droschkenkutschern, die heute 30 Prozent extra bezahlt haben wollen, weil die Kaiserin Geburtstag hat."

Die Literaturwissenschaft hat glaubhaft dargelegt, dass Carroll die zündende Idee zu seinem Kinderbuch *Alice hinter den Spiegeln* aus dem Jahr 1871, der Fortsetzung von *Alice im Wunderland,* in Moskau gekommen war. In seinem *Tagebuch einer Reise nach Rußland* beschrieb er sie als Jahrmarktstadt, die in unendlichen Spiegelungen immer wieder auf sich selbst zurückgeworfen wird.

Am 5. August um 6 Uhr morgens nahmen Carroll und Liddon im „Petrow-Kloster" an einer Frühmesse teil, die anlässlich des Jahrestags seiner Weihe gefeiert wurde. Danach besichtigten sie die Basilius-Kathedrale, die „innen so seltsam (beinahe grotesk) ist wie außen", so Carroll. Dann machten sie einen Rundgang durch die Schatzkammer und besichtigten so viele Throne, Kronen und Juwelen, bis es ihnen schließlich vorkam, „als wären diese drei Artikel vielleicht weiter verbreitet als Brombeeren." Nach dem Abendessen sahen sie bei einer russischen Hochzeit in der Kathedrale zu, die Carroll als „überaus interessante Zeremonie" beschrieb. Höhepunkt für Carroll waren die Rezitationen eines Diakons „in der wunderbarsten Bassstimme", die er je gehört hatte.

Am nächsten Tag erlebten sie eine strapaziöse Zugfahrt nach Nischni Nowgorod „im gewöhnlichen Zweitklasswagen", denn Schlafwagen waren „auf dieser Strecke ein unbekannter Luxus". Dort besuchten sie den Makarjew-Markt, den Carroll als wunderbaren Ort beschrieb. Doch „alle Neuigkeiten des Tages wurden in den Schatten gestellt", als sie bei Sonnenuntergang zur Tataren-Moschee kamen und der Ruf zum Gebet „unbeschreiblich traurig und gespenstisch durch die stille Luft glitt", wie Carroll notierte.

Der spirituelle Höhepunkt ihrer Russlandreise ereignete sich wahrscheinlich eine gute Woche später, als Bischof Leonid, der Moskauer Suffraganbischof, sie am 12. August zum Troiza-Kloster führte und dort mit Wassili Drosdow Philaret, dem Moskauer Metropoliten und einem der mächtigsten russisch-orthodoxen Persönlichkeiten des 19. Jahrhunderts, in dessen Palast bekannt machte.

Eine Woche später traten Carroll und Liddon ihre Heimreise nach Oxford an. Sie verließen am 19. August Moskau in Richtung Sankt Petersburg, fuhren über Warschau (für Carroll eine der „schmutzigsten und lärmigsten" Städte, die er je gesehen hatte), Breslau, Gießen, Ems, Paris und Calais.

Danach sollte Carroll England nie wieder verlassen und erst 1935, beinahe vierzig Jahre nach seinem Tod, wurde sein Russland-Tagebuch veröffentlicht. Erst dann konnten die treuen Alice-Fans etwas über Carrolls Begegnungen mit realen Städten erfahren, die mindestens ebenso verwirrend und verrückt waren wie das seiner genialen Fantasie entsprungene Wunderland.

▶ Apostel Matthäus auf dem Dach der Isaakskathedrale, Sankt Petersburg.

Agatha Christie an Bord des Orient-Express

Züge kommen in den Werken von Agatha Christie (1890–1976) regelmäßig vor. Die erfolgreiche Krimiautorin baute Zugnamen, Abfahrzeiten und gedruckte Fahrpläne als Buchtitel und Handlungselemente in ihre Romane ein, beispielsweise in *Der blaue Express, Die Morde des Herrn ABC* und *16 Uhr 50 ab Paddington*. In den USA benannte man letzteren Roman um in *What Mrs. McGillicuddy Saw!*, („Was Mrs McGillicuddy sah!"), weil man befürchtete, dass die amerikanischen Leser mit der Londoner Endstation nicht viel anfangen könnten. Nebenbei bemerkt, war die Idee, gute Literatur als billige Taschenbuchreihe herauszugeben, dem Verleger Allen Lane auf der Rückreise von einem Wochenendbesuch in Devon bei Agatha Christie gekommen, als er am Zeitungskiosk des Bahnhofs Exeter Station vergebens nach unterhaltsamer Lektüre suchte. Unter den ersten zehn Titeln seines neu gegründeten Verlags Penguin Books war Christies Debütroman *Das fehlende Glied in der Kette*.

Dieser Roman, der zuerst 1920 in den USA erschien und ein Jahr später in Großbritannien, markierte die Geburtsstunde einer Figur, die zu den langlebigsten und populärsten der Kriminalliteratur zählen sollte: Hercule Poirot. Der belgische Detektiv, ein etwas schmächtiger Schnauzbartträger mit erstaunlich cleveren „kleinen grauen Zellen" und urkomischem Akzent, ist ein schlauer Festlandeuropäer, wie ihn wohl nur eine englische Autorin jener Zeit aus dem Hut zaubern konnte. Zum Teil schuf sie Poirot nach dem Vorbild belgischer Flüchtlinge, mit denen sie sich im Ersten Weltkrieg bei der Arbeit in der örtlichen Apotheke in ihrer Heimatstadt Torquay angefreundet hatte. Dort erwarb sie auch ihre Kenntnisse über Gifte, die ihr zugutekamen, als sie sich später für ihre Romane ausdachte, mit welchem Teufelszeug gekränkte Frauen ihre ehebrecherischen Ehemänner um die Ecke bringen oder knurrige Hausangestellte Rache an ihren knauserigen Dienstherren nehmen würden.

Dass Christie die „Compagnie Internationale des Wagons-Lits" mit ihren Strecken und Zielorten, Fahrgasttypen, Kofferträgern und Schaffnern, den prachtvollen Speise- und luxuriösen Schlafwagen persönlich vertraut war, trug in ähnlicher Weise zur Glaubwürdigkeit ihres Krimis *Mord im Orientexpress* bei, dessen Originaltitel *Murder on the Orient Express* übrigens vom US-Verleger in *Murder in the Calais Coach* umbenannt wurde. Dabei war ihr Verhältnis zum Orient-Express, in den 1930ern der Inbegriff für Exotik und interkontinentalen Glamour, alles andere als das einer bequemen Touristin oder passiven Bahnfahrerin. Ihre erste Fahrt mit diesem Zug fiel in die emotional aufwühlende Zeit nach der Trennung von ihrem ersten Ehemann, Archibald „Archie" Christie. Der Orient-Express war für Christie insofern von Bedeutung, als er sowohl ihre Emanzipation von dem treulosen Archie als auch die Anbahnung einer neuen Partnerschaft mit ihrem zweiten Ehemann, dem vierzehn Jahre jüngeren Archäologen Max Mallowan, symbolisierte.

In seinen Glanzzeiten während der Belle Époque fuhr der Orient-Express täglich nach Wien, zweimal wöchentlich nach Budapest und dreimal wöchentlich nach Istanbul (seinerzeit Konstantinopel). Über die Jahrzehnte änderte sich die Route und das Unternehmen richtete zusätzliche Verbindungen ein, darunter eine Strecke nach Athen. Ab 1919 gab es zudem einen Schwesternzug in Richtung Südosten über Lausanne, Mailand, Venedig, Belgrad und Sofia, den nach dem Schweizer Simplonpass benannten Simplon-Orient-Express. Eben diesen Zug nahm Agatha Christie in der zweiten Klasse zum ersten Mal 1928, und in diesem Zug sollte ihre Romanfigur Poirot sechs Jahre später ebenfalls unterwegs sein.

Christies Reise vorangegangen war ihre Einwilligung in die Scheidung von Archie. Aus ihrer 1977 posthum veröffentlichten Autobiografie erfahren wir, dass Christie nach dem Ehe-Aus eine Reise „nach Westindien" gebucht hatte, nicht zuletzt um der Tristesse des englischen Winters zu entfliehen. Zwei Tage vor Abreise traf sie sich mit Freunden in London zum Dinner. Dabei machte sie die Bekanntschaft des Marineoffiziers Commander Howe und dessen Gattin, die gerade von einem Einsatz im Persischen Golf zurückgekehrt waren und von Bagdad schwärmten. Sie steckten die Schriftstellerin mit ihrer Begeisterung an. Auf Christies Frage, „man müsse wohl eine Schiffsreise unternehmen, um hinzugelangen", erfuhr sie erfreut, dass sie „mit dem Zug fahren" könne, „mit dem Orient-Express". Und weiter heißt es: „Schon immer hatte ich einmal mit dem Orient-Express fahren wollen. Auf meinen Reisen nach Frankreich oder

1 London
2 Istanbul (Konstantinopel)
3 Aleppo
4 Damaskus
5 Bagdad
6 Tell el-Muqejjir (Ur)

◀ VORIGE SEITE
Vintage-Poster für den Venice-Simplon-Orient-Express.

Spanien oder Italien hatte der Orient-Express oft in Calais gestanden, und ich wäre nur allzu gerne eingestiegen. Simplon-Orient-Express: Mailand, Belgrad, Istanbul …" Am nächsten Morgen gab Christie ihre Tickets für „Westindien" zurück und tauschte sie gegen Platzkarten im Simplon-Orient-Express nach Istanbul und von dort aus nach Damaskus und Bagdad.

Bemerkenswert war nicht nur die geplante Route, sondern auch die Tatsache, dass sie die Tour alleine antrat. Christie war eine erfahrene Reisende und hatte 1922 gemeinsam mit ihrem Ehemann die Welt umrundet, doch diesmal war es anders: „Ich konnte meiner Leidenschaft frönen, fremde Länder zu besuchen, konnte mich jederzeit anders besinnen … Ich brauchte auf niemanden außer mir selbst Rücksicht zu nehmen."

Ihre Reise erfüllte alle Erwartungen, erinnerte Christie sich später. Nach Triest in Italien ging die Fahrt „durch Jugoslawien und den Balkan, wo sich mir eine faszinierende, unbekannte, neue Welt darbot: tiefe Felsschluchten, Ochsenkarren und andere malerische Vehikel, die Bauern auf den Bahnhöfen. In Städten wie Niš und Belgrad stieg ich aus und bewunderte die riesigen Lokomotiven mit ihren völlig anderen Aufschriften und Zeichen." Das Alleinreisen behagte ihr und sie stellte fest: „Man muss allein reisen, um zu erfahren, in welchem Maß die Welt dem einzelnen Schutz und Hilfe angedeihen lässt."

Im Irak besichtigte Christie die antiken babylonischen Ruinen in Ur (das heutige Tell el-Muqejjir) und schloss eine lange währende Freundschaft mit dem Archäologen Leonard Woolley und dessen Frau Katherine, die gerade eines ihrer Bücher, nämlich *Alibi*, gelesen hatte. Auf deren Einladung kehrte sie im folgenden Jahr nach Ur zurück und begegnete dort Wolleys Assistenten, Max Mallowan. Ihr Aufenthalt verkürzte sich jedoch, als sie aus einem Telegramm erfuhr, dass ihre Tochter

▶ Die Ruinen der Ziggurat von Ur, Irak.

Rosalind an einer schweren Lungenentzündung erkrankt war. Rosalind kam zum Glück wieder zu Kräften, doch Mallowan bestand darauf, die Autorin nach London zurückzubegleiten, und gemeinsam legten sie einen Teil der Heimreise im Simplon-Orient-Express zurück. Ein wenig später im selben Jahr beförderte derselbe Zug, diesmal von Westen nach Osten fahrend, das Paar für seine Flitterwochen nach Venedig und Dubrovnik.

Fortan begleitete Christie ihren Ehemann Mallowan regelmäßig auf archäologischen Ausgrabungen im Nahen Osten und nach Ägypten. Viele dieser Orte, die sie teilweise im Orient-Express erreichten, fanden Einzug in ihre Romane, darunter *Mord in Mesopotamien* und *Der Tod auf dem Nil*. Um die Hitze in der Region zu meiden, fanden Mallowans Ausgrabungen fast immer in den Wintermonaten statt. Bezeichnenderweise spielt *Mord im Orientexpress* in eben dieser Jahreszeit und ein entscheidendes Element der Handlung ist das Steckenbleiben des Zuges in einer Schneeverwehung.

Der Krimi beginnt damit, dass Poirot um fünf Uhr in der Frühe den nahezu leeren Taurus-Express in Aleppo besteigt. Dabei erfährt man einiges über die Kälte und Schneemeldungen auf dem Balkan. Nach seinen Abenteuern in Syrien hofft der Belgier auf ein paar ruhige Tage als Tourist in Istanbul, doch ähnlich wie Christie wird Poirot plötzlich von einem Eiltelegramm zurück nach London beordert. Er ergattert gerade noch die letzte freie Koje im Schlafwagen an Bord des nächsten Simplon-Orient-Express nach Calais.

Mehr wird hier nicht verraten, um die Freude nicht zu verderben, falls jemand den Roman noch nicht gelesen oder eine der beiden Verfilmungen noch nicht gesehen hat. Jedenfalls ist Christie eine unverzichtbare Quelle für alle, die eine präzise Beschreibung des königsblau-goldenen Luxuszugs und seines Schlafwagen-Interieurs wünschen. Die Litanei von Abfahrts- und Anschlusszeiten im Roman sowie die Öffnungszeiten der Speisewagen für Frühstück, Mittag- und Abendessen hätten den damaligen Touristen fast ebenso gute Dienste erweisen können wie ein Baedeker oder *Bradshaws Continental Railway Guide*. Auch Poirots Mitreisende, eine internationale, fast komödienhaft stereotype Schar von Weißrussen, Italienern, Engländern, Schweden und Amerikanern, sind ziemlich repräsentativ für die Sorte Mensch, der Christie selbst auf ihren Reisen im Orient-Express begegnet war, selbst wenn, soweit uns bekannt, keiner ihrer realen Tischnachbarn durch zahllose Schnittwunden im Speisewagen zu Tode kam.

Vielmehr erlitt der Simplon-Orient-Express selbst infolge vieler Einschnitte einen schleichenden Tod. Nach dem Zweiten Weltkrieg blieben die Fahrgäste fern und im Kalten Krieg lag der östliche Streckenabschnitt hinter dem Eisernen Vorhang. 1962 wurde er durch den langsameren, wesentlich schmuckloseren „Direct Orient Express" ersetzt, dessen Name fast an Orwell'sches „Neusprech" erinnert. Weitere fünfzehn Jahre zuckelte diese Orient-Express-Version dahin, bis auch sie am 20. Mai 1977 eingestellt wurde.

Agatha Christie war im Januar des Vorjahres verstorben und hatte dem Zug längst den Rücken gekehrt. In ihrer Autobiografie erinnerte sie an einen weiteren Besuch im Irak 1948, in dem Jahr, als ihr Kriminalroman *Mord im Orientexpress* erstmalig als Taschenbuch bei Penguin Books erschien: „Diesmal gab es keinen Orient-Express! Es war nicht mehr die billigste Art zu reisen ... Diesmal flogen wir – und machten uns mit der eintönigen Routine einer Flugreise vertraut."

◀ Istanbul.

Kein Müßiggang in Cumbria für Wilkie Collins und Charles Dickens

Eine Gedenkplakette mit ungewöhnlich präzisem Datum ziert das Ship Hotel im kleinen, am Solway Firth gelegenen Küstenort Allonby in Cumbria. Sie erinnert an den Aufenthalt von Wilkie Collins (1824–1889) und Charles Dickens (1812–1870) am Mittwoch, dem 9. September 1857. In den Aufzeichnungen des Hotelbesitzers ist tatsächlich vermerkt, dass Collins und Dickens hier zwei Tage lang wohnten, Wein und Bier zum Lunch konsumierten sowie Tee, Brandy, Limonade und dunkles Porterbier zum Dinner. Erst zwei Tage zuvor, am 7. September, waren die beiden Schriftsteller mit dem Zug von der Londoner Euston Station im nördlich gelegenen Carlisle eingetroffen, um die Gegend zu erwandern.

Mit Collins, dem Sohn eines renommierten Landschaftsmalers, war Dickens etwa sechs Jahre zuvor von dem Maler Augustus Egg bekannt gemacht worden. Der zwölf Jahre jüngere Collins stand damals noch am Anfang seiner Schriftstellerkarriere und begegnete dem älteren Dickens mit Ehrfurcht. Dickens erkannte Collins' aufkeimendes Talent, nahm ihn als Mentor unter seine Fittiche und publizierte dessen Texte in seinen Wochenzeitschriften *Household Words* und *All the Year Round*.

Laut der Biografin Claire Tomalin wurde Collins zum „auserwählten Begleiter Dickens bei vielen seiner Eskapaden und Ausflüge". Offiziell wollten sie reichlich Stoff für einen fiktiven Reisebericht sammeln, der in *Household Words* als Artikelreihe „The Lazy Tour of Two Idle Apprentices" erschien – zu Deutsch in etwa „Die faule Tour zweier müßiger Gesellen". Tatsächlich aber bot diese Tour dem unglücklich verheirateten Dickens wohl auch einen Vorwand, um die 18-jährige Schauspielerin Ellen Ternan wiederzusehen, der er etwas früher in jenem Sommer erstmals begegnet war und die in Doncaster im Theatre Royal mit dem Stück *The Pet of the Petticoats* auftrat.

In einem Brief an Collins vom 29. August, in dem Dickens erstmals die Reise vorschlug, gab er etwas von seiner aufgewühlten Gefühlslage preis, als er schrieb: „Ich will vor mir selbst fliehen." Zunächst tat Dickens so, als ob ihm das Reiseziel egal wäre. Doch es stand nie infrage, denn schon vor ihrer Abreise aus London hatte er das Hotel in Doncaster gebucht. Ihr letzter Artikel der „Lazy Tour"-Reihe schildert detaillierte Eindrücke von der Stadt in South Yorkshire, in der gerade die turbulente Race Week, das alljährliche Pferderennen, im Gange war und das Gebrüll der Leute „erst gegen Mitternacht, bis auf gelegentliche Trunklieder und vereinzeltes Geschrei" endlich nachließ.

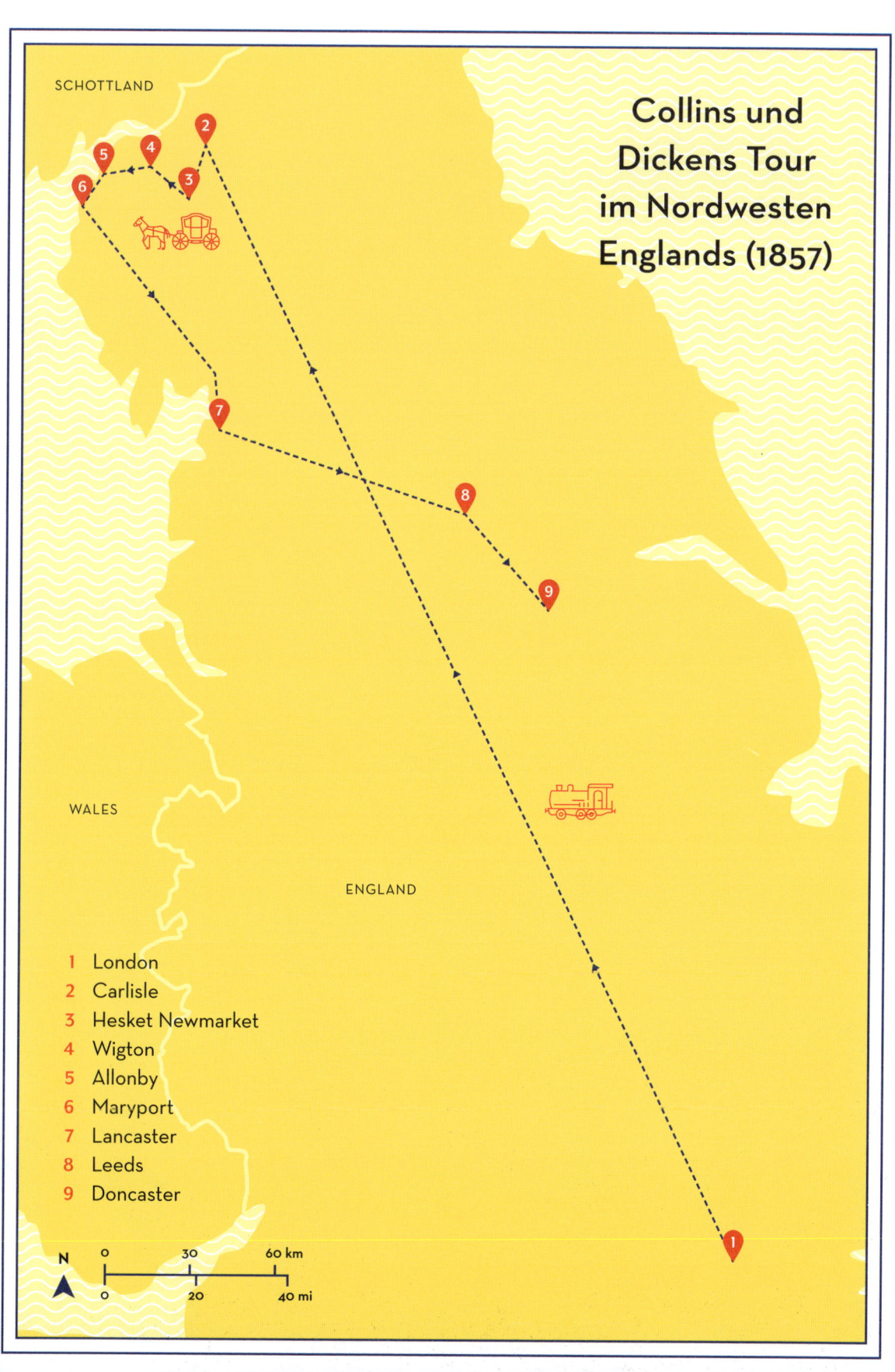

Tiere begleiteten in gewisser Hinsicht ihre gesamte Tour. Als Collins und Dickens zu Beginn ihrer Reise in Carlisle erwachten, erlebten sie eine „unerfreulich und schrecklich geschäftige" Stadt, denn es war Markttag mit „Rindermarkt, Schafmarkt und Schweinemarkt", einem Getreidemarkt, Straßenständen und Händlern, die ihre Holzpantinen, Kappen und Ähnliches feilboten. Daher wanderten sie rund 20 Kilometer in das Dorf Hesket Newmarket, quartierten sich in einem gemütlichen Gasthaus ein und stärkten sich dort mit Haferkeksen und Whisky. Anschließend machten sie sich auf die Suche nach einem „schwarzen alten kumbrischen Hügel oder Berg" namens Carrock oder Carrock Fell, den Dickens unbedingt erklimmen wollte. Collins war darauf nicht so erpicht und zögerte, vielleicht zu Recht. Während sie am Nachmittag aufstiegen, regnete es heftig und bald war der Berg gehüllt „in einen Nebel, der dichter war als der in London". Ihr Kompass versagte, sie verliefen sich und zu guter Letzt verstauchte sich Collins den Knöchel, als sie blindlings den Hang ins Tal hinabstolperten. Zurück im Gasthaus zogen sie sich um und tranken noch mehr Whisky, den Dickens mit Öl auf Collins' Verletzung auftrug, damit die Schmerzen und Schwellung nachließen. In einer kleinen geschlossenen Kutsche fuhren sie dann zu der Marktstadt Wigton und zum Haus eines Dr. Speddie, der Collins mit konventionelleren Methoden als Dickens behandelte.

Von Wigton aus reisten sie weiter nach Allonby am Meer, wo sie vielleicht hofften, dass die salzige Luft und schöne Aussicht Collins Lebensgeister erwecken würden. Das Seebad, dessen Hauptattraktion ein Esel am Strand war, wirkte nett, aber bot nur wenig Abwechslung. Dickens musste den noch immer angeschlagenen Collins auf dem Sofa im Ship Hotel zurücklassen und zu Fuß in das nahe gelegene Maryport laufen, um seine Post abzuholen. Letzten Endes entschieden sich die beiden für die Weiterreise nach Lancaster, machten einen

Abstecher nach Leeds und kamen schließlich nach Doncaster.

„The Lazy Tour of Two Idle Apprentices" wurde nach der Erstveröffentlichung in der Zeitschrift *Household Words* zwischen dem 3. und dem 31. Oktober 1857 zu Dickens Lebzeiten nie wieder abgedruckt. Gleichwohl gingen die Abenteuer der beiden Schriftsteller (bzw. Missgeschicke, in Collins Fall) in die Annalen der Literatur ein. In dem zwei Jahre später verfassten Roman *Die Frau in Weiß* verlegte Collins Teile der Handlung in Gegenden von Cumbria, durch die sie gekommen waren, und das Anwesen Ewanrigg Hall bei Maryport diente ihm in seinem übrigens zuerst als Fortsetzungsroman in Dickens' Zeitschrift *All the Year Round* erschienenen Buch als Vorlage für Limmeridge House.

▲ Bahnhof von Doncaster, *The Illustrated London News*, 15. September 1849.

◀ Gipfel des Carrock Fell im Lake District, England.

▶ Fotografie der Schauspielerin Ellen Ternan, um 1860.

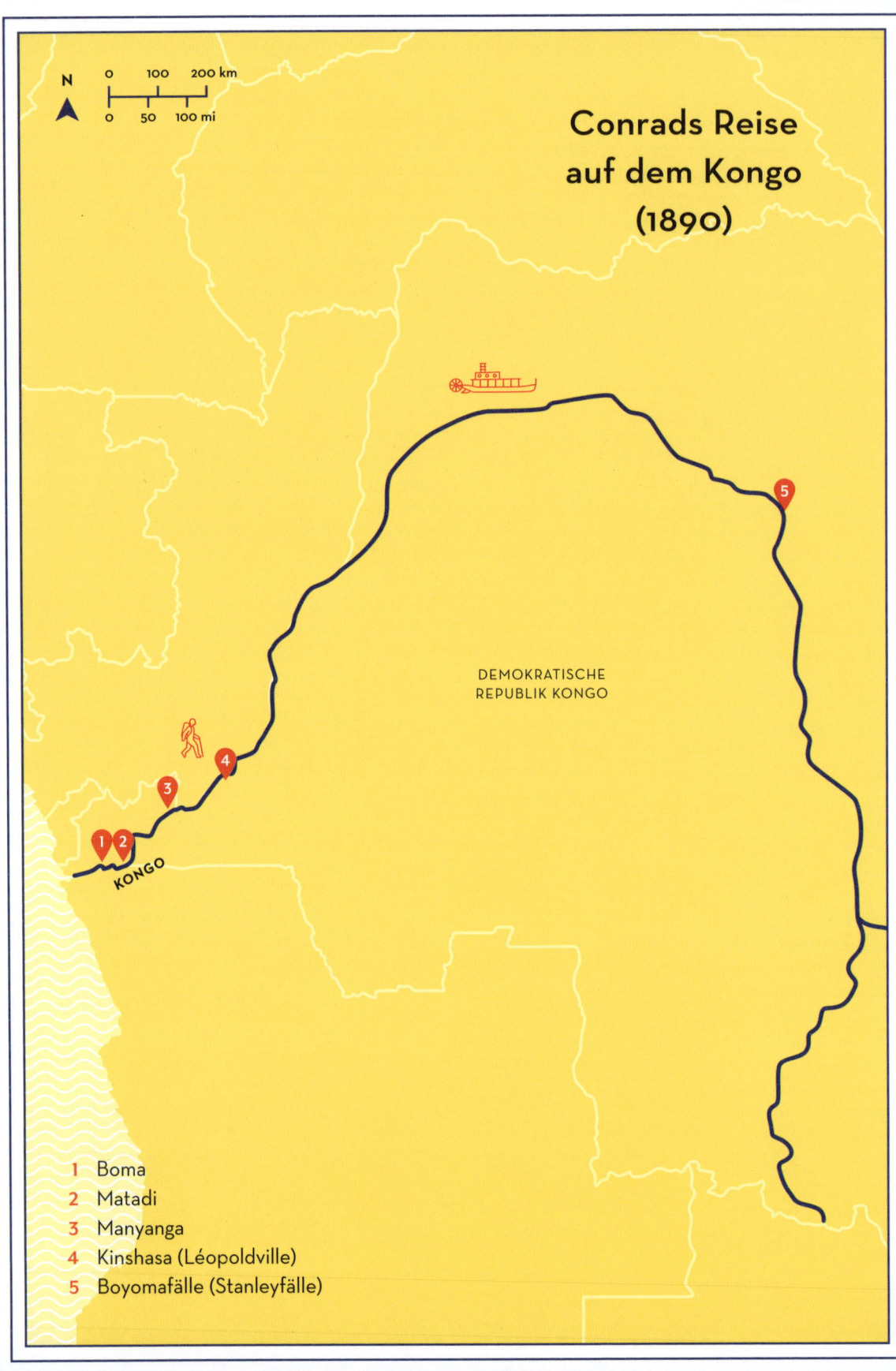

Joseph Conrad wird Zeuge der Kongogräuel

Über seine eigenen Erlebnisse in Belgisch-Kongo, die als Grundlage des 1899 erschienenen Romans *Herz der Finsternis* dienten, schrieb Joseph Conrad (1857–1924) einmal, er „habe die Erzählung nur sehr wenig über die tatsächlichen Ereignisse hinausgetrieben". Józef Teodor Konrad Korzeniowski kam in Podolien, einer Provinz der polnischen Ukraine, zur Welt und begeisterte sich von klein auf für die damals populären Seeabenteuer-Romane des Kapitän Frederick Marryat. Mit sechzehn heuerte er auf einem Schiff an und seine Laufbahn als Seefahrer führte ihn um die ganze Welt.

Westafrika war einer der Orte, die Conrad bereisen wollte, seitdem er die Geschichten über Expeditionen europäischer Erforscher verschlungen hatte, wie die Berichte über Mungo Park und seinen verhängnisvollen Versuch, dem Niger bis zu seiner Quelle zu folgen – Stoff für das damals beliebte Jungenmagazin *Boys' Own*. 1890 erhielt der Autor dazu endlich Gelegenheit. Ihm wurde das Kommando über einen belgischen Dampfer im Kongo-Freistaat angeboten, nachdem der vorherige Kapitän, der Däne Johannes Freiesleben, im Streit mit Einheimischen ermordet worden war. Die Umstände für den neuen Posten waren eher unheilvoll, doch nicht zum ersten Mal übernahm Conrad einen durch den gewaltsamen Tod eines Vorgängers frei gewordenen Posten. Conrad suchte dringend einen Job und war so erpicht auf Afrika, dass er sich für die volle Amtszeit von drei Jahren bei der „Société Anonyme Belge pour le Commerce du Haut-Congo", der größten Handelsgesellschaft im Kongobecken, verpflichtete. Doch er blieb nur sechs Monate und das, was ihm dort widerfuhr, zeichnete ihn seelisch und körperlich sein Leben lang.

Der Kongo-Freistaat war 1865 bis 1908 im vollständigen Besitz des belgischen Königs Leopold II., und wie viele weiße Europäer hatte auch Conrad die offizielle Parole der Belgier verinnerlicht, dass sie das Land vor der Barbarei retten würden. Sehr bald erkannte er aber, dass diese eigensüchtige Propaganda einer genauen Prüfung nicht standhielt, diente sie doch zur Rechtfertigung der kolonialen Besatzung, Unterwerfung und massiven Ausbeutung der afrikanischen Bevölkerung und Ressourcen.

Conrads Afrikareise begann in Bordeaux an Bord der *Ville de Maceio*, die am 10. Mai 1890 aus dem französischen Hafen auslief. Erster Zielhafen war die Kanarische Insel Teneriffa, dann setzte das Schiff die Fahrt nach Süden entlang der afrikanischen Westküste fort. Nach Zwischenstopps in Dakar (Senegal), Conakry (Guinea), Freetown (Sierra Leone), Cotonou (Benin) und Libreville (Gabun) erreichten die Männer die Mündung des Kongo. Von dort stießen sie flussaufwärts nach Boma vor, die Hauptstadt des Kongo-Freistaates, in der sie am 12. Juni 1890 eintrafen.

Am darauffolgenden Tag nahm Conrad den Dampfer flussaufwärts nach Matadi, wo er bei Roger Casement unterkam, einem irisch-republikanischen Vorkämpfer, Diplomaten und britischen Konsul, der für seine Enthüllungen über die Gräueltaten an den indigenen Völkern im Kongo und in Peru mit einem hohen Orden ausgezeichnet und später wegen Hochverrats hingerichtet wurde. Casement war einer der wenigen Europäer in Afrika, die Conrad von ganzem Herzen schätzte. Über ihre erste Begegnung hielt er am 13. Juni in seinem Tagebuch fest: „Lernte Mr. Roger Casement kennen, was ich auch unter anderen Umständen als ein großes Vergnügen betrachtet hätte. Jetzt ist das ein richtiger Glücksfall. Denkt, spricht gut, äußerst intelligent und sehr sympathisch."

Zwei Wochen verbrachten die beiden Männer gemeinsam. Dann machten sich Conrad und Prosper Harou, ein weiteres Mitglied der Handelsgesellschaft, am 28. Juni mit einer Karawane von 21 Männern auf den Weg zu Conrads Schiff in Kinshasa (seinerzeit Léopoldville) – zu Fuß, da der Kongo zwischen Matadi und Kinshasa nicht schiffbar war und die Eisenbahnverbindung noch im Bau. Der Fußmarsch war extrem strapaziös. Auf dem Pfad verrotteten Leichen in der Sonne und Moskitos plagten die Männer unentwegt. Am 2. August trafen Conrad und Harou, der an Fieber litt und einen Großteil des Weges getragen werden musste, in Kinshasa ein.

Hier wies man Conrad dem Flussdampfer *Roi de Belges* zu. Mit einer Mannschaft von dreißig Afrikanern wagte sich Conrad flussaufwärts zu den Boyomafällen, die damals Stanleyfälle hießen. Auf dieser Fahrt wurde er Zeuge der Gräueltaten belgischer Elfenbeinjäger und Société-Funktionäre. Conrad beobachtete

▲ Matadi, Demokratische Republik Kongo.

aneinandergekettete Kongolesen, die unter erbärmlichsten Bedingungen schufteten, er sah verlassene und verfallene Dörfer und kahl gerodete Landstriche. Am 1. September legte der Dampfer vor den Boyomafällen an und nahm neue Passagiere auf, bevor es sechs Tage später weiter flussabwärts nach Kinshasa ging. Unter den Neuankömmlingen war Georges-Antoine Klein, ein an den Boyomafällen stationierter Handelsvertreter der Société Belge. Klein hatte die Ruhr und überlebte die Flussreise nicht. Vielleicht diente er als Vorbild für den grausamen Elfenbeinhändler Kurtz in *Herz der Finsternis,* den Conrad ebenfalls auf einem Dampfer flussabwärts an Dschungelfieber sterben ließ.

Als die *Roi de Belges* am 24. September Kinshasa erreichte, war Conrad inzwischen selbst an Malaria und Ruhr erkrankt. Die letzten Monate im Kongo erlitt er wiederholt Krankheitsschübe, was ihn noch mehr deprimierte und desillusionierte. Am 4. Dezember beendete er seine letzte Dampferfahrt, quittierte den Dienst und segelte wenige Wochen vor Weihnachten von Boma zurück nach Europa. Bei der Ankunft in London am 1. Februar 1891 sei er halbtot gewesen, wie einhellig berichtet wurde, und es dauerte fast ein Jahrzehnt, bis Conrad seine Kongo-Erlebnisse soweit verarbeitet hatte, dass er sie in eine fiktive Erzählung umwandeln konnte. *Herz der Finsternis* war bei seinem Erscheinen eine der schärfsten Anklagen gegen den Kolonialismus, die jemals bis dato erhoben wurden.

▼ *Boma, am Fluss Kongo,* The Graphic, Band XXVIII, Nr. 712, 21. Juli 1883.

▶ NÄCHSTE SEITE
Der Fluss Kongo, Demokratische Republik Kongo.

Karen Blixen ist diesseits und jenseits von Afrika

Die gebürtige Dänin Karen Dinesen (1885–1962), im englischen Sprachraum meist unter dem männlichen Pseudonym Isak Dinesen bekannt, publizierte in Deutschland als Karen Blixen alias Tania Blixen. Heute ziert das Porträt der Autorin die dänische 50-Kronen-Banknote. Dabei reagierte man in ihrer Heimat eher kühl auf Blixens erste literarische Versuche. Ihr auf Englisch verfasstes Debütwerk *Seven Gothic Tales* (dt. Titel *Sieben phantastische Geschichten*), eine Sammlung unheimlicher Kurzerzählungen, für das sie sich von *Tausendundeine Nacht* und den Werken Robert Louis Stevensons inspirieren ließ, wurde in den USA zum überraschenden Bestseller, nachdem es fast alle anderen Verlage abgelehnt hatten. Blixens Beziehung zu Dänemark war überdies von ihrer Liebe zu Afrika und insbesondere Kenia überschattet, ihrem Garten Eden, aus dem sie 1931 „verbannt" wurde und daraufhin zum Familiensitz in Rungsted, nördlich von Kopenhagen, zurückkehren musste.

Verlassen hatte sie Dänemark rund achtzehn Jahre vorher, eine eigensinnige Achtundzwanzigjährige kurz vor der Heirat, die ihrem neuen Leben als Ehefrau von Baron Bror von Blixen-Finecke, einem aristokratischen schwedischen Farmer in Britisch-Ostafrika, erwartungsvoll entgegensah. Bei der Rückkehr war sie finanziell ruiniert und geschieden, ihre Ehe und die seit 1921 von ihr selbst bewirtschaftete Farm waren schmachvoll gescheitert. Sie litt an Syphilis, womit sie ihr untreuer Ex-Ehemann angesteckt hatte, und nur wenige Monate zuvor war ihr Geliebter, der blaublütige britische Großwildjäger Denys Finch Hatton, beim Absturz seiner Gypsy Moth auf einer Safari ums Leben gekommen. Das Schreiben wurde für sie zum Pfad der Genesung und die Memoiren *Jenseits von Afrika* von 1937, ihr berühmtestes Werk, dienten Blixen nach den Worten ihrer Biografin Judith Thurman teilweise auch als feinsinnige Wiedergutmachung des Unglücks, das ihr in Afrika widerfahren war.

Die Weichen für ihre Tragödie wurden in dem Moment gestellt, als Von Blixen-Finecke den Plan, in Kenia eine Milchfarm zu betreiben, aufgab und das gemeinsame Geld in die Swedo-African Coffee Company steckte. Im Hinterland von Nairobi, am Fuße der Ngongberge, erwarb er 1821 Hektar Land für eine Kaffeeplantage. Er wusste nicht, dass zu saure Böden und unregelmäßige Niederschläge dem ertragreichen Kaffeeanbau im Wege standen und das Projekt von Anfang an zum Scheitern verurteilt war. Sobald der Vertrag über die Plantage unterzeichnet war, sollte Blixen ihrem Zukünftigen nach Kenia folgen und in Mombasa heiraten.

Blixens Familie schob ihre (zahlreichen) Bedenken zu Brors Geschäftssinn und dessen Eignung als Ehemann beiseite und kam Anfang Dezember 1913 nach Kopenhagen, um sie zu verabschieden. Mutter und Vater reisten mit ihr

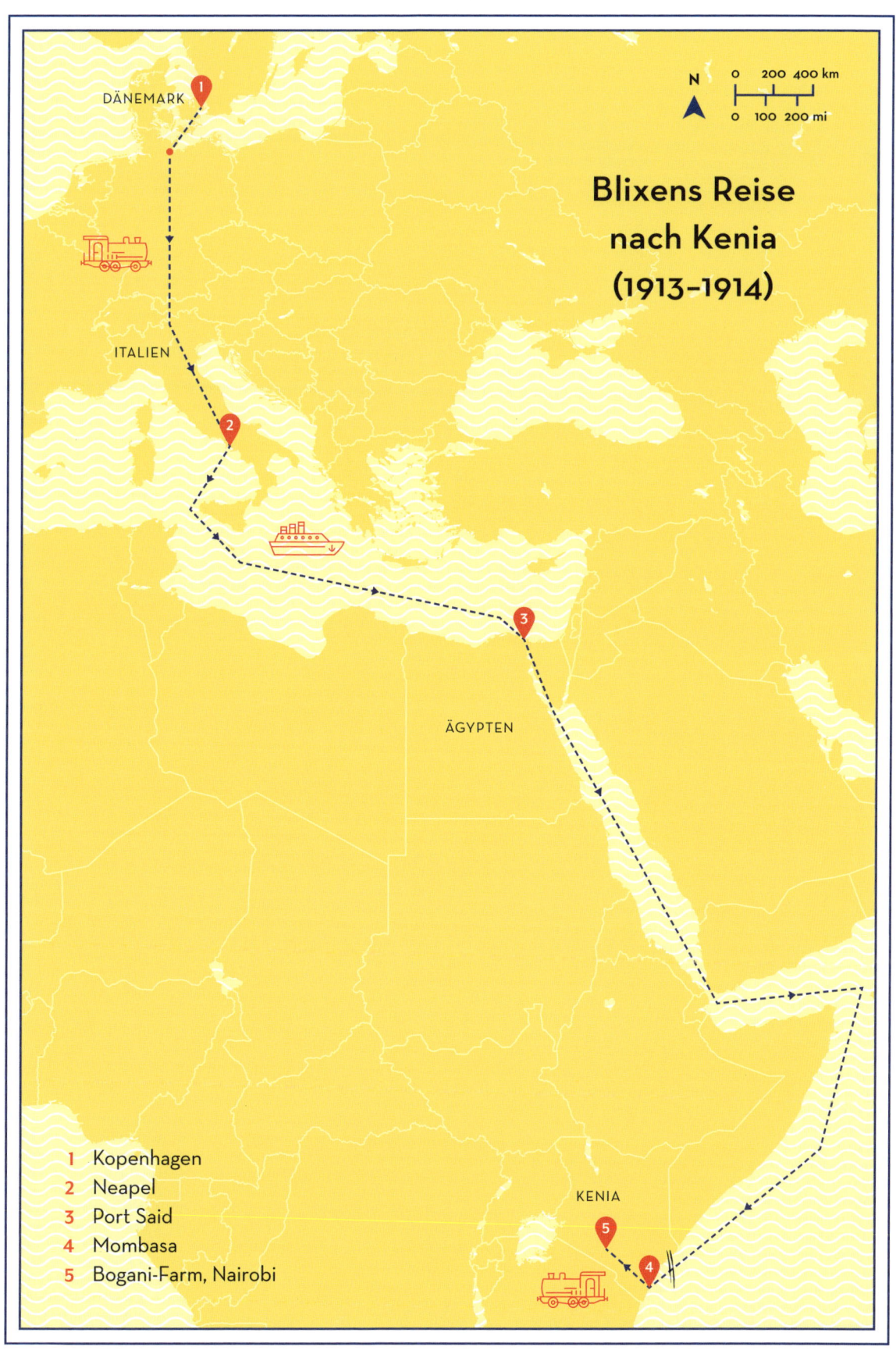

nach Neapel und blieben zwei Wochen, bevor Blixen am 16. Dezember die *Admiral* bestieg. 19 Tage dauerte die Fahrt nach Ostafrika über das Mittelmeer und durch den Suezkanal, in das Rote Meer und den Golf von Aden zum Indischen Ozean und von dort entlang der somalischen Küste südwärts Richtung Mombasa.

Am 13. Januar 1914 legte die *Admiral* im Hafen von Kilindini an und Bror kam an Bord, um seine Braut in Empfang zu nehmen. Nach einer Nacht im Mombasa Club fand am nächsten Morgen die Hochzeit statt, mit dem Prinzen Wilhelm von Schweden als einem der Trauzeugen des Barons. Um 16 Uhr geleitete die Hochzeitsgesellschaft die Frischvermählten zum Bahnhof, wo man sie in einen privaten, vom Gouverneur des Protektorats zur Verfügung gestellten Speisewagen im Zug nach Nairobi setzte. Es gab keine Schlafwagen auf der Hauptstrecke der Uganda Railway von Mombasa zum Victoriasee, weshalb die Blixens ihre Hochzeitsnacht auf einer Sitzbank verbrachten.

Von Nairobi waren es 19 Kilometer bis zur Farm. Sämtliche 1200 Feldarbeiter hatten sich vor dem Haus versammelt und hießen die neue Herrin willkommen. Ihre lautstarke Begrüßung verärgerte Bror, doch Blixen war überwältigt. Mit dem Ort und seinen Einheimischen spürte sie auf Anhieb eine Verbundenheit. Gegen Ende ihres Lebens schrieb sie einmal über die Afrikaner: Sie „traten in mein Leben wie eine Art Antwort auf irgendeinen Ruf in meiner tiefsten Natur". Mit Befremden erlebte sie die britischen Kolonisten und missbilligte scharf, wie sie die einheimischen Arbeitskräfte ausbeuteten. Als Anfang des Ersten Weltkriegs das Gerücht aufkam, sie sei eine deutsche Spionin, erwiderte sie, dass Somalier und Kenianer für sie „wie Brüder" waren und sie sich unter ihnen weniger fremd fühlte als unter den dort lebenden Engländern.

Ihr früheres Farmhaus in Kenia, ein großer Bungalow, den sie „Mbogani" („Haus im Wald") nannte, widmet sich heute als Nationalmuseum Blixens Leben, Werk und Beziehung zu diesem Land. Es öffnete 1986, kurz nachdem die Hollywood-Verfilmung von *Jenseits von Afrika* mit Meryl Streep als Blixen in der Hauptrolle in die Kinos kam und der Autorin eine ganz neue Generation an Leserinnen und Lesern bescherte.

◄ Karen Blixen auf Safari in Kenia, um 1918.

▼ Blixens ehemaliges Zuhause, heute ein Museum, am Fuße der Ngongberge, Kenia.

Sir Arthur Conan Doyle findet ein würdiges Grab für seinen Sherlock Holmes

Ob es je einen Schriftsteller gab, der seine berühmteste und beliebteste literarische Figur so sehr verachtete wie Sir Arthur Conan Doyle (1859–1930) seinen Sherlock Holmes? Den ersten Auftritt hatte der „beratende Detektiv" gemeinsam mit seinem Gefährten, dem Erzähler Dr. John H. Watson, in dem Kriminalroman *Eine Studie in Scharlachrot,* erstmals erschienen 1887 im Magazin *Beeton's Christmas Annual.* Die novellenlange Detektivgeschichte schrieb Doyle in seiner Arztpraxis in Southsea (Hampshire), in den langen Stunden zwischen den Untersuchungen vermeintlich kranker Seeleute und Royal-Navy-Pensionäre.

Holmes war nicht unmittelbar ein Erfolg. Erst als 1891 in der Zeitschrift *The Strand* Fortsetzungen mit dieser Figur erschienen, die später als Sammelband *Die Abenteuer des Sherlock Holmes* herauskamen, wurde der fiktive Bewohner der Baker Street 221B zur Sensation. Holmes befreite Doyle endgültig von seinen Geldsorgen. Trotzdem haderte der Autor mit seinem schöngeistigen Meisterdetektiv, weil dieser, so meinte Doyle, ihn an der Beschäftigung mit besseren Dingen hinderte. Sein Goldesel verdrießte ihn schon sehr früh. Doyle hatte gerade erst die erste Holmes-Serie in *The Strand* beendet, als er an seine Mutter schrieb, am liebsten würde er die Figur umbringen. „Das wirst du nicht! Das kannst du nicht! Das darfst du nicht!", erwiderte sie. Er ließ es sein und verschob Holmes' Tod um weitere zwei Jahre.

„Die Herausforderung, einen Holmes zu schreiben, besteht darin, jede Erzählung mit einer klaren und originellen Handlung zu versehen, wie sie für gewöhnlich nur in sehr langen Romanen zu finden ist", erläuterte er später in seiner Autobiografie. „Eine derartige Handlung in kürzester Zeit zu verfassen", wie es die Leserschaft und seine Verleger offenbar von ihm verlangten, war „eine kaum zu bewältigende Aufgabe".

Nach zwei Holmes-Serien fürchtete Doyle, sich „auf direktem Weg in [...] niedere literarische Sphären" zu begeben, wie er abschätzig formulierte. Deshalb entschied er, dem Leben seines Helden ein Ende zu setzen. Sein Motiv war klar, doch das Mittel und die Methode offenbarten sich Doyle erst auf einer Reise durch die Schweiz.

Im August 1893 hängte er an eine Einladung ins schweizerische Luzern, wo er einen Vortrag halten sollte, einen Urlaub mit seiner Frau Louise (Spitzname „Touie") an. Sie stiegen im Hotel de L'Europe ab. Dort lernte Doyle den Methodistenprediger und Schriftsteller Silas Hocking kennen, der sich überrascht zeigte, in dem Schöpfer von Sherlock Holmes einen so robusten, kernigen Kerl zu finden. Doyle war groß und kräftig, hatte eine Stupsnase, leichte Schweinsaugen und einen großen Schnurrbart, den er an den Spitzen mit Wachs zwirbelte. Wie oft schon kommentiert, ähnelte Doyle von seiner Physiognomie und, als ehemaliger

Mediziner auch von dem Temperament und der Profession her, eher Watson als dem hageren, habichtsnasigen Holmes. Zu allem Übel wurde der Autor oft als Mr. Sherlock Holmes angesprochen. So verwundert es nicht, dass Doyle sich zu folgender Bemerkung hinreißen ließ: „Ich hatte so eine Überdosis von ihm [Holmes] wie von Foie gras, an der ich mich einst überfüttert hatte, und deren Name allein mir Übelkeit erregt."

Von Luzern aus reisten Doyle und Touie weiter nach Meiringen, 25 Kilometer östlich von Interlaken. Die fiktionalisierte Version dieser Reise, allerdings gespickt mit düsteren Vorahnungen, erlebten Holmes und Watson in „Das Letzte Problem", wie der Doktor schildert:

„Wir machten nun zunächst eine siebentägige herrliche Wanderung das Rhônetal aufwärts, bogen dann in Leuk ab und gingen nun über den noch tief verschneiten Gemmipass nach Interlaken und weiter nach Meiringen. Es war allerliebst, unten das zarte Frühlingsgrün, oben das jungfräuliche Weiß des Winters, aber ich sah sehr wohl, dass Holmes trotzdem nicht einen Augenblick den Schatten vergaß, der über ihm schwebte. In den heimlichen Alpendörfern wie auf den lieblichen Gebirgspfaden verrieten sein unruhiger Blick und die Genauigkeit, mit der er die Züge eines jeden uns Begegnenden prüfte, seine unerschütterliche Überzeugung, dass wir, wohin wir gingen, uns doch niemals der Gefahr zu entziehen vermochten, die sich an unsere Spuren heftete."

In der Nähe von Meiringen besichtigten die Doyles die furchterregenden Reichenbachfälle, die in Reiseführern für englische Touristen bereits als Sehenswürdigkeit der nördlichen Schweizer Alpen aufgeführt waren.

Danach zog das Paar weiter nach Zermatt. Als sie sich im Hotel Riffelalp einbuchten, stellte Doyle erfreut fest, dass auch Hocking dort abgestiegen war. In Begleitung eines Priesters namens Benson und geleitet von einem einheimischen Führer, unternahmen die beiden Männer eine Expedition zum Findelgletscher östlich von Zermatt. Hocking würde sich in seinen einige Jahre später verfassten Memoiren daran erinnern, wie Doyle, als sie über den Gletscher liefen und „Umwege um die Gletscherspalten machten", darüber sinnierte, auf welche Art er Holmes loswerden konnte. „Ich plane, sein Leben zu beenden. Wenn ich es nicht tue, wird er meines beenden", soll Doyles gesagt haben. Benson, ein Holmes-Fan, war entsetzt von der Idee und wollte Doyle unbedingt davon abbringen, wohingegen Hocking ihn neugierig fragte, wie er ihn denn umzubringen gedachte. Als der Autor eingestand, noch nicht sicher zu sein, hätte Hocking den Vorschlag gemacht, er solle Holmes einfach in eine Gletscherspalte stürzen lassen – wie jene, um die sie gerade vorsichtig herumgingen. Doyle soll den Gedanken kichernd begrüßt haben.

Als der Autor später im Sommer nach England zurückkehrte, um an Sherlock Holmes' allerletzten Taten zu arbeiten, kamen ihm vor allem die Reichenbachfälle wieder in den Sinn. Sie waren, schrieb er in seiner Autobiografie, „ein furchterregender Ort und ein würdiges Grab für den armen Sherlock, auch wenn es bedeutete, mein Bankkonto mit ihm zu begraben". So kam es, dass Holmes und sein Erzfeind, der Meisterverbrecher Professor Moriarty, bei ihrem letzten (und berühmten) Showdown fest umklammert über den Rand des Abgrunds stürzten, vermutlich in der Tiefe auf die Felsen schlugen und bzw. oder von den eisigen Fluten des Wasserfalls mitgerissen wurden. Die begleitende Zeichnung von Sidney Paget, auf der die beiden Männer noch

◀ VORIGE SEITE
Vierwaldstättersee, Schweiz.

◀ Sherlock Holmes und Professor Moriarty kurz vor dem tödlichen Absturz über den Reichenbachfällen, Schweiz; Illustration von Sidney Paget, 1893

in den letzten Sekunden vor dem Absturz hoch über den Wasserfällen miteinander rangeln, hat sich ins kollektive Bewusstsein der spätviktorianischen Gesellschaft eingebrannt.

Obwohl die Nachricht von Holmes' Tod bereits einen Monat vor der Veröffentlichung der Kurzgeschichte im Dezember 1893 durchsickerte, reagierte das Publikum ungläubig und fassungslos auf „Das letzte Problem". Manche Leute hätten am Arm schwarze Trauerbinden für Holmes getragen und Doyle erhielt Briefe und Petitionen mit der Aufforderung, er solle Holmes wieder zum Leben erwecken. Fast 20 000 Abonnenten der Zeitschrift *The Strand* kündigten aus Protest ihren Vertrag. Die Klagen stießen nicht auf unmittelbaren Erfolg, sondern wurden von Doyle mit Gleichgültigkeit bedacht. Erleichtert, Holmes endlich los zu sein, begann er sofort mit einer neuen Reihe historischer Erzählungen, die zu Zeiten Napoleons spielten und einen französischen Husaren namens Brigadier Étienne Gerard ins Zentrum stellten.

Diejenigen aber, die Sherlock Holmes weiterhin nachtrauerten, mussten warten, bis 1901 Doyle schließlich einlenkte und den Meisterdetektiv in *Der Hund von Baskerville* wieder auferstehen ließ. Der enorme Erfolg des Romans bewirkte, dass Doyle seinen Holmes in weiteren fast dreißig Jahren nicht mehr los wurde – zum Leidwesen des Schriftstellers, doch zur großen Freude der Krimifans.

▶ Das Matterhorn, Schweizer Alpen.

SIR ARTHUR CONAN DOYLE FINDET EIN WÜRDIGES GRAB FÜR SEINEN SHERLOCK HOLMES

F. Scott Fitzgerald badet im Licht der Côte d'Azur

Die literarische Brillanz des witzigen, weltgewandten Chronisten der Jazz-Ära und sein gutes, jugendlich-sonnengebräuntes Aussehen waren auf dem Höhepunkt seiner Karriere in den 1920er-Jahren ein Dauerthema. Später, im Lichte dessen, was danach kam, wurde an Scott Fitzgerald (1896–1940) mit Trauer, Wut und Enttäuschung gedacht. Als er 1940 in Hollywood starb, war der einstige Glamour Boy alkoholkrank und von seinem Lesepublikum nahezu vergessen. Sein Roman *Zärtlich ist die Nacht,* an dem er fast zehn Jahre feilte, war ein kommerzieller Reinfall und nicht mehr erhältlich, die unverkauften Originalexemplare von *Der große Gatsby* waren Ladenhüter.

Doch in jener Epoche, als Fitzgerald die literarische Bühne erstmals betrat, galt die Sonnenbräune als etwas Gewagtes, Modernes und war Ausdruck gehobener kosmopolitischer Kultiviertheit derer, die es sich leisten konnten. Die Bräune kam nach dem Ersten Weltkrieg nicht zuletzt deshalb wieder in Mode und wurde später von Coco Chanel in der *Vogue* beworben, weil eine Reihe sonnenhungriger amerikanischer Künstler, darunter auch Fitzgerald, dessen Ehefrau Zelda sowie Gerald und Sara Murphy, ungefähr zur gleichen Zeit die Französische Riviera – die legendäre Côte d'Azur – als bevorzugtes Sommerziel entdeckten.

Die Murphys, denen Fitzgerald *Zärtlich ist die Nacht* widmete („Für Gerald und Sara – Viele Feste!"), inspirierten ihn zu Dick und Nicole Diver, den glamourösen Protagonisten des Romans. Mit dem Psychiater Dick, der im Laufe des Romans dem Alkohol verfällt, entwarf Fitzgerald allerdings offenkundig eher eine Version seiner selbst, während er die schöne, neurotische Nicole viel stärker an seine psychisch labile Ehefrau anlehnte als an die echte Sara.

Sara, die älteste Tochter eines millionenschweren Tintenfabrikanten aus Cincinnati, war teilweise in Europa aufgewachsen und bewegte sich dort in deutschen und britischen Adelskreisen. Gerald war Yale-Absolvent und der zweite Sohn der Familie, sein belesener Vater betrieb ein florierendes Luxusartikelgeschäft in New York. Da ihre Familien die Heirat missbilligten (besonders Saras Vater war unglücklich über ihre Wahl) und sie von der materialistischen US-amerikanischen Elite die Nase voll hatten, zogen die Murphys 1921 nach Paris. Ein weiterer Grund für ihr Auswandern über den Atlantik waren die für sie günstigen Wechselkurse. Das Währungsgefälle zwischen dem US-Dollar und dem französischen Franc erlaubte es ihnen, von einem kleineren Teil aus Saras Treuhandfond gut zu leben. Außerdem umgingen sie dadurch unangenehme Fragen über Geralds Karriereaussichten und sein halb abgebrochenes Studium der Landschaftsarchitektur in Harvard. Ein ähnliches finanzielles Kalkül führte auch die weniger begüterten Fitzgeralds nach Frankreich. 1924 schilderte der Schriftsteller in einem humorvollen Artikel für die *Saturday Evening Post* mit dem Titel „How to Live on Practically

Nothing a Year", wie günstig es sich doch auf dem europäischen Kontinent leben ließ.

Im Frühsommer 1922 – dem literarischen *annus mirabilis*, in dem James Joyce *Ulysses* und T. S. Eliot *Das wüste Land* publizierten und das für *Der Große Gatsby* den zeitlichen Rahmen bildete – brachen die Murphys nach Houlgate auf, ein bei den modebewussten Parisern beliebter Badeort in der Normandie. Dort wurden sie von dem Komponisten Cole Porter (einem Freund Geralds aus Yale) und dessen Frau Linda ins südfranzösische Antibes in deren angemietete Villa eingeladen. Gerald attestierte Porter später „ein grandioses Gespür, einen Sinn für die Avantgarde, für Orte" und wiederholte in einem Interview 1962 mit der Zeitschrift *New Yorker*, dass damals „im Sommer niemand auch nur in die Nähe der Riviera kam." Porter würde nie mehr nach Antibes zurückkehren, doch die Murphys waren angetan.

Im folgenden Jahr überredeten sie den Direktor des Hôtel du Cap in Antibes, dass er sein Hotel, das normalerweise ab 1. Mai dicht machte, im Sommer mit kleiner Belegschaft für ihren Besuch geöffnet hielt. Damit hatten die Murphys als Riviera-Pioniere Weichen gestellt und ermunterten Freunde sowie gleichgesinnte Freigeister dazu, sich ihnen anzuschließen. Aus Sorge, ihre unberührte Idylle nun an Neuankömmlinge abtreten zu müssen, erwarben sie ein Haus über dem Golfe Juan in Antibes, 112 chemin des Mougins, in dem sie ihre Gäste in gehobenem Stil, wenn auch informell, bewirteten. „Villa America" nannten sie ihr Haus, das sie in modernem Art déco mit marokkanischem Flachdach speziell für das Sonnenbad umgestalten ließen.

Weil die Renovierung im Sommer 1924 bei ihrer Rückkehr nach Antibes noch nicht

1 Hyères
2 Saint-Raphaël
3 Antibes
4 Juan-les-Pins
5 Cap d'Antibes

FRANKREICH

◀ VORIGE SEITE
Antibes, Frankreich.

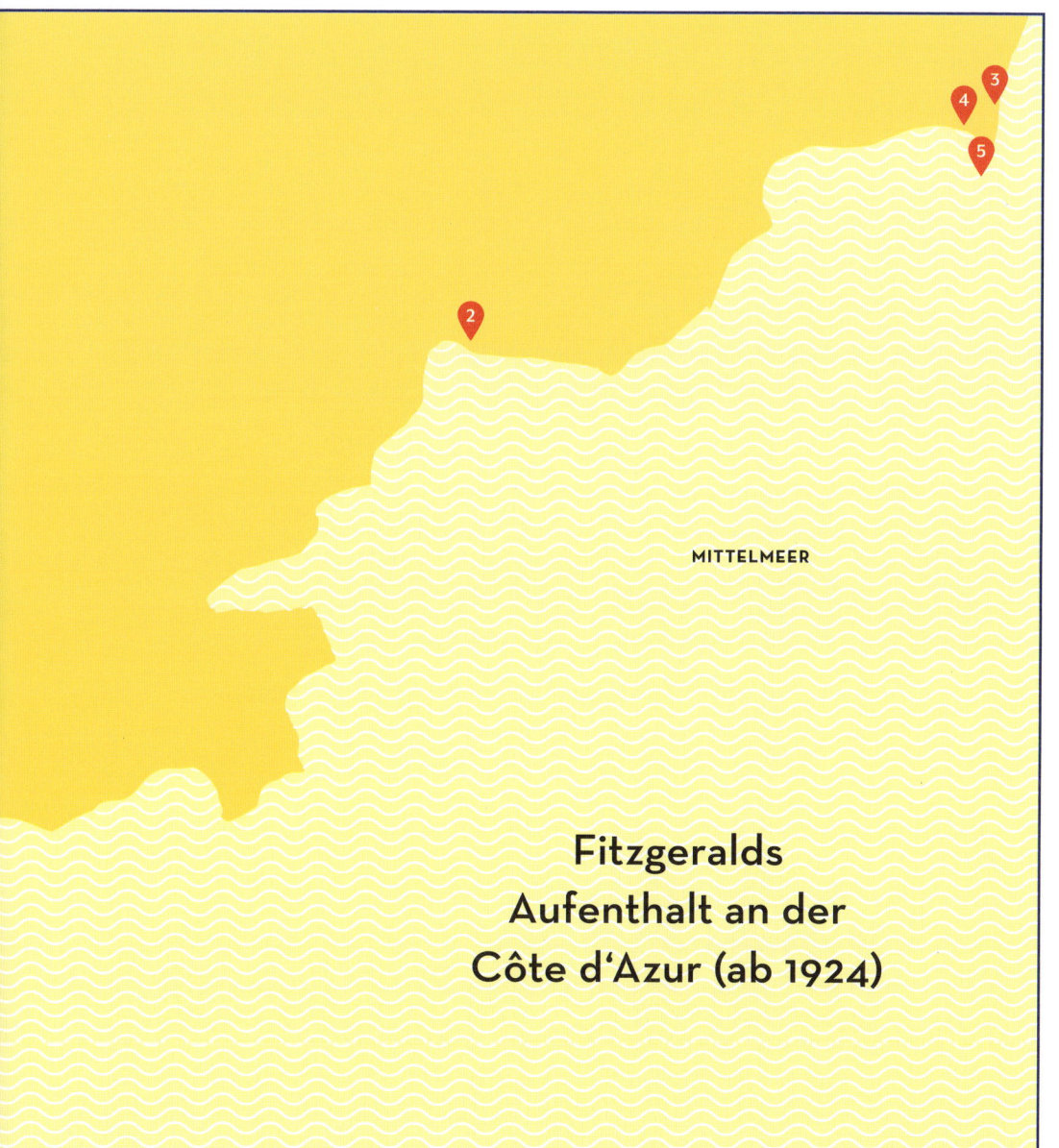

abgeschlossen war, buchten sie sich erneut im Hôtel du Cap ein. Dort erhielten sie im August Besuch von den Fitzgeralds, die sie im Frühjahr in Paris kennengelernt hatten. Fitzgerald eröffnete *Zärtlich ist die Nacht* mit einer Beschreibung des Hôtel du Cap, aus dem er in seinem Roman „Gausse's Hôtel des Étrangers" machte und es etwas zu tarnen versuchte (vergeblich, weil klar war, um welches Hotel es ging), indem er seine weißen Mauern rosa anstrich:

> „An dem freundlichen Gestade der französischen Riviera steht etwa auf halbem Wege zwischen Marseille und der italienischen Grenze ein großes stolzes rosenfarbenes Hotel. Ehrerbietige Palmen kühlen seine gerötete Stirn, und ein kurzes, strahlend weißes Stück Strand liegt ihm zu Füßen. ... Das Hotel und sein Strand, ein hellbrauner Gebetsteppich, waren eins."

Wie die blutjunge Rosemary Hoyt und ihre Mutter zu Beginn des Romans, reisten auch die Fitzgeralds mit dem Zug von Paris an die Riviera. Sie übernachteten zunächst im verschlafenen Küstenstädtchen Hyères, das Zelda als trostlos empfand, und fuhren bald weiter nach Saint-Raphaël, „eine kleine rote Stadt nah am Meer mit fröhlichen, rot gedeckten Häusern und einem Hauch von gedämpftem Karneval", wie Fitzgerald sie beschrieb. In der gemieteten Villa Marie begann er mit der Arbeit an *Der große Gatsby*. Der grün blinkende Lichtkegel des Leuchtturms am Cap d'Antibes inspirierte ihn vermutlich zum Licht am Steg im Roman, das Jay Gatsbys Sehnsucht nach Daisy versinnbildlicht.

Seine Frau Zelda, die derweil nur wenig zu tun hatte, ließ sich auf eine kurze (vielleicht nie ganz vollzogene) Affäre mit Edouard Jozan ein, einem attraktiven, sonnengebräunten jungen französischen Piloten. Als Fitzgerald der Untreue seiner Frau auf die Schliche kam, tobte er vor Eifersucht und schloss Zelda in ihrem Zimmer ein, bis sie versprach, Jozan nie wiederzusehen. Ihre bereits turbulente

◀ Buchcover der ersten Ausgabe von *Zärtlich ist die Nacht*, 1934.

▲ F. Scott Fitzgerald, Tochter Scottie und Zelda in Antibes, Frankreich, 1926.

Ehe verschlechterte sich zusehends, ebenso wie Zeldas psychische Gesundheit. In ihrem halb-autografischen Roman *Save Me the Waltz* (neuer dt. Titel: *Ein Walzer für mich*) erinnerte sie an Jozan und bescherte der Protagonistin Alabama Beggs an der Französischen Riviera eine außereheliche Romanze mit einem Piloten namens Jacques Chèvre-Feuille.

Die nächsten fünf Sommer verbrachten die Fitzgeralds meist an der Französischen Riviera, davon zwei Jahre in Folge in der Villa St. Louis an der Uferpromenade von Juan-les-Pins. In diesem Haus schien der Schriftsteller, nachdem *Der Große Gatsby* endlich fertig war, am glücklichsten. „Seit wir wieder in einer schönen Villa an meiner geliebten Riviera (zwischen Nizza und Cannes) wohnen", schrieb er in einem Brief, „bin ich glücklich wie seit Jahren nicht mehr. Es ist einer dieser außergewöhnlichen, kostbaren und viel zu vergänglichen Momente, in denen alles im Leben gut zu laufen scheint."

Sein Glück durfte nicht von Dauer sein. Der Börsencrash an der Wall Street, der frühe Tod von Murphys geliebtem Sohn Patrick 1929, Fitzgeralds zügelloser Alkoholkonsum und Zeldas zunehmende Instabilität setzten den glorreichen Sommern in Südfrankreich ein Ende. Fitzgerald versuchte sie literarisch zu verwerten, doch der Alkohol beeinträchtigte seinen Schreibfluss und das Erscheinen von *Zärtlich ist die Nacht* brachte ihm 1934, auf dem Höhepunkt der Weltwirtschaftskrise, nur wenige Bewunderer ein. Der Roman wurde von den Kritikern als dekadentes Machwerk verrissen und die Murphys reagierten entsetzt, vor allem Sara war verletzt und verärgert. Dessen ungeachtet zeichnet der Roman ein erstaunliches, wenn auch unvollkommenes Bild einer Zeit und eines Ortes und bezeugt auf besondere Weise die Wichtigkeit der Französischen Riviera für Fitzgerald sowie die – guten und schlechten – Einflüsse auf sein Leben und Schreiben.

▶ Die Côte d'Azur, auch Französische Riviera genannt.

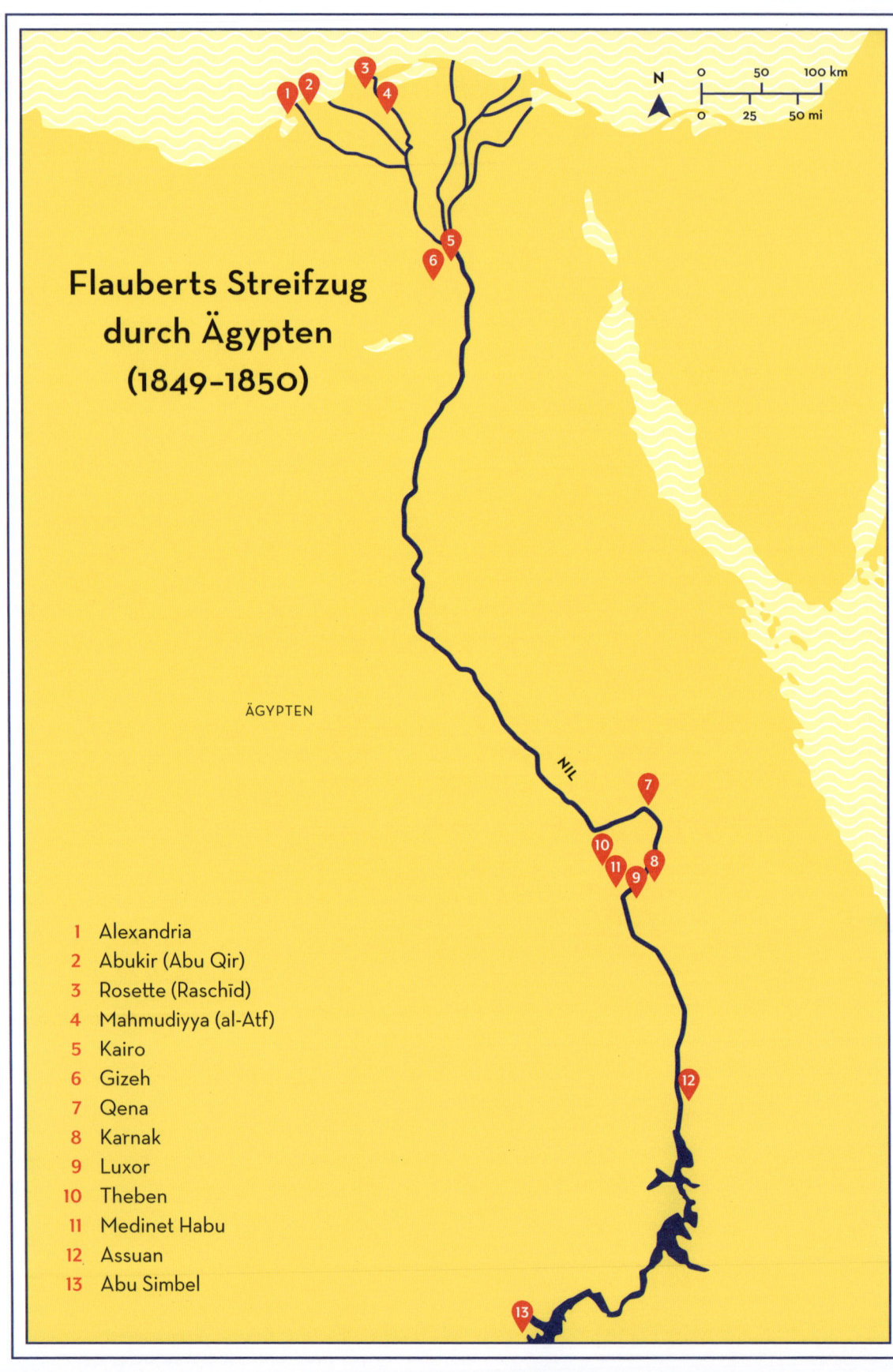

Gustave Flaubert vergnügt sich im Orient

Am 14. September 1833 schob sich ein Dreimaster, beladen mit einem mächtigen steinernen Koloss, auf der Seine am Quai d'Harcourt in Rouen vorbei, etwa 128 Kilometer nordwestlich von Paris. Die *Luxor* war knapp zwei Jahre zuvor aus Ägypten ausgelaufen, mit dem Obelisken von Ramses II. an Bord. Der 25 Meter hohe, rosafarbene Granitpfeiler hatte 3000 Jahre oder länger vor dem Tempel von Ramses II. am Nil in Luxor Wache gestanden und sollte von nun an auf der Place de La Concorde in Paris seinen neuen Standort finden. Unter den Schaulustigen, die am Kai versammelt waren und diesen gigantischen Monolith aus der antiken Welt bestaunten, der vor ihren Augen durch die Normandie trieb, war auch der elfjährige Gustave Flaubert (1821–1880), der jüngste Sohn eines angesehenen Chirurgen. Seine Faszination für alles Fernöstliche war im Kinderzimmer beim Vorlesen von *Tausendundeine Nacht* geweckt worden und sollte sich in der Pubertät noch verstärken, als er in den Werken von Lord Byron und Victor Hugo schmökerte.

Vom Moment an, als Flaubert einen Stift halten konnte, schrieb er unermüdlich und verfasste schon als Neunjähriger Theaterstücke für die Familie. Flaubert war ein Traumtänzer. Als Fünfzehnjähriger verliebte er sich unsterblich in Elisa Schlésinger, die verheiratet und elf Jahre älter als er war. Auch die einzig wahre Liebe seines Lebens, die freigeistige Dichterin und Schriftstellerin Louise Colet, war elf Jahre älter und verheiratet, wie der verstorbene große Flaubert-Gelehrte Francis Steegmuller bemerkte.

Flaubert selbst heiratete nie und suchte als junger Mann regelmäßig Prostituierte auf. In einem Brief an Colet gestand er freimütig: „Es ist vielleicht ein perverser Geschmack, den ich habe, aber ich liebe die Prostitution, und zwar um ihrer selbst willen, unabhängig von dem, was darunter liegt. Ich habe niemals eine von diesen dekolletierten Frauen unterm Regen an einer Gaslaterne vorbeigehen gesehen, ohne dass mir das Herz pochte." Auch als der Autor der *Éducation sentimentale* 1849 „den Orient" bereiste, wie die Region damals gemeinhin hieß, nahm er, wo auch immer er gerade weilte, die Dienste Prostituierter in Anspruch.

Flauberts älterer Bruder Achille ergriff bereitwillig den Arztberuf, was niemanden überraschte, waren doch der Vater wie auch der Vater ihrer Mutter Ärzte gewesen. Im Unterschied dazu zeigte der angehende Schriftsteller Gustave weder die Begabung noch den Wunsch, in die Fußstapfen seines Bruders, Vaters oder Großvaters zu treten. Er setzte seine ganze Hoffnung auf literarischen Ruhm. Mit achtzehn Jahren vor die Wahl zwischen Medizin- oder Jurastudium gestellt, entschied sich Flaubert für Letzteres. Seine Freundschaft mit Maxime Du Camp, einem Pariser Kommilitonen, war das bedeutendste Resultat dieser Entscheidung.

Flauberts juristische Ausbildung fand ein jähes Ende, als er in den Ferien über Weihnachten und Neujahr 1844/45 einen Zusammenbruch erlitt und bei ihm Epilepsie diagnostiziert wurde, was aber stets umstritten blieb. Seine Beschwerden schienen so gravierend, dass er sein Studium

▼ Kairo.

abbrechen durfte. Nach der Rückkehr nach Rouen und einem Kurzaufenthalt in Italien, wo er hoffte, im milden Klima zu genesen, vergrub sich Flaubert im Arbeitszimmer und brütete sechzehn Monate über einem epischen Roman: *Die Versuchung des heiligen Antonius*.

Zwischenzeitlich hatte Du Camp, ein wohlhabender Waise, nicht nur Nordafrika und die Türkei bereist, sondern auch einen viel gepriesenen Bericht über seine Reisen herausgebracht. Jetzt schwebte Du Camp das nächste Abenteuer vor, eine noch ehrgeizigere Tour, die er gerne mit seinem früheren Studienfreund unternehmen wollte. Sie würden Ägypten erkunden und über Syrien, Palästina, Zypern, Kreta und Rhodos zurückreisen. Nachdem sich Flauberts Mutter zunächst gegen diese lange Unternehmung ihres Sohnes sträubte und meinte, ein Aufenthalt auf Madeira würde ihm ebenso guttun, gab sie schließlich ihren Segen zu der geplanten Reise.

Ein quälendes Ereignis ging allerdings der Abreise voraus: Flaubert mutete Du Camp und seinem anderen engen Freund, Louis Bouilhet, zu, ihnen seinen kürzlich fertiggestellten Roman vorzulesen. Danach rieten die beiden Männer Flaubert dringend dazu, sämtliche 451 Seiten seines schwülstigen Manuskripts zu verbrennen und sich einem anderen Thema zuzuwenden. Zu Flauberts Entsetzen empfahlen sie ihm, idealerweise über etwas in der Gegenwart zu schreiben, in der Art des Realismus eines Honoré de Balzac. Auch wenn sich Flaubert damals gegen ihre Vorschläge sträubte, beherzigte er sie letztlich mit *Madame Bovary*.

Du Camp, als der Praktischere der beiden, entwarf nicht nur ihre Reiseroute, sondern holte auch offizielle Aufträge für seinen Freund und sich ein. Flaubert sollte für das französische Ministerium für Landwirtschaft und Handel Daten zum ägyptischen See-, Fluss- und Karawanenhandel sowie zur Landwirtschaft erheben, was unrealistisch klang (und auch war). Du Camp wiederum war damit beauftragt, für das öffentliche Schulministerium die ägyptischen Altertümer zu fotografieren, was bedeutete, dass sie eine sperrige, damals noch primitive Fotoausrüstung mit sich schleppten. Ihre Mission wurde als so wichtig erachtet, dass man ihnen für manche Etappen bewaffnete Leibwächter zur Seite stellte, um zu verhindern, dass Einheimische sich ihrer Ausrüstung näherten oder damit aus dem Staub machten. Auf dieser Reise fertigte Du Camp das einzige Foto an, das Flaubert in der Blüte seines Lebens zeigt: einen Schnappschuss des Schriftstellers im Garten ihres Hotels in Kairo, in einheimischer Tracht mit rotem Tarbusch (eine Kappe ähnlich des Fes) und wallendem weißem Baumwollgewand. Einer der Hotelbesitzer war ein gewisser Monsieur Bouvaret, ein ehemaliger Schauspieler, dessen Nachname Flaubert möglicherweise die Namen sowohl für Emma Bovary als auch für François Bouvard lieferte, der in seinem unvollendeten letzten Roman *Bouvard und Pécuchet* auftaucht.

Ihr Weg führte zunächst mit Postkutsche, Dampfer und Zug südwärts über Dijon, Chalon und Lyon nach Marseille, das sie am 1. November 1849, an Allerheiligen, erreichten. Von dort ging es auf dem Dreimaster *Le Nil,* einem Paketschiff mit dampfgetriebenem Schaufelrad und Schornstein, weiter nach Malta. Die Überfahrt nach Nordafrika gestaltete sich schwierig und das Schiff musste umkehren. Erst am 15. November, nach weiteren fünf Tagen auf See, konnte die *Le Nil* den ägyptischen Hafen Alexandria anlaufen. Trotz seiner schwachen Konstitution überstand Flaubert die turbulente Seereise besser als Du Camp und sein korsischer Kammerdiener Sassetti, die beide entsetzlich seekrank wurden. Er genoss es, bei dem starken Seegang mit Zigarre im Mund an Deck zu flanieren und sich wie der Reisende aus Byrons *Childe Harolds Pilgerfahrt* zu fühlen.

„Fast eine europäische Stadt" sei Alexandria angesichts der vielen Europäer und schicken Hüte, monierte Flaubert in Briefen nach Hause und im Tagebuch. Dennoch verzauberte ihn der „Serail von Abbas Pascha", den er vom Schiff aus „wie eine schwarze Kuppel auf dem Blau des Meeres schweben" sah, und erblickte, kaum an Land, begeistert einen Kameltreiber mit zwei Kamelen. Das „betäubendste Getöse" im Hafen überwältigte ihn und er schlug sich „den Bauch voll Farben, wie ein Esel sich voll Hafer frisst."

Flaubert und Du Camp waren im Hotel d'Orient untergebracht. Mit offiziellen Empfehlungsschreiben in der Tasche, statteten sie dem in Frankreich geborenen ägyptischen Militärkommandanten Soliman Pascha und dem Außenminister Artin Bey Schokri einen Besuch ab. Sie besichtigten Sehenswürdigkeiten, sahen eine Prozession, bei der die Beschneidung eines reichen Kaufmannssohns gefeiert wurde, und besuchten natürlich ein Bordell. Flaubert schrieb über Du Camp, dass dieser ungeduldig alles mitnehmen wollte, was im Angebot war, Frauen und Knaben. In einem Etablissement in einer Straße hinter dem Hotel, das mit weiblichen Kurtisanen warb, musste vom Diwan zuerst ein Wurf junger Kätzchen verscheucht werden, bevor der Autor mit den Damen verkehren konnte. In den Folgemonaten stiegen die Männer in immer schlechteren Häusern mit verwanzten Betten ab, wo sie ihre offenbar unersättliche Libido stillen konnten, ohne die kleinste Missbilligung aus der fernen Heimat befürchten zu müssen.

Vor ihrer Weiterreise nach Kairo machten die zwei Franzosen noch einen Ausflug entlang der Mittelmeerküste in das 64 Kilometer entfernte Rosette (Raschīd), den Fundort des berühmten Hieroglyphen-Steins, und hielten unterwegs zum Mittagessen in der Festung von Abukir (Abu Qir). Sie unternahmen eine Nilfahrt und besichtigten einen Baum, der als kleine Gottheit verehrt wurde. Am 25. November bestiegen sie einen überfüllten Dampfer nach Mahmudiyya (damals al Atf) und wechselten dort auf eine größere Nachtfähre nach Kairo.

Übereifrig fotografierte Du Camp so gut wie jedes Monument, das ihnen vor die Kamera kam, und allmählich störte Flaubert das Ausmaß, in dem diese Tätigkeit – von den Prostituierten einmal abgesehen – ihre Reiseroute dominierte. Die anfängliche Euphorie, die ihn beim Anblick der Pyramiden und der Sphinx in Gizeh überkommen hatte, verblasste immer mehr und mündete in eine Art „Denkmal-Langeweile", wie Steegmuller es nannte. Diese verflüchtigte sich jedoch in Theben wieder und die Begeisterung des Autors für altägyptische Relikte entflammte neu. In einem Brief an seine Mutter im Mai 1850 bedauerte er seine Weiterreise nach Kena und zum Roten Meer und dass er die Gräber, Tempel und Ruinen von Luxor, Karnak und Medinet Habu hinter sich lassen musste, denn in Theben könne man „lange und in beständigem Staunen bleiben." In Luxor sah er den Obelisken, der bei Ramses II. verbleiben durfte – den Zwilling des Obelisken, den er viele Jahre zuvor durch Rouen schippern gesehen hatte. Sentimental gedachte er dessen „Bruder" in Paris und überlegte, wie sehr dieser wohl den Nil vermisste und wie langweilig die Place de la Concorde mit den Taxis wohl sein musste, wenn früher die Streitwagen vor seinen Füßen vorbeigerast waren.

Zwei Monate später beendeten Flaubert und Du Camp ihren Aufenthalt in Ägypten. Von Alexandria reisten sie auf dem Seeweg nach Beirut und von dort ein weiteres Jahr lang durch Syrien, die Türkei, Griechenland und Italien. Später drängte Du Camp seinen Freund Flaubert, so wie er selbst, einen Bericht über ihre Reisen zu veröffentlichen. Doch Flaubert tat dies nie, auch wenn, wie Steegmuller bemerkte, Passagen im karthagischen Roman *Salambo*, in der Erzählung *Herodias* über Palästina und in der Endfassung von *Versuchung des Heiligen Antonius* auf seine in Ägypten angefertigten Notizen Bezug nehmen. Die Erfahrungen befreiten ihn von der naiv-jugendlichen Prosa und die Reisenotizen schärften seine Beobachtungsgabe. Nachdem er in sein Haus in Croisset, am Stadtrand von Rouen, zurückgekehrt war und den „wahren Orient" mit eigenen Augen gesehen hatte, schob Flaubert übertrieben exotische Geschichten über ferne Zeiten und ferne Orte beiseite und begann mit der Arbeit an einem neuen Roman. Dieses Werk, *Madame Bovary*, brachte ihn zwar auf die Anklagebank, aber sicherte ihm auch einen Rang im literarischen Kanon.

▼ Sphinx und Pyramiden von Gizeh, Ägypten. Fotografie von Maxime Du Camp, *um 1850.*

Johann Wolfgang von Goethe lässt sich in Italien treiben

Am 28. August 1786 feierte Johann Wolfgang von Goethe (1749–1832) seinen siebenunddreißigsten Geburtstag im böhmischen Karlsbad (heute Karlovy Vary). Zehn Jahre schon stand der Dichter, Dramatiker, Wissenschaftler und Autor des Romans *Die Leiden des jungen Werther,* mit dem er im Alter von 24 Jahren über Nacht literarischen Ruhm erlangt hatte, als Geheimer Rat im Dienste des Herzogs und der Herzogin von Weimar. Als enger Vertrauter des jungen Herzogs und dessen Gemahlin war Goethe im Rahmen seines Ministeramts für die Finanzen des Herzogtums, die Bergwerke und zeitweilig sogar für die Kriegskommission zuständig. Doch die Belastung seiner Ämter und die Zwänge des Hoflebens brachten den Dichter allmählich an den Rand der Erschöpfung. Nachdem die meisten Höflinge wenige Tage nach seinem Geburtstag nach Weimar zurückgekehrt waren, bat Goethe den Herzog um unbefristeten Urlaub und stahl sich in aller Eile davon. Am 3. September um 3 Uhr morgens bestieg er eine Postkutsche und reiste ab – ohne Diener, was für einen Mann seines Standes und seiner Position fast undenkbar war, und mit spärlichem Gepäck.

In einem Brief an den Herzog erklärte er, wie schwer die Aufgabe auf ihm lastete, die achtbändige Sammlung seiner bisherigen Schriften für eine Veröffentlichung zusammenzustellen, von denen er mehrere unvollendet ließ oder stark überarbeiten musste:

„Ich habe die Sache zu leicht genommen und sehe jetzt erst was zu thun ist, wenn es keine Sudeley werden soll. Dieses alles und noch viele zusammentreffende Umstände dringen und zwingen mich in Gegenden der Welt mich zu verlieren, wo ich ganz unbekannt bin, ich gehe ganz allein unter einem fremden Nahmen und hoffe von dieser etwas sonderbar scheinenden Unternehmung das beste."

Getarnt mit dem Pseudonym Johann Philipp Möller, machte sich Goethe auf den Weg. Als bereits am zweiten Tag seiner Reise ein Verkäufer in einer Buchhandlung seine wahre Identität lüften wollte, wies er dies von sich und verließ eilig den Laden. „Ich hab es ihm aber grade ins Gesicht, mit der größten Gelassenheit, geläugnet daß ich's sey", notierte Goethe im Tagebuch.

Kurz bevor Goethe im Jahr 1775 die Stelle in Weimar annahm, hatte ihn sein Vater zu einer Reise nach Italien gedrängt, das er selbst als junger Mann bereist hatte. Daher zog es den Dichter nun nach Süden und nach Rom. Er träumte davon, für eine Weile wie ein bescheidener Künstler zu leben und nicht wie ein berühmter Dichter oder angesehener, wenngleich gescheiterter Staatsmann. Sein künstlerischer Eifer führte zu einem der bekanntesten Vorkommnisse auf dieser Reise, als er in Malcesine am Gardasee, an der Grenze zwischen der Republik Venedig und Österreich, beim

Zeichnen der Burgruine fast als Spion verhaftet wurde. Auf seiner anschließenden Reise durch Trient, Verona, Vicenza und Padua beobachteten ihn die venezianischen Behörden diskret, aber mit erhöhtem Interesse.

Goethe wollte so unauffällig wie möglich reisen. Dazu trug er sogar italienische Tracht, leinene Strümpfe wie die Leute auf dem Markt in Vicenza, und nahm bewusst Verhaltensweisen an, die er in Verona beobachtete, um sich unters Volk zu mischen. Dank der unkonventionellen Art zu reisen und der einheimischen Kleidung konnte er seine Anonymität bis Venedig wahren. Er genoss es, sich zum ersten Mal seit Jahren wieder frei zu bewegen, ohne Gefahr zu laufen, dass man ihn erkannte. Er gab sich mit Freuden als Kaufmann aus und stürzte sich unerkannt ins Gewimmel Venedigs. Bewusst ziellos streifte Goethe ohne Karte durch die Stadt und erkundete die entlegensten Viertel. Er schwelgte in der karnevalesken Atmosphäre der Stadt, deren Kombination aus wunderbarer Kulisse und entsetzlichem Kanalgestank ihm öfter den Kopf brummen ließ.

Von Venedig aus reiste Goethe nach Ferrara, Bologna und Florenz, doch er schrieb: „Die Begierde nach Rom zu kommen war so groß, dass kein Bleiben mehr war, und ich mich nur drei Stunden in Florenz aufhielt." Gleich nach der Ankunft am 29. Oktober in Rom suchte er Johann Heinrich Wilhelm Tischbein auf, der dort weilte. Der deutsche Maler, dessen Werke Goethe sehr schätzte und mit dem er in losem Briefkontakt stand, gewährte ihm Unterkunft in seiner Wohnung am Corso. So sollte der Dichter die nächsten vier Monate in der Stadt verbringen, die laut seines Biografen John R. Williams „zumindest rückblickend zu den glücklichsten und erfüllendsten Zeiten in Goethes Leben" gehörten.

◀ *Goethe in der Campagna*, J. H. W. Tischbein, 1786/87.

▲ Ponte Pietra, Verona, Italien.

Rom faszinierte den deutschen Dichter. Zwar befremdete ihn der lärmende römische Karneval samt der für ihn aufgesetzten Fröhlichkeit, doch er besichtigte Sehenswürdigkeiten, zeichnete, las und schrieb sogar ein wenig. Die Stadt schenkte ihm neue Lebensfreude und beflügelte seine schöpferische Kraft. Als er erfuhr, dass der Vesuv wieder aktiv war, verließ er Rom am 22. Februar 1787 in Richtung Neapel, diesmal in Begleitung von Tischbein. Mit dem Maler unternahm Goethe eine von drei Vulkanbesteigungen und einen Ausflug zu den Ruinen von Pompeji. Während der Vesuv die beiden Deutschen mit einer obligatorischen Eruption beeindruckte, verwunderte sie die „Enge und Kleinheit" in Pompeji, das „allenfalls ein eingeschneites Bergdorf" schien.

In Neapel gab Goethe seine Anonymität auf und suchte die Gesellschaft der prominenteren Stadtbürger. Darunter waren der englische Botschafter Sir William Hamilton und dessen zukünftige Gattin Emma Lyon (berühmter war sie später als die Geliebte des Admiral Nelson), die Tischbein in klassischem Kleid porträtierte.

In Neapel trennten sich Goethes und Tischbeins Wege und der Dichter segelte am 29. März 1787 mit einem anderen jungen deutschen Künstler, Christoph Heinrich Kniep, weiter nach Sizilien. Kniep war ihm von Tischbein als Reisebegleitung empfohlen worden und hatte Goethe bereits Anfang des Monats, versuchsweise quasi, in die antike griechische Ruinenstätte Paestum bei Salerno begleitet. Die Überfahrt nach Palermo war schwierig, heftige Winde erfassten das kleine Segelschiff und Goethe, von Seekrankheit geplagt, zog sich in seine Kajüte zurück. Immerhin fand er dort genügend Kraft und Inspiration, um die ersten beiden Akte seines Schauspiels *Torquato Tasso* zu überarbeiten.

In Sizilien erwarteten Goethe noch weitere archäologisch, geologisch und kulinarisch

▼ *Johann Wolfgang von Goethe (1749–1832) beim Besuch des Kolosseums in Rom*, Jakob Philipp Hackert, um 1790

▶ Der Ätna auf Sizilien, Italien

▼ Comer See, Italien.

interessante Orte. Der sizilianische „Salat von Zartheit und Geschmack wie eine Milch" hatte es ihm besonders angetan. Er und Kniep bestaunten die Lavaströme, die 1669 beinahe Catania zerstört hätten, und streiften um den Rand des noch aktiven Vorkraters Monte Rosso, nachdem man sie vor der Besteigung des unberechenbaren Ätna gewarnt hatte. Auf Sizilien traf Goethe auch die ärmlichen Verwandten von Alessandro Cagliostro, einem der berüchtigtsten Trickbetrüger jener Zeit, dessen zwielichtige Machenschaften und gerissene Betrügereien dem Dichter als Vorlage für den Teufel Mephistopheles in *Faust* dienten.

Goethe hoffte, dass die Überfahrt Mitte Mai zurück nach Neapel schneller verliefe und er sich rascher von der Seekrankheit erholen würde, doch dem war nicht so. Ihr Schiff erlitt an den Felsen vor Capri beinahe Schiffbruch und selbst Unmengen an Brot und Rotwein konnten seine seekranken Beine nicht beruhigen. Nach ein paar Wochen in Neapel kehrte Goethe nach Rom zurück. Hier sollte er sich, als der Herzog von Weimar ihm die Verlängerung seines Urlaubs gewährte, für die nächsten zehn Monate überwiegend niederlassen. Schließlich verließ er die Stadt am 23. April 1788 in Richtung Heimat, doch erst am 18. Juni 1788, nach Halt in Florenz und einem Umweg über Mailand und den Comer See, erreichte er Weimar.

Goethe ließ sich in Italien treiben. Seine Reise ist ein (beinahe klischeehaftes) Beispiel dafür, wie jemand auf Reisen zu sich selbst und einen neuen Sinn im Leben findet. Dreißig Jahre vergingen, bevor Goethe seinen Bericht über diese Auszeit, die *Italienische Reise* veröffentlichte. Doch seine Eindrücke von dem Land und die intensive Auseinandersetzung mit dem Kulturerbe aus der Renaissance und der griechisch-römischen Ära prägten im Anschluss an die Reise nahezu sein gesamtes Schaffen, nicht zuletzt auch die Erkenntnis, dass sein Talent in der Dichtung und dem Drama lag. Die Malerei hatte nie mehr den gleichen Stellenwert, auch wenn er sie sein Leben lang mit Freude betreiben sollte.

Graham Greene lernt in Liberia das Leben wieder lieben

Im Sommer 1934 reichten Graham Greene (1904–1991) die mageren Einkünften aus seiner Schriftstellerei gerade so, um seine junge Familie zu ernähren. Nachdem sein vierter Roman *Stamboul Train* (dt. Titel *Orient-Express*) bei Kritikern gelobt wurde und sich gut verkaufte, war Greene der Fiktion so überdrüssig, dass er „sich lieber die Beulenpest an den Hals wünschte, als ein Jahr lang einen weiteren Roman zu schreiben." Doch er musste schreiben, um Geld zu verdienen, und weil Reisebücher damals sehr beliebt waren, entschied er, eines zu verfassen. Greene war, wie er später eingestand, nie außerhalb Europas gewesen und hatte auch England nur selten verlassen. Er wählte Liberia zum Ziel – in der Hoffnung, mit Berichten über eher finstere und ferne Orte den Geschmack der angloamerikanischen Leserschaft zu treffen.

Auf die Frage, warum ausgerechnet Liberia, diese politisch angespannte, 1822 von amerikanischen Philanthropen als Heimat für freigelassene Sklaven gegründete Republik in Westafrika, erklärte er lapidar: „Weil es da war, wie der Everest." Sehr wahrscheinlich reiste Graham im Auftrag der britischen Anti-Slavery Society, vor der er kurz nach seiner Rückkehr einen Vortrag über die Zustände in Liberia halten würde. Nicht minder wichtig für seine Entscheidung war jedoch, dass es ihm gelang, seine jüngere Cousine Barbara Greene zu überreden, ihn auf diesem Abenteuer zu begleiten. Die lebhafte dreiundzwanzigjährige Debütantin war in den Londoner Salons in Chelsea und den Nachtclubs in West End zu Hause und noch nicht einmal auf einer Campingtour gewesen, wie sie selbst sagte.

Die afrikanische Odyssee der Greenes begann in London am 4. Januar 1935 um 18.05 Uhr, als sie den Zug ab Euston Station nach Liverpool nahmen. Nach einer Nacht im Adelphi Hotel stießen sie zu fünf weiteren Passagieren auf der *David Livingstone*. Das Frachtschiff sollte über den Golf von Biskaya nach Madeira, Las Palmas auf Gran Canaria und Banjul (damals Bathurst) in Gambia fahren und Freetown, die Hauptstadt von Sierra Leone, ansteuern. Zu Greenes Ärger wurden sie auf der Schiffsbrücke von einem Fotografen des *News Chronicle* abgelichtet. Die reißerische (und rassistische) Schlagzeile zu ihrer Abreise lautete: „23-JÄHRIGE SCHÖNHEIT MACHT SICH AUF DEN WEG INS KANNIBALEN-LAND".

Der Kannibalismus, so behauptete Greene in seinem späteren Bericht *Reise ohne Landkarten* sei in einigen Gebieten Liberias, vor allem in der vom Volk der Mano bewohnten Region im Nordosten, noch nicht völlig ausgestorben, was aber von zeitgenössischen Anthropologen weitgehend widerlegt wird. Der Titel seines Werkes indes entsprach größtenteils den Tatsachen, denn Barbara und er drangen durch dichten Busch ins liberianische Hinterland vor, das nur zu Fuß erreichbar war und mit dem sich gewiss nur wenige Bewohner der liberianischen Hauptstadt Monrovia auseinandersetzten.

Greene und Barbara blieben nur kurz in Freetown, dann reisten sie ins Landesinnere an die Grenze zu Liberia. Für die 290 Kilometer nach Pendembu brauchten sie mit der Schmalspurbahn zwei ganze Tage. Danach fuhren sie auf einem Lkw nach Kailahun, am Rande Guineas. Von dort wanderten sie 32 Kilometer zu einer amerikanischen Mission in Bolahun, gleich hinter der Grenze in Liberia, wo sie am 16. Januar eintrafen.

Vor ihrer Abreise aus Freetown hatten sie zwei einheimische Jungen als Führer und Diener angeheuert, Amedoo und Laminah, und einen älteren Koch namens Souri. Im Laufe ihrer Reise rekrutierten sie insgesamt fünfundzwanzig Träger, die ihnen beim Schleppen des riesigen Gepäcks behilflich waren, das Barbara zufolge „Betten, Tische, Stühle, mehrere große Holzkisten mit Lebensmitteln, einen Wasserfilter, die Geldbüchse, zwei Koffer und allen möglichen Kleinkram" umfasste.

Ihre Route führte im Norden des Landes über Pandemai nach Duogobmai in Lofa County. „Es war ein wirklich scheußliches Dorf. Das Einzige, was man hier tun konnte, war, sich zu betrinken." Danach ging es weiter nach Zigita, über dem „eine Atmosphäre von Bösartigkeit und Unheil" lag, wie Greene notierte. Anschließend wagten sie sich über Galaye und Diécké nach Süden vor, um nach Buchanan (damals Grand Bassa) zu gelangen und entlang der Küste nach Monrovia zu segeln. Unterwegs fotografierten sie religiöse Zeremonien, verzweifelten an Hitze, Staub, Ameisen, Ratten und Schlangen, staunten über die Ehrlichkeit und Zähigkeit ihrer angeheuerten Helfer und begegneten freundlichen Dorfbewohnern, abscheulichen Kolonialbeamten, zwielichtigen einheimischen Händlern und korrupten Beamten.

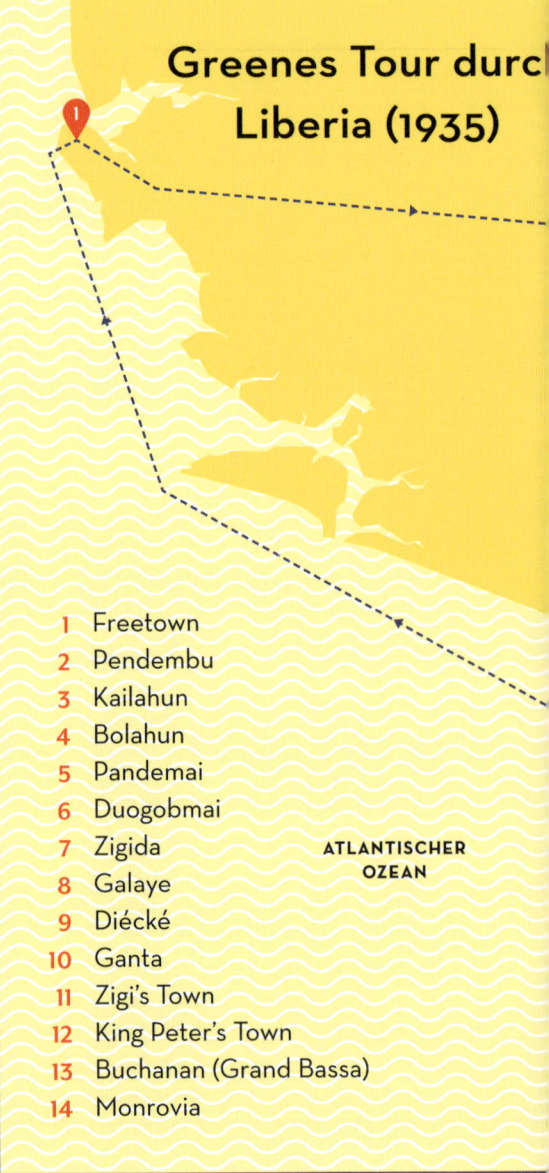

GRAHAM GREENE LERNT IN LIBERIA DAS LEBEN WIEDER LIEBEN

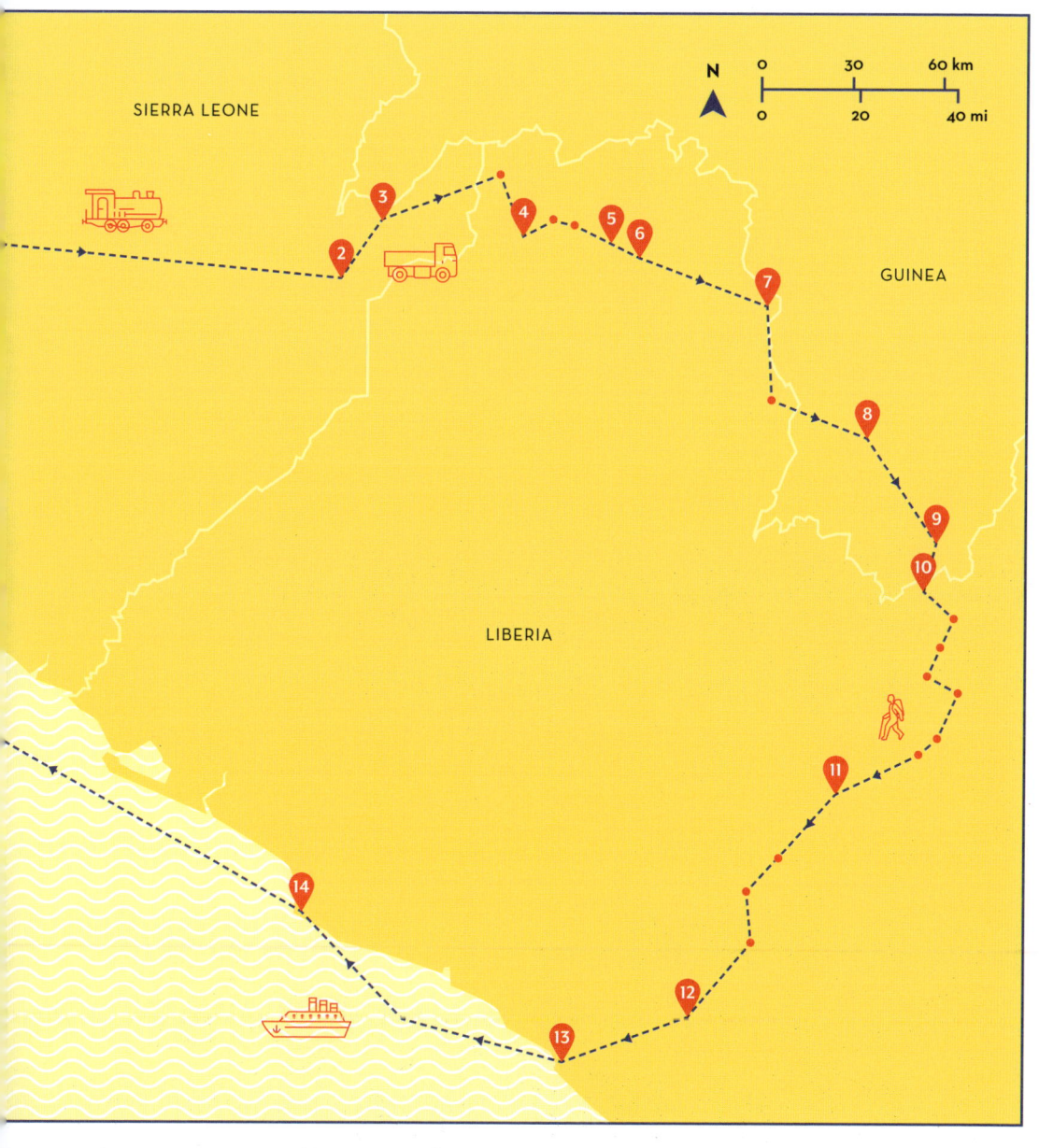

◀ VORIGE SEITE
Freetown, Sierra Leone.

Während sich Barbara in einer Hängematte transportieren ließ, ging Greene in der Regel zu Fuß, um zusätzliche Kosten zu sparen. Nach eigener Einschätzung legte Greene selten weniger als 24 Kilometer täglich zurück. Auf der letzten Reiseetappe zwischen Ganta und dem Meer bekam der Schriftsteller Fieber und musste sich schließlich tragen lassen. In Zigi's Town, noch gut sieben Tagesmärsche von Buchanan entfernt, war Barbara um Greens Gesundheitszustand sehr besorgt und befürchtete, ihr katholischer Cousin könne sterben, ohne die entsprechenden Rituale empfangen zu haben. Glücklicherweise ging es Greene am nächsten Morgen wieder besser. An diesem Tag erhielten die Greenes auch die Nachricht, ein Lastwagen sei eventuell verfügbar, der sie in Harlingsville abholen und die letzte Etappe mitnehmen würde. Ihre Laune besserte sich weiter, als sie hinter King Peter's Town auf eine Mission der Siebenten-Tags-Adventisten stießen und von der Frau des deutschen Missionars, die Barbara als Mittelklasse-Hausfrau beschrieb, mit „echtem deutschen Ingwerkuchen" und „geeistem Traubensaft" bewirtet wurden.

In Buchanan schafften sie es, sich auf ein völlig überladenes Boot nach Monrovia zu zwängen. Die 150 Oppositionspolitiker an Bord fuhren in die Hauptstadt, um gegen die bevorstehenden Präsidentschaftswahlen zu demonstrieren, die

vermutlich manipuliert würden, und waren nach der siebeneinhalbstündigen Überfahrt von Zuckerrohrschnaps sturzbetrunken.

Lediglich neun Tage blieben die Greenes in Monrovia. Sie wollten jetzt unbedingt wieder nach Hause und erwischten am 12. März die *MacGregor Laird*. Vier Tage später legte das Schiff in Freetown an und steuerte bald darauf sein endgültiges Ziel an: Dover. Anfang April landeten Green und Barbara in der Hafenstadt in Kent, wo sich ihre Wege trennten. Während Barbara sofort nach London zurückkehrte, traf Greene seine Frau in einem der Hotels der Stadt.

Wie sein offizieller Biograf Norman Sherry anmerkte, war Greenes Liberia-Tour „die erste seiner Erkundungsreisen" und legte den Grundstein für seine Beziehung zu Afrika, die ihn 1942 nach Freetown führte, um in Kriegszeiten für den britischen Geheimdienst zu arbeiten. Diese Erfahrungen flossen in den sechs Jahre später erschienenen Roman *Das Herz aller Dinge* ein. Für den englischen Reisekorrespondenten Tim Butcher, der Greenes folgenreiche Liberia-Reise rekonstruierte, hat diese „für immer [Greenes] Einstellung zur Sterblichkeit und zum Risiko" verändert, denn als er in Liberia „dem Tode nahe war und im schlimmsten Moment seiner Krankheit immer wieder das Bewusstsein verlor", lernte der Schriftsteller, wie er es später selbst formulierte, „das Leben wieder zu lieben."

◀ Rote Sandpiste durch das Buschwerk in der Nähe von Kailahun, Liberia.

▼ Taschenbuch-Cover von *Too Late to Turn Back* von Barbara Greene (dt. Titel *Im Hinterland*); Memoiren über die Reise durch Liberia mit ihrem Cousin Graham Greene.

Hermann Hesse sucht in Ostasien die Erleuchtung

Fast zwei Jahrzehnte nach der Verleihung des Literaturnobelpreises im Jahr 1946 und nur wenige Jahre nach seinem Tod entdeckten die Hippies der Flower-Power-Generation Hermann Hesse (1877–1962) als ihr literarisches Idol. „Vor eurem LSD-Trip lest *Siddhartha* und *Der Steppenwolf*", empfahl sogar Dr. Timothy Leary, der von Harvard entlassene Psychologieprofessor und Chefpropagandist für psychedelische Drogen. Hesse, der kollektive Bewegungen jeder Art und vor allem die jugendlichen Fans seiner Werke nicht leiden konnte, hätte diese Entwicklung wohl kaum begrüßt. Doch seine Bücher, deren Protagonisten oft gegen Dogmen verstoßen und jenseits westlicher Traditionen auf der einsamen Suche nach Selbstverwirklichung und spiritueller Erleuchtung sind, berührte die jüngeren Leserinnen und Leser der 1960er- und 1970er-Jahre im Innersten.

1911 verließ Hesse, in dessen Ehe es kriselte, nur wenige Monate nach der Geburt seines dritten Sohnes Martin Europa und begab sich auf eine hastig organisierte Reise in den Osten. In Begleitung seines Freundes, des Malers Hans Sturzenegger, ging der Schriftsteller nach zwei Tagen Fahrt durch Deutschland, die Schweiz und Italien am 6. September in Genua an Bord des Dampfers *Prinz Eitel Friedrich*. Hesse wollte nach Indien, wo sowohl seine Eltern als auch Großeltern als Missionare tätig gewesen waren. Sein Interesse an allem Fernöstlichen war hauptsächlich durch die anschaulichen Erzählungen seines Großvaters mütterlicherseits, Hermann Gundert, geweckt worden, der ihm als Heranwachsender Bewunderung, Angst und Ehrfurcht einflößte. Gundert, ein begabter Linguist, sprach über dreißig Sprachen, verfasste Malayalam-Englisch-Wörterbücher und Grammatiken und weilte dreiundzwanzig Jahre in Südindien, davon die meiste Zeit in Thalassery (seinerzeit anglisiert Tellicherry) in Kerala, wo er die lokalen Sprachen und Dialekte lernte und das Wort (seines christlichen) Gottes verbreitete.

Hesse erreichte sein eigentliches Ziel Indien nie, sondern gelangte nur nach Indonesien, Malaysia und Sri Lanka (Ceylon). Er hatte zwar viele Eigenschaften von seinem Großvater geerbt, aber nicht die Toleranz des tropischen Klimas, wie sich bald herausstellen würde. Schon kurz nach dem Ablegen der *Prinz Eitel Friedrich* von Neapel empfand der Autor die Hitze als drückend. Auch das vorwiegend britische, dem kolonialen Geschmack angepasste Essen, behagte ihm nicht, er litt an Diarrhö und konnte nur mit Tabletten schlafen. Auch die übrigen Passagiere mit ihren trägen, apathischen Mienen und selbstgefälligen europäischen Ansichten missfielen ihm; sie schienen all das zu verkörpern, dem er zu entfliehen suchte.

Einige Jahre später würde er über Penang in Malaysia, den ersten Halt im Osten, etwas

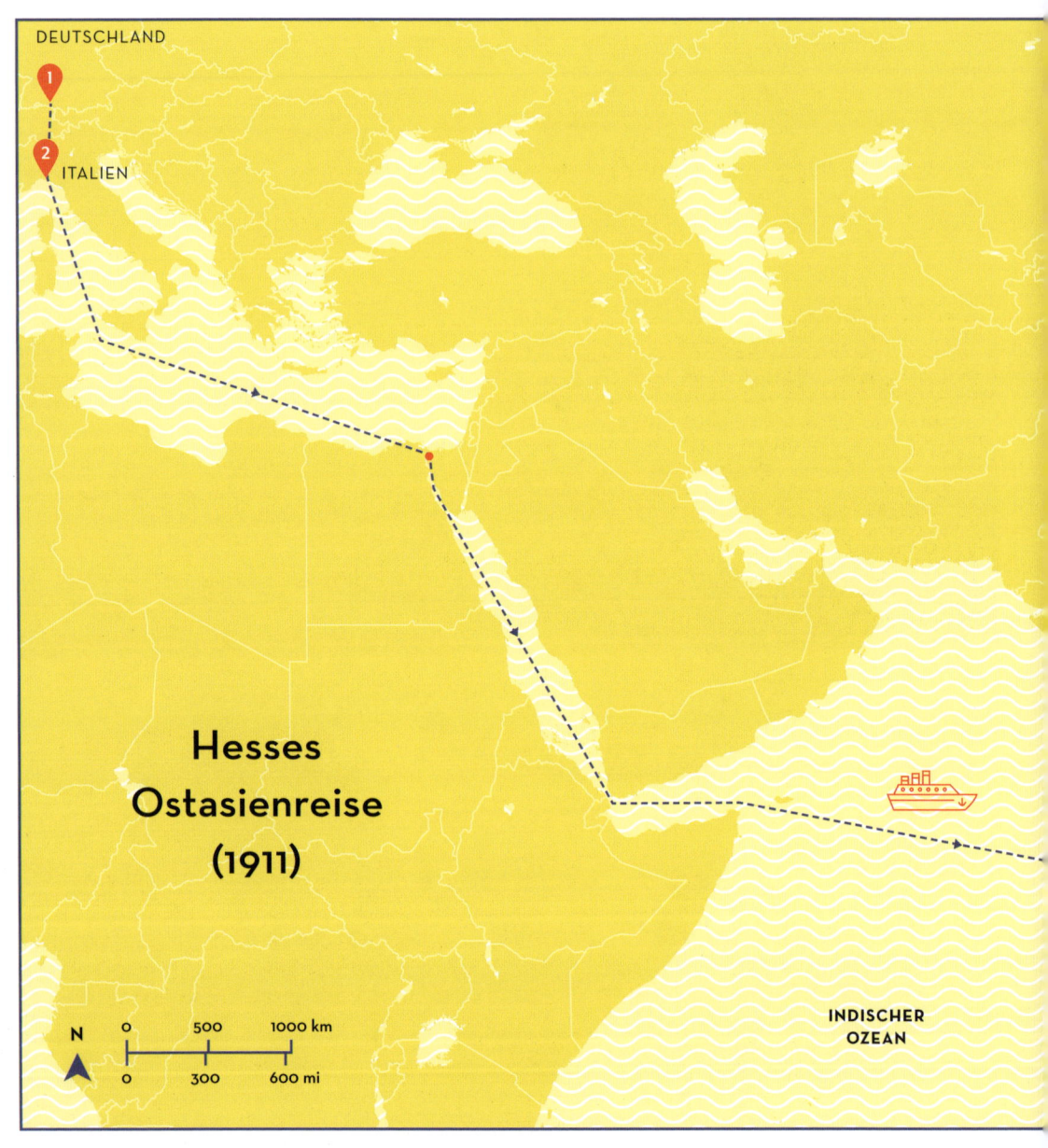

◀ VORIGE SEITE
Elefanten in Sri Lanka.

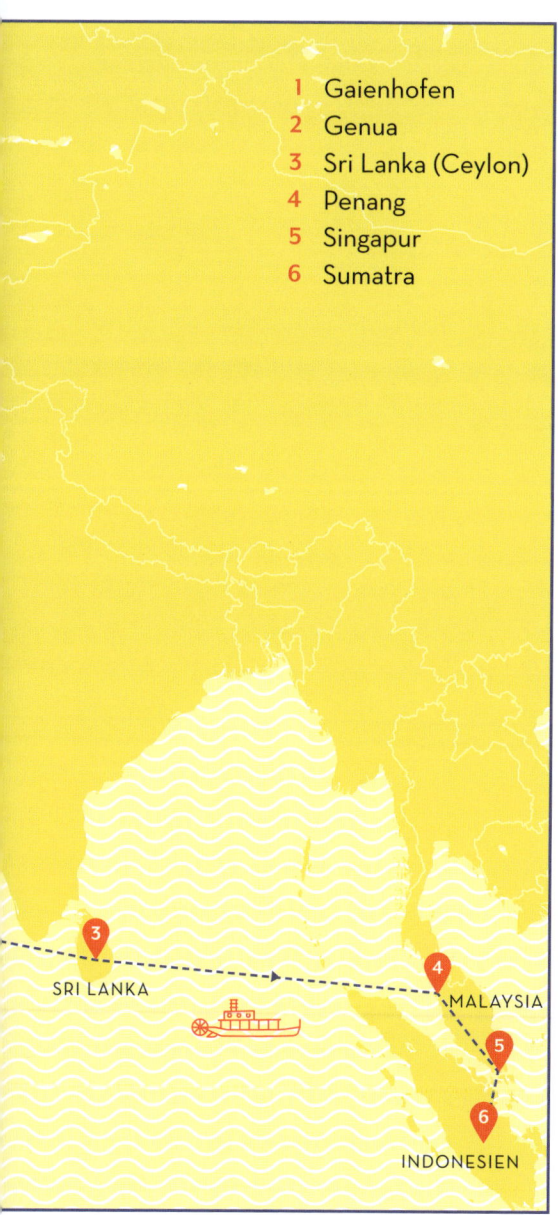

1. Gaienhofen
2. Genua
3. Sri Lanka (Ceylon)
4. Penang
5. Singapur
6. Sumatra

romantischer berichten: „In Penang schlug uns zum erstenmal das quellende Leben einer asiatischen Stadt entgegen, zum erstenmal sahen wir das indische Meer zwischen den unzählbaren Koralleninseln spiegeln." Sie staunten über die „bunten Erscheinungen des Gassenlebens" und ein „nächtliches Kerzenmeer." Doch in Wahrheit war der Autor damals mehr abgeschreckt als begeistert, er verabscheute die Gerüche, den Schmutz, die Armut, die unablässigen Bettler und Straßenhändler. Während ihm die Chinesen imponierten, widerstrebten ihm die Malaien, die er für überdreht und zu unterwürfig gegenüber ihren kolonialen Ausbeutern empfand. Von Penang aus nahmen Hesse und Sturzenegger ein Schiff nach Singapur und der Schriftsteller erkundete die Stadt in einer Rikscha. Von hier aus überquerten die zwei Freunde den Äquator auf einem holländischen Dampfer, der sie in Südsumatra absetzte.

Die Ernüchterung Hesses nahm weiter zu. Die Flussfahrt auf einem kleinen chinesischen Dampfer nach Palembang brachte ihn an den Rand seiner Kräfte und die Feuchtigkeit des Urwalds, dessen grüne Lianen ihn zu umschlingen drohten, die vielen Insekten und die „Dysenterie", die er sich eingefangen hatte, trieben ihn fast in den Wahnsinn.

Hesse und Sturzenegger waren froh, Sumatra zu verlassen, und reisten weiter nach Sri Lanka, das Hesse im Vergleich zu Sumatra als „Paradiesinsel mit den Farnbäumen und Palmenufern" beschrieb. Das Klima und die Bedingungen waren für den Schriftsteller hingegen keineswegs angenehmer. In Kandy, der Hauptstadt der Zentralprovinz des Landes, lebte Hesse inzwischen „von Rotwein und Opium" und war fast zu krank für seine geplante Pilgerreise nach Sri Dalada Maligawa, dessen großer Tempel angeblich einen Zahn Buddhas aufbewahrt. Danach war er offenbar wieder so bei Kräften, dass er den Pidurutalagala bestieg, den höchsten Gipfel Ceylons. Auf dieser Bergtour, die wohl seine Lebensgeister stärkte, wurde Hesse klar, dass er Asien so schnell wie möglich verlassen wollte.

▶ Der deutsche Dampfer *Prinz Eitel Friedrich*, auf dem Hesse von Italien nach Ostasien reiste, bei seiner Internierung in Newport, Virginia (USA); März 1915.

An Bord des chinesischen Dampfers *Maras* fuhren Sturzenegger und er nach Singapur und nahmen praktisch das erste Schiff zurück nach Europa. Obwohl Hesse Indien nie erreicht hatte, betitelte er seinen Reisebericht, in dem er zu einem großen Teil negativ über das Gesehene in Asien schrieb, *Aus Indien: Aufzeichnungen von einer indischen Reise*.

    Ungeachtet seiner Enttäuschung über den Kontinent setzte er sich nach der Rückkehr umso intensiver mit den fernöstlichen heiligen Schriften auseinander – mit den Veden, den Upanishaden, der Bhagavad Gita und den Suttas des Theravada-Buddhismus. Das Ergebnis seiner intensiven Studien war das Werk *Siddhartha. Eine indische Dichtung,* das in der Zeit zwischen 1919 und 1922 entstand, als Hesse u. a. auch Alfred Hillebrandts Sammlung *Aus Brahmanas und Upanishaden* rezensierte. Die Erzählung spielt in Indien im sechsten vorchristlichen Jahrhundert und schildert die Geschichte von Siddhartha, Sohn eines Brahmanen, der seinen Glauben und seine Familie verlassen muss, um die Wahrheit in sich selbst zu finden. Das geschilderte Indien ist ein mythischer Ort. Und vielleicht leuchtet dieser Ort ja umso stärker, gerade weil Hesse ihn nie selbst besucht hat.

▲ *Selbstbildnis im Ateliermantel,* Hans Sturzenegger.

▶ *Sonnenuntergang über der Straße von Malakka, Penang, Malaysia.*

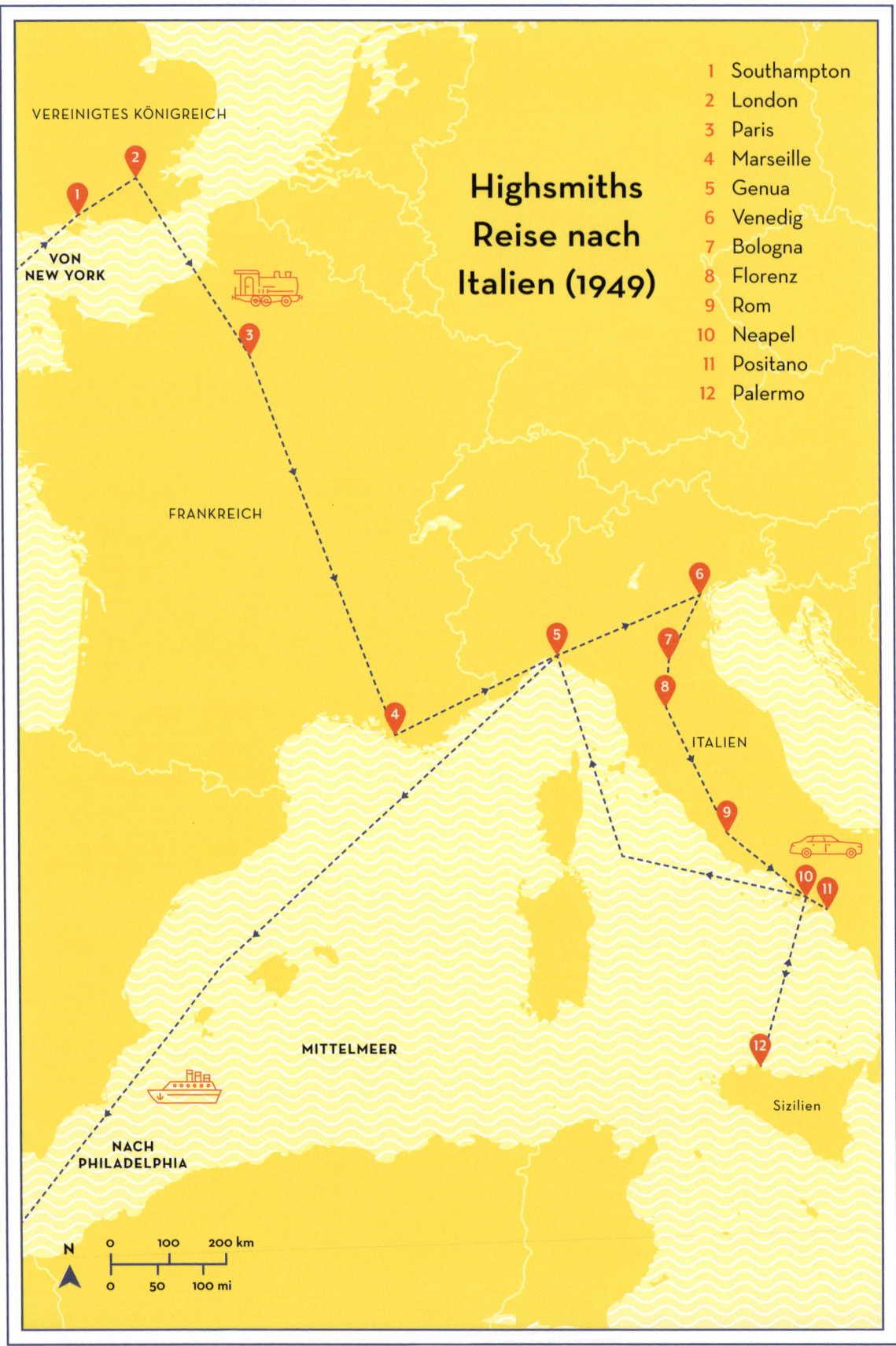

Patricia Highsmith erspäht in Positano ihren Romanhelden

Zu den faszinierendsten Schöpfungen der modernen Prosa gehört gewiss Thomas Ripley von Patricia Highsmith (1921–1995). Der charmante, sexuell ambivalente Verwandlungskünstler, amoralische Schwindler und Mörder gab sein Debüt 1955 in *Der talentierte Mr. Ripley* und steht in insgesamt fünf ihrer Romane im Rampenlicht. Im ersten Buch wird Ripley für 1000 Dollar plus Spesen in der ersten Klasse eines Dampfschiffs nach Italien geschickt mit dem Auftrag, Richard „Dickie" Greenleaf zurückzuholen, den missratenen Sohn eines reichen amerikanischen Industriellen. Es folgt ein Roman über die menschliche Fähigkeit zum Bösen, den Unterschied zwischen Schein und Sein und die Konstruktion eigener neuer Identitäten. Highsmith identifizierte sich so sehr mit ihrem chamäleonartigen, psychopathischen Protagonisten, dass sie Briefe sogar mit „Pat H. alias Ripley" signierte. Eine reale Person, der die Schriftstellerin 1952 begegnete, als sie das italienische Dorf Positano an der Amalfiküste zum zweiten Mal besuchte, hatte Highsmith zu der Figur inspiriert.

Ihre erste Reise nach Italien bzw. überhaupt nach Europa unternahm die gebürtige Texanerin 1949, kurz nachdem sie erfahren hatte, dass man ihren Debüt-Thriller *Zwei Fremde im Zug* veröffentlichen würde. Sie finanzierte den Trip mit ihren Ersparnissen als Comic-Texterin und dem Geld, das sie sich von ihrer Familie erbettelte. Zum Zeitpunkt ihrer Abreise aus New York, am 4. Juni, hatte sich Highsmith, die sich vor allem, doch nicht ausschließlich, zu Frauen hingezogen fühlte, gerade mit dem englischen Schriftsteller Marc Brandel verlobt. Auf der Fahrt an Bord der *Queen Mary* über den Atlantik ins englische Southampton – frustriert darüber, dass sie in der Touristenklasse reisen und sich eine Kabine mit vier anderen Frauen teilen musste –, gab Highsmith eine Story nach der anderen zum Besten und kam zu dem Schluss, dass die Ehe unhaltbar war und sie diese, zunächst erfolglos, beenden würde.

Den weiteren Anstoß dazu, sich vom ernsthaften Gedanken an das baldige konventionelle Eheglück zu verabschieden, gab eine Geliebte in Europa. Auf der ersten Etappe ihrer Reise kam Highsmith in London bei ihrem künftigen britischen Verleger Dennis Cohen und dessen Frau Kathryn unter, einer intelligenten und attraktiven ehemaligen Schauspielerin. Kathryn sollte Highsmith die Sehenswürdigkeiten zeigen und begleitete sie auf einem Ausflug zum Theater in Stratford-upon-Avon in Warwickshire. Die Schriftstellerin war von der älteren, kultivierten Frau schnell angetan, doch Highsmiths Reiseplan sah vor, dass sie von England bald aufs europäische Festland übersetzen musste.

Mit der Night Ferry, einem Schlafwagenzug inklusive Fährfahrt, fuhr die Autorin zunächst von London, Victoria Station, nach Paris. Die Stadt begeisterte sie, das Elend ebenso wie der Prunk. Von dort reiste sie südwärts nach Marseille und weiter in die italienischen Städte Genua, Venedig, Bologna, Florenz und Rom. Krank und einsam, schrieb sie aus Rom an Kathryn und bat sie inständig, nach Italien zu kommen und sich ihr anzuschließen. Die beiden Frauen verabredeten sich in Neapel, Highsmiths nächstem Reiseziel.

Neapel mit seinen bröckelnden Ruinen und verschmutzten Straßen, in denen das Leben lautstark bebte, faszinierte Highsmith auf Anhieb – eine tägliche Geräuschkulisse aus Kirchengeläut, Hundegebell und hupenden Autos von morgens bis abends. Kathryn traf am 3. September in Neapel ein und vier Tage später fuhren die zwei Frauen und eine weitere Freundin nach Positano. Das idyllische Fischerdorf an der Amalfiküste, die Highsmith als „ideale, felsengesäumte Bucht" beschrieb, würde in ihrem Leben und Schaffen einen einzigartigen Platz einnehmen. Kurz nach diesem ersten Ausflug wurden Kathryn und Highsmith ein Liebespaar. Ihre flüchtige Affäre begann auf einem Boot zurück von Sizilien, ihrer nächsten Etappe, und setzte sich in Neapel noch wenige Wochen fort, bevor Highsmith am 23. September das Schiff von Genua zurück nach Philadelphia nahm.

Nur drei Jahre später kehrte Highsmith mit ihrer neuen Partnerin Ellen Hill zurück, einer emotional instabilen und dominanten Soziologin, deren Alkoholkonsum und mangelnde Ordnungsliebe Highsmith sehr zu schaffen machten. Das Paar, dessen Beziehung laut Highsmiths Biografen Andrew Wilson „von Beginn an qualvoll war", reiste im Rahmen einer langen, zweijährigen Europareise Anfang Juni 1952 von Florenz nach Positano. Dort checkten sie im Hotel Albergo Miramare ein, mit schönem Blick auf den Golf von Salerno und das Mittelmeer. Eines Morgens erwachte Highsmith gegen sechs Uhr und ging auf die Terrasse. Da sah sie eine Gestalt, die allein am Strand spazieren ging. Später erinnerte sie sich: "Es war kühl und ganz still. Die hoch hinter dem Hotel aufragenden Klippen konnte ich nicht sehen, nur rechts und links ein Stück. ... Da sah ich auf einmal einen jungen Mann in Shorts und Sandalen daherkommen, der mit einem Handtuch über der Schulter von rechts nach links am Strand entlangging. ... In seiner ganzen Haltung lag etwas Nachdenkliches, es schien ihm nicht wohl zu sein in seiner Haut." Highsmith, die den Mann nie wieder sah und nie seinen Namen erfuhr, war von seinem Erscheinungsbild gefesselt und nahm ihn zwei Jahre später zum Vorbild für Thomas Ripley.

Auch Positano erhielt von Highsmith in *Der talentierte Mr. Ripley* eine gebührende Rolle. Im Roman heißt das Dorf Mongibello. Dort drängt sich Ripley in das Leben von Dickie Greenleaf und seiner Freundin Marge, die in ihrem ruhigen Haus an der Küste dem Müßiggang und ernsthaften Nichtstun frönen wie all jene, denen das Geld in die Wiege gelegt wurde. Heute ist Positano leider nicht mehr so beschaulich wie zu Highsmiths Zeiten. Als Ende der 1990er-Jahre der Filmregisseur Anthony Minghella seine Fassung von *Der talentierte Mr. Ripley* drehen wollte, hielt er die gesamte Amalfiküste für ungeeignet, weil sie so stark zugebaut war, und filmte die Mongibello-Szenen stattdessen auf den Inseln Ischia und Procida.

▶ Neapel.

▶ NÄCHSTE SEITE: Positano, Italien.

Zora Neale Hurston verfällt dem Zauber von Jamaika und Haiti

Zora Neale Hurston (1891–1960) war eine führende Akteurin der sogenannten Harlem Renaissance, in der sich kurz nach dem Ersten Weltkrieg afroamerikanische Schriftstellerinnen, Dichter, Künstlerinnen und Musiker in New York zusammenfanden und Werke produzierten, die frei waren von weißen Stereotypen und Vorurteilen, die der Schwarzen Bevölkerung eine Stimme gaben und sich mit ihrer afrikanischen Herkunft auseinandersetzten. Hurston machte sich ab den 1920er-Jahren in der Theaterszene einen Namen und arbeitete unter anderem mit dem Dichter Langston Hughes zusammen, bevor sie im folgenden Jahrzehnt als gefeierte Romanautorin und als Pionierin der Folkloristik zu größerem internationalen Ruhm gelangte.

Ihre ersten anthropologischen Feldstudien führte Hurston als Studentin am Barnard College vor Ort in Harlem durch, protegiert von dem deutsch-amerikanischen Anthropologen Franz Boas. Dieser ermunterte sie 1927 zu einer Fahrt in ihre Heimat Florida, um die Folklore der Schwarzen in den US-amerikanischen Südstaaten zu erforschen. Das gesammelte Material verarbeitete Hurston in ihrem ersten Sachbuch, *Mules and Men*. Es erschien 1935, nur ein Jahr nach *Jonah's Gourd Vine,* ihrem halb-autobiografischen Debütroman, der auch zu großen Teilen in Florida und in ihrer rein Schwarzen Heimatgemeinde Eatonville spielt.

Am 16. März 1936 erfuhr die Schriftstellerin, dass ihr die Guggenheim-Stiftung für eine „Studie über die magischen Praktiken der Negroes auf den Westindischen Inseln" ein Stipendium in Höhe von 2000 Dollar gewährte. Für das langersehnte Projekt kehrte sie den USA fast sechzehn Monate lang den Rücken. Knapp ein Jahr verbrachte sie in Jamaika und Haiti, bevor sie zur Vertiefung ihrer Forschungen über Voodoo-Riten von Mai bis September 1937 noch einmal nach Haiti zurückkehrte.

Vor ihrer Abreise hatte Hurston aber noch eine persönliche Angelegenheit zu klären. Die dreimal verheiratete und geschiedene Mittvierzigerin steckte in einer leidenschaftlichen Beziehung mit Percy Punter, einem rund zwanzig Jahre jüngeren Studenten an der Columbia University – „die wahre Liebesaffäre meines Lebens", wie sie später schrieb. Punter wünschte sich, dass Hurston ihn heiratete, ihre Karriere aufgab und sich mit ihm außerhalb von New York niederließ. Ihre hart erkämpfte persönliche und berufliche Unabhängigkeit aufzugeben, war für sie undenkbar. So bot die Reise für Hurston einen guten Vorwand, um einen Schlussstrich unter die Romanze zu ziehen.

Ihr Schiff von New York in die Karibik legte am 13. April 1936 in Haiti an. Sie verbrachte einen Tag in der haitianischen Hauptstadt Port-au-Prince, um bei den zuständigen Behörden vorzusprechen und ihre Rückkehr in sechs Monaten vorzubereiten, dann schiffte sie sich nach Jamaika ein, seinerzeit noch britische Kolonie. Hurston war entsetzt über die ethnischen Spannungen zwischen manchen afrokaribischen Communitys und über das schwere Los der Schwarzen Frauen auf der Insel. In dem bergig gelegenen Küstenort St. Mary führte sie ein Gespräch mit einem Mann, der ihr sagte, Frauen mit beruflichen Ambitionen seien „nur eine große Materialverschwendung".

Dennoch brachte man Hurston, der akademisch gebildeten Besucherin aus den USA, generell mehr Respekt entgegen als ihren jamaikanischen Schwestern. Des Weiteren wurde ihr eine Auszeichnung zuteil, die vor ihr noch keiner Frau gewährt wurde: Die Gemeinde von St. Mary schlachtete ihr zu Ehren eine Ziege und feierte ein Fest. Das rituelle Mahl mit scharf gewürztem Ziegenfleisch, traditionell bei Mondschein eingenommen, war stets ein Großereignis im Dorf. Man gewährte ihr regelmäßige Gespräche mit einem Voodoo-Medizinmann und zweimal durfte sie den Zeremonien der Neunten Nacht beiwohnen, die verhindern sollen, dass die Toten aus ihren Gräbern auferstehen.

In den letzten drei Monaten auf Jamaika verbrachte Hurston viel Zeit in einer Maroons-Siedlung. Die Maroons – eine Kriegerkaste aus ehemaligen Sklaven, die sich ihre Freiheit erkämpft hatten und seither gegen die erneute Gefangennahme oder Assimilierung zur Wehr setzten – lebten in Accompong, hoch oben in den üppig bewachsenen Bergen von St. Catherine. Um die abgelegene Siedlung zu erreichen, erhielt Hurston von ihrem Anführer eine ausgesprochen unwillige Ziege als Transportmittel. Wieder setzte sich Hurston über übliche genderspezifische Grenzen hinweg und begleitete die Männer auf einer Schweinejagd im tiefen Dschungel, bei der sie sich große Blasen an den Füßen zuzog.

Großes Pech ereilte Hurston in der Inselhauptstadt Kingston, als ihr bei einem schnellen Lunch im Restaurant die Brieftasche mit einer beträchtlichen Geldsumme gestohlen wurde, leider mitsamt der Bescheinigung, die sie zum Abrufen ihres Guggenheim-Stipendiums bei der örtlichen Barclays-Bank-Filiale berechtigte. Die dienstfertigen Bankangestellten verweigerten ihr den Kontozugriff. So musste sich Hurston das

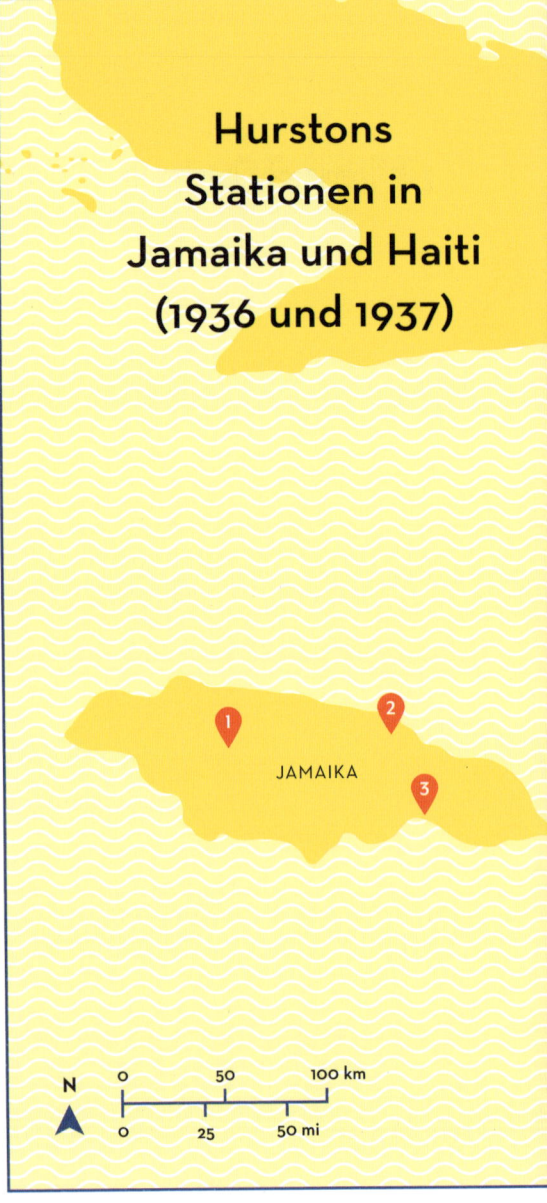

Hurstons Stationen in Jamaika und Haiti (1936 und 1937)

ZORA NEALE HURSTON VERFÄLLT DEM ZAUBER VON JAMAIKA UND HAITI

1 Accompong
2 St. Mary Parish
3 Kingston
4 La Gonâve
5 Arcahaie
6 Port-au-Prince

HAITI

KARIBISCHES MEER

◀ VORIGE SEITE
Blick über die Blue Mountains auf Kingston, Jamaika.

Geld für ein Telegramm nach New York leihen und um einen Überbrückungsbetrag bitten, bis sie eine neue Berechtigung erhielt.

So interessant (und ärgerlich) Jamaika für Hurston auch war, mit Haiti konnte es nicht mithalten. Bereits wenige Wochen nach ihrer Ankunft in Port-au-Prince am 23. September bat Hurston den Sekretär der Guggenheim-Stiftung brieflich um ein zweites Stipendium, damit ihr mehr Zeit blieb, Informationen über die dortigen religiösen Praktiken zusammenzutragen. Oft war sie überwältigt von dem, was sie sah und hörte. Mit großem Eifer wollte sie solides Wissen über das komplexe Pantheon der Voodoo-Götter und deren Launen erwerben und aus erster Hand die Handlungen der Priester, Eingeweihten und Gläubigen beobachten. Immer häufiger aber kreisten ihre Gedanken um die Liebe, die sie so leichtfertig zurückgelassen hatte. Nach einem langen Arbeitstag, an dem sie haitianische Geschichten gesammelt hatte und erschöpft, aber ruhelos heimkehrte, schrieb sie die ersten Zeilen eines Romans. Aus dem Gefühl der Reue darüber, wie sie die Affäre mit Punter beendet hatte, und aus dem Wunsch, ihr Bedürfnis nach Selbstbestimmung zu erklären, entstand die Geschichte über die letztendlich zum Scheitern verurteilte Suche nach Autonomie und einem erfüllten Liebesleben von Janie Crawford, einer intelligenten Schwarzen Frau aus Eatonville. Hurston schrieb in rasendem Tempo und nach sieben Wochen, am 19. Dezember, war das Manuskript zu *Vor ihren Augen sahen sie Gott* fertig, das sie sofort an ihren US-amerikanischen Verleger sandte. Dann machte sie sich auf den Weg nach La Gonâve, eine Insel etwas westlich von Port-au-Prince, wo sie die Weihnachtsferien verbringen wollte.

Nach ihrer Rückkehr begab sie sich in die Stadt Arcahaie. Dort ließ sie sich von einem

◀ Zora Neale Hurston beim Trommeln auf der Hountar Drum (Mama Drum), 1937.

▲ West Queen Street, Kingston, Jamaika, März 1937.

der höchsten Voodoo-Priester, dem legendären Dieu Donnez St. Leger, unterweisen und wurde, neben einer ganzen Fülle von Ritualen, angeblich auch Zeugin der Auferstehung eines kürzlich verstorbenen Mannes infolge eines Tauben- und Hühneropfers.

Anfang März 1937 verließ Hurston Haiti in Richtung USA. Bei ihrer Ankunft in New York war ihr Verleger voll des Lobes für ihren neuen Roman und plante die Veröffentlichung noch im Herbst. Derselbe Verlag hatte Hurston mit einem Buch über ihre Karibikreise beauftragt (erschienen 1938 unter dem Titel *Tell My Horse*) und sie wollte unbedingt nach Haiti zurückkehren, um ihre Forschungen dort zu beenden. Aufgrund von Passproblemen verzögerte sich ihr zweiter Haiti-Aufenthalt um zwei Monate, bevor sie sich ein weiteres Mal vor Ort dem Voodoo- und höchst umstrittenen Zombie-Thema widmete. Als sie nach Abschluss ihrer Tätigkeit Ende September in New York eintraf, war zu ihrer Überraschung *Vor ihren Augen sahen sie Gott* zum Stadtgespräch geworden. Nach Zeiten der Missachtung und Geringschätzung durch einige männliche Kritiker zählt Hurstons Werk heute zu den bedeutendsten Romanen der afroamerikanischen feministischen Literaturgeschichte.

Jack Kerouac ist zum ersten Mal „On the Road"

Jack Kerouac (1922–1969), die künftige Galionsfigur der Beat-Generation und der Autor des Kultromans *On the Road,* der Millionen Nachahmer zu eigenen Roadtrips durch die Vereinigten Staaten inspirierte, traf im Sommer 1947 in New York Henri „Hank" Cru wieder, seinen alten Kumpel von der Prep School. Cru war auf dem Weg nach San Francisco, wo er einen Chefposten als Schiffstechniker übernehmen sollte. Er schlug Kerouac vor, ihm in den Westen zu folgen und dort als sein Assistent anzuheuern. Diese Gelegenheit, oder besser gesagt der Vorwand, kam Jack, der mit dem leidigen Entwurf seines Debütromans *The Town and the City* erst knapp zur Hälfte durch war, gerade recht.

Am 17. Juli verließ Kerouac das Haus seiner Familie in 133-01 Cross Bay Boulevard, Ozone Park, Queens. Er nahm die U-Bahn entlang der Seventh Avenue durch Morningside Heights und Harlem bis zur Endstation an der 242nd Street in der Bronx und stieg dort in den Trolleybus nach Yonkers. Dafür, dass Kerouac eines Tages für die ungehemmte freie Meinungsäußerung und den vom ihm selbst als „spontane Prosa" bezeichneten Schreibfluss berühmt würde, mit dem er den wild improvisierenden Bebop-Jazzmusikern nacheiferte, plante er diese Reise präzise und akribisch, zeichnete seine Route auf der Karte mit Rotstift ein und behielt buchhalterisch alle Ausgaben im Blick.

Kerouac hatte nur ein begrenztes Budget und setzte darauf, einen Großteil der Strecke nach Kalifornien per Anhalter zu fahren. Zunächst hatte er Glück. Nach mehreren Mitfahrgelegenheiten entlang des Hudson River nach Norden gelangte er etwa 80 Kilometer nördlich von New York zum Ausgangspunkt der Route 6, am abrupten Übergang der Stadt ins ländliche Connecticut, wo der Appalachian Trail beginnt. Es herrschte miserables Wetter und die Straßen waren wie leer gefegt. Frustriert musste sich Kerouac zurück zur Penn Station in New York schleppen, wo er widerwillig ein Greyhound-Busticket nach Chicago löste. Es war „eine normale Busfahrt", heißt es in *On the Road,* „mit schreienden Babys, manchmal heißer Sonne und Landeiern, die in Pennsylvania von Stadt zu Stadt zustiegen, bis wir endlich die Ebene von Ohio erreichten und richtig vorankamen, oben an Ashtabula vorbei und die ganze Nacht lang quer durch Indiana nach Chicago".

In Chicago ergatterte er ein billiges Zimmer in einem YMCA und stürzte sich gleich Downtown ins Loop, das zentrale Viertel mit einigen der besten Jazzlokale der Stadt, bevor ihn wenig später ein weiterer Bus nach Joliet beförderte. Dann las ein Trucker den Beat-Schriftsteller auf und nahm ihn bis zur Grenze von Illinois mit. Durch Zufall traf Kerouac dort eine Frau, „nicht mehr die Jüngste", die jemanden suchte, der ihren Wagen nach Davenport in Iowa fuhr,

dem Geburtsort des Jazzmusikers Bix Beiderbecke, den Kerouac verehrte. Auf dieser Etappe erhaschte der Schriftsteller den ersten Blick auf den Mississippi, der „ranzig nach Amerikas ungeschlachtem Körper" stank, wie er in *On the Road* bemerkte.

Am 28. Juli erreichte er Denver in Colorado, die Heimatstadt seines Freundes Neal Cassady. Später würde Kerouac diesen Freigeist, Ex-Gauner, Knastbruder und bemerkenswerten Briefeschreiber in *On the Road* als Dean Moriarty und in anderen Texten als Cody Pomeray verewigen. Damals steckte Cassady in einer komplizierten Situation mit drei Parallelbeziehungen und ging gleichzeitig mit seiner Ehefrau Luanne, dem Dichter Allen Ginsberg und seiner neuen Flamme und künftigen zweiten Frau Carolyn Robinson ins Bett. Daneben hatte er einen Vollzeitjob, weshalb Kerouac seinen spirituellen und brieflichen Seelenverwandten in seinen wenigen Tagen in Denver kaum zu Gesicht bekam.

Innerhalb von vierundzwanzig Stunden nach seiner Ankunft in Denver sandte Kerouac einen verzweifelten Bettelbrief an seine Mutter, weil er 25 Dollar für ein Busticket nach San Francisco brauchte. Er war schon jetzt blank und ahnte, dass die Chancen auf Mitfahrgelegenheiten durch die bergigen und öden Landschaften der Rocky Mountains, des Großen Beckens und der Sierra Nevada gelinde gesagt rar sein würden und die Aktion obendrein gefährlich war.

Als das Geld seiner Mutter endlich eintraf, brach Kerouac sofort auf. Er erhaschte Blicke durchs Busfenster auf Salt Lake City und Reno in Nevada, passierte Truckee in Kalifornien und verschlief den Großteil der restlichen Fahrt, bis man ihn auf dem Sitz wachrüttelte, als der Bus in San Fransisco, Ecke Market Street und Fourth Street, hielt. Kerouac ließ sich durch die hügeligen Straßen der Stadt treiben und ging zu Fuß über die Golden Gate Bridge in Marin County, wo er Cru treffen wollte. Aber statt des versprochenen Jobs hatte Cru ihm nur eine Anstellung als Wachmann bei der

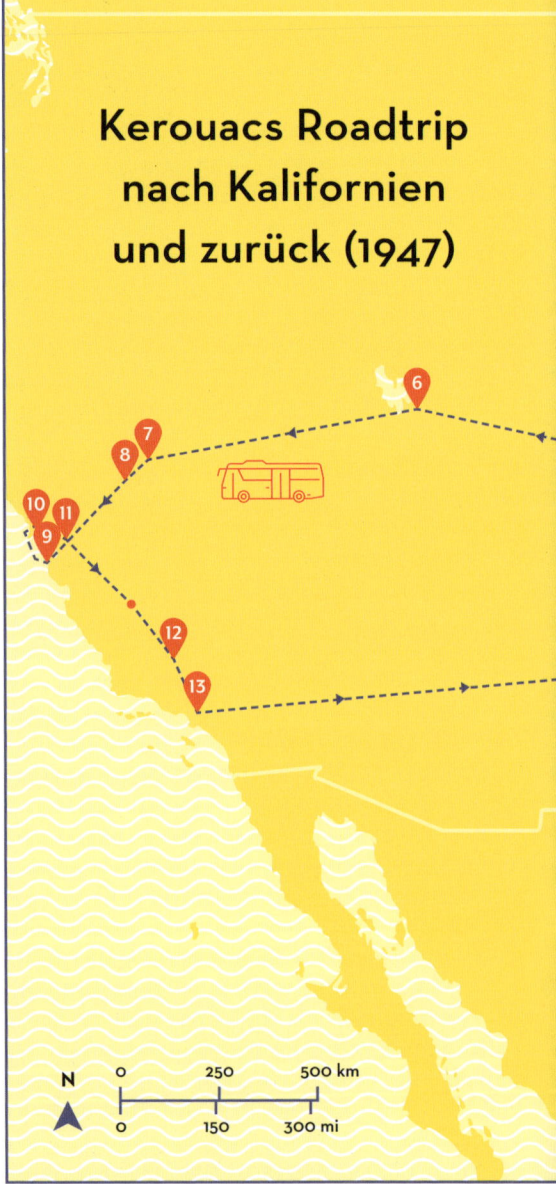

Kerouacs Roadtrip nach Kalifornien und zurück (1947)

JACK KEROUAC IST ZUM ERSTEN MAL „ON THE ROAD"

1 New York
2 Chicago
3 Joliet
4 Davenport
5 Denver
6 Salt Lake City
7 Reno
8 Truckee
9 San Francisco
10 Sausalito
11 Oakland
12 Bakersfield
13 Los Angeles
14 Albuquerque
15 Kansas City

◀ VORIGE SEITE
The Loop, Chicago.

◀ Neal Cassady und Jack Kerouac, Fotografie 1952.

▶ Marin County, Kalifornia, USA.

▲ Salt Lake City.

Polizei von Sausalito verschafft, die ausgesprochen schlecht bezahlt war, ihn jedoch immerhin mit Dienstmarke, Uniform, Waffe und Schlagstock ausstattete.

Ende September hatte Kerouac die Nase voll vom Polizeijob und gab seine Dienstmarke ab. Er bestieg den Mount Tamalpais, verabschiedete sich und nahm Kurs auf die Ostküste. Am 14. Oktober erreichte Kerouac Oakland und reiste von dort durch das San Joaquin Valley nach Bakersfield. Als wieder niemand einen Tramper aufgabeln wollte, löste er am Busbahnhof ein Ticket nach Los Angeles. In diesem Bus machte er Bekanntschaft mit Bea Franco, einer jungen Mexikanerin, die vor ihrem gewalttätigen Ehemann flüchtete. Mit Bea begann Kerouac eine romantische Beziehung, die in einem Hotel an der Main Street in Hollywood ihren Anfang nahm. Später jobbten sie zusammen als Trauben- und Baumwollpflücker, um Geld für den gemeinsamen Umzug nach New York zusammenzukratzen. Sie trennten sich mit dem Versprechen, an das weder er noch sie glaubte – dass Bea ihm nach New York folgen würde, sobald ihre familiären Angelegenheiten geklärt waren. Immerhin als Romanfigur, als Terry in *On the Road,* tauchte Bea wieder auf.

Wieder saß Kerouac im Bus, diesmal von Los Angeles nach Albuquerque in New Mexico, weiter über Kansas City und immer Richtung Osten, bis er am 29. Oktober 1947 wieder sicher in New York eintraf. Dieser Roadtrip war nun zu Ende, doch Kerouacs persönliche Reise hatte gerade erst begonnen. Tausende Kilometer würde er noch zurücklegen, bevor *On the Road* so weit war, dass er es dem ahnungslosen Lesepublikum servieren konnte.

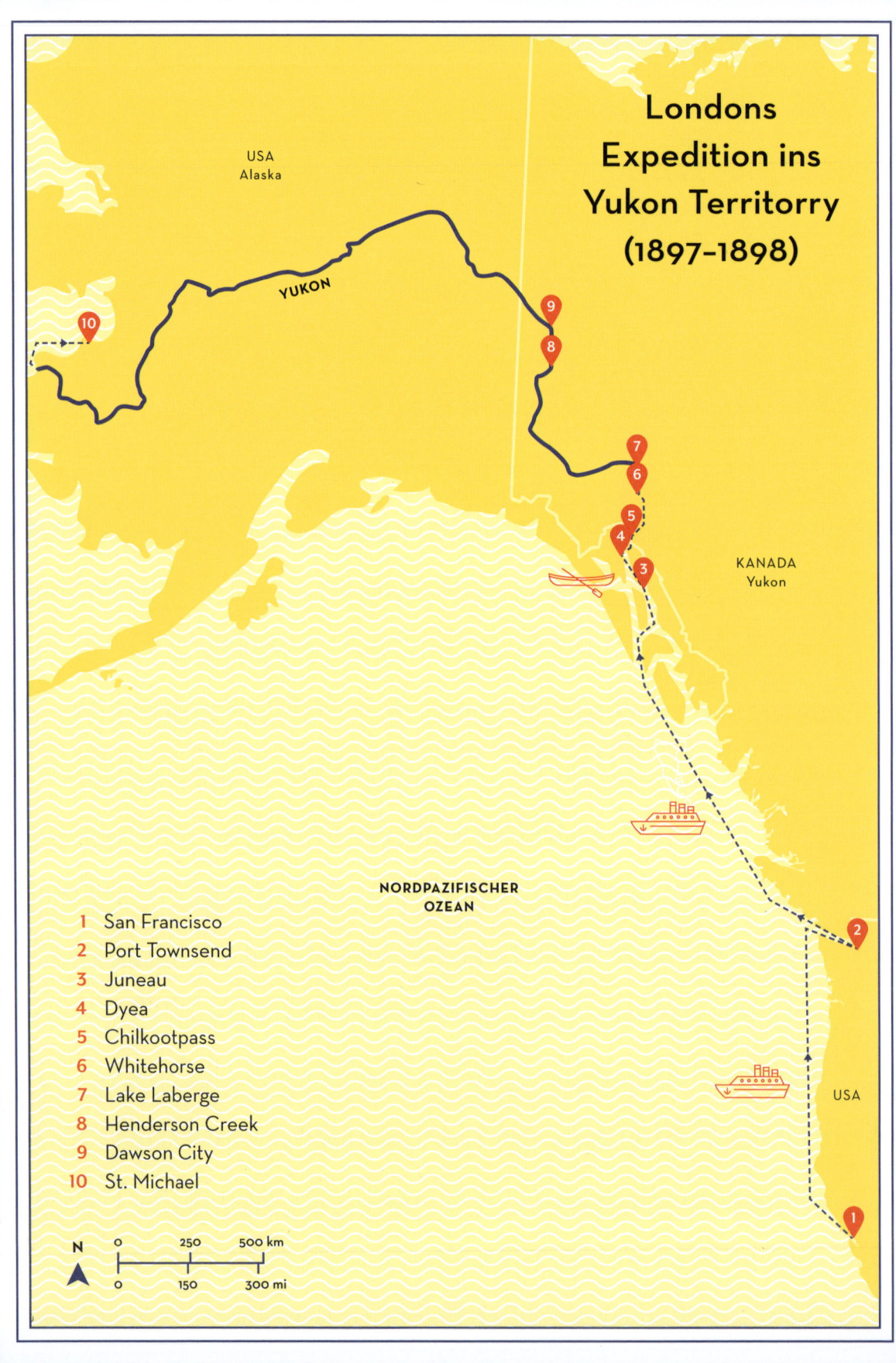

Jack London schürft am Klondike nach Gold

Auch wenn Jack London (1876–1916), wie er später schrieb, in seiner kurzen Goldschürferzeit im kanadischen Yukon Territory keinen einzigen Cent verdiente, machte er dafür seine Reise selbst zu einer Goldgrube. Was London dort zu sehen und zu hören bekam, versorgte ihn ein Leben lang mit Geschichten. Innerhalb von zwei Jahren, nachdem er den Klondike River verlassen hatte, wurde London zu einem der bestbezahlten Schriftsteller der USA und als amerikanischer Kipling gefeiert. Seine beliebtesten und langlebigsten Bücher, *Der Ruf der Wildnis* und *Wolfsblut* sowie viele andere Romane und Kurzgeschichten beziehen sich allesamt auf seinen Aufenthalt im Yukon.

Mit gerade einunzwanzig Jahren machte sich London als einer von schätzungsweise 100 000 Männern auf den Weg nach Norden, nachdem er von den Goldfunden im Yukon gehört hatte. Es war eine weitläufige, abgelegene Region in Kanada, kaum besiedelt und extrem unzugänglich, mit vergletscherten Bergzügen, Seen und dichten Fichtenwäldern. Trotz seines relativ jungen Alters konnte London bereits auf eine achtjährige Karriere als Ganove, Matrose, Vagabund, Hilfsarbeiter, Student und angehender Journalist zurückblicken. Tatsächlich versuchte er erfolglos, eine der kalifornischen Zeitungen, für die er schrieb, zu überreden, ihm seinen Trip zu den nördlich gelegenen Goldfeldern zu finanzieren und ihn als Sonderkorrespondenten einzustellen. Sein sechzigjähriger Schwager Captain James Shepard ließ sich ebenfalls von der „Klondicitis", dem Goldfieber, anstecken und wollte unbedingt mit von der Partie sein. Er verpfändete das Haus seiner Frau (offenbar mit ihrer Zustimmung), um dieses Vorhaben zu stemmen.

Damit die beiden Männer für das zu erwartende arktische Klima gerüstet waren, besorgten sie sich „pelzgefütterte Mäntel, Fellmützen, schwere hohe Stiefel, dicke Handschuhe sowie Hemden und Unterhosen aus rotem Flanell von wärmster Qualität" und kauften Bergbau- und Campingausrüstung (Zelte, Schaufeln, Äxte, Decken, Öfen usw.). Außerdem schrieb die kanadische Regierung vor, dass man beim Betreten ihres Territoriums Lebensmittel und Vorräte für ein Jahr mit sich führen solle. Der Deal zwischen den zwei Männern war, dass London den Löwenanteil der Ausrüstung zu den Goldfeldern schleppte.

Am 25. Juli 1897 hievten sich London und Shepard, in Bergmannsklamotten und schwer beladen, an Bord der *Umatilla* und schipperten von San Francisco nach Port Townsend in Washington, etwa 30 Seemeilen nördlich von Seattle. Dort stiegen sie auf die *City of Topeka* um, ein anderes Schiff mit Goldsuchern an Bord auf dem Weg nach Juneau in Alaska. Während der Reise lernten sie drei Gleichgesinnte kennen, James „Big Jim" Goodman, Ira Sloper und Fred

C. Thompson. Bereitwillig taten sich London und Shepard mit den Dreien zu einer Schürfgruppe zusammen. Im Unterschied zu den vielen Glücksrittern, die vom schnellen Geld träumten und nach Norden hetzten, war Goodman ein erfahrener Bergmann und Jäger. Sloper, wenngleich schmächtig, brachte Kenntnisse als Zimmermann mit und Thompson, ein lakonischer ehemaliger Gerichtsbeamter, besaß ein penibles Organisationstalent und schrieb die gesamte Route in seinem Tagebuch nieder, wofür ihm heute jeder für immer dankbar ist, der den Versuch unternimmt, die Fakten von Londons späteren fiktiven Geschichten zu trennen.

Am 2. August legte die Gruppe in Juneau an. Dort heuerten die Männer ein paar Tlingit-Indianer mit Kanus an, mit denen sie einige Tage darauf den 160 Kilometer langen Fjord hinauf nach Dyea paddelten. Ab hier wurde es anstrengend. Vor ihnen lag der Chilkoot Trail, ein extrem steiler, gebirgiger Zickzackpfad, den sie bewältigen mussten, um über den Chilkootpass zu gelangen – die Grenze von Alaska nach Kanada. Nach nur neun Tagen warf der bereits schwächelnde Shepard – womöglich litt er an Herzschwäche und Rheuma – das Handtuch und kehrte um. Seinen Platz nahm bald der alte Martin Tarwater ein, den sie in Santa Rosa kennenlernten und der anbot zu kochen, zu putzen und wo auch immer zu helfen, um sich der Gruppe anzuschließen. London würde Tarwater später als Figur in seiner autobiografischen Erzählung *Wie einstmals Argus* einbauen.

Bis Ende des Monats hatten sie den Chilkootpass erreicht und durften nach Kanada einreisen. Jetzt mussten sie nur noch ein Boot bauen und damit mehrere Seen und Pfade bis zum Yukon River überwinden. Dort erwartete sie eine 800 Kilometer lange Fahrt auf dem Fluss nach Norden bis Dawson City. Das Wetter kündigte bereits den nahenden Winter an und für die Gruppe begann ein Wettlauf mit der Zeit: Sie mussten den Yukon erreichen, bevor er zufror und bis zum nächsten Frühjahr völlig unpassierbar war.

In Anbetracht der drängenden Zeit entschied man sich in aller Eile für die rasante Fahrt über die Stromschnellen im Box Canyon und bei Whitehorse. Allein im Jahr danach zerschellten mindestens 150 Boote im schäumenden Sixty Mile River, einem Nebenfluss des Yukon. Doch ihr Boot, das sie auf den Namen *Yukon Belle* tauften, meisterte mit London am Ruder problemlos die White Horse Rapids und brachte seine Besatzung schnell zum Lake Laberge. Durch Nordwinde und Schneestürme ausgebremst, brauchten sie eine Woche, bis sie über den See gerudert waren. Am 2. Oktober erreichte die *Yukon Belle* den Thirty Mile River, den letzten Nebenfluss vor dem eigentlichen Yukon.

Nach sieben weiteren Tagen, nur 128 Kilometer südlich von Dawson City, erspähten sie auf einer Insel an der Mündung des Stewart River in den Henderson Creek eine scheinbar verlassene, doch brauchbare Hütte, die einst der Hudson Bay Company gehört hatte. Weil die Temperaturen sanken und der Yukon bereits zu vereisen begann, beschlossen sie, hier ihr Winterquartier zu beziehen. Nachdem die Siebensachen ausgepackt und die drei auf dreieinhalb Meter große Hütte möglichst wohnlich hergerichtet war, gingen sie auf eine kleine Schürftour und Goodman fand sogar etwas vielversprechend Glitzerndes in seiner Pfanne.

Solange der Yukon noch strömte, schickten die Männer London und Thompson nach Dawson City, um ihren Claim zu registrieren, Neuigkeiten zu erfahren und extra Vorräte zu besorgen. Der Zufall wollte es für Londons künftiges literarisches Schaffen, dass er und Thompson just neben einer Hütte, die von Louis und Marshall Bond bewohnt war, an Land gingen und ihr Nachtlager aufschlugen. Die beiden Yale-Absolventen und Sprösslinge eines der reichsten Kalifornier, des Richters Hiram Gilbert Bond, hielten den dickbärtigen London zuerst für einen typischen Klondike-

▶ Juneau, Alaska, USA.

Landstreicher, ließen sich aber rasch von der Eloquenz und der gewinnenden Persönlichkeit des Schriftstellers beeindrucken. Die Bond-Brüder besaßen einen Hund namens Jack, einen Mischling aus Bernhardiner und Schottischem Schäferhund, den London später in *Ruf der Wildnis* als Vorlage für den tierischen Helden namens Buck heranzog.

Dawson City war kaum ein Jahr alt und seine Etablissements sorgten, wie es sich für solche Orte gehört, vor allem für die niederen Bedürfnisse der Glücksjäger. Sechs Wochen blieben die zwei Männer in der Stadt, die London überwiegend in den Saloons Elkhorn und Eldorado verbrachte – wegen der Wärme und Geselligkeit, aber vor allem auch, um den alten Hasen ihre Geschichten über das Goldgräberleben zu entlocken. London wurde als ebenso guter Zuhörer wie Plauderer beschrieben, als ein sehr sympathischer Typ, dem sich Leute aller sozialen Schichten gerne anvertrauten.

Irgendwann mussten sich London und Thompson wieder auf den Rückweg nach Henderson Creek machen und marschierten bei bitteren Minusgraden in Schneeschuhen den zugefrorenen Yukon entlang zu ihren Goldgräberkumpanen. Dort harrten die Männer monatelang auf engstem Raum und in eisiger Kälte aus. Sie ernährten sich von Sauerteigbrot, Bohnen, Speckfett und Bratensoße, bis der Mangel an frischem Gemüse dafür sorgte, dass sie alle an Skorbut erkrankten.

Londons allzu freigiebiger Umgang mit den begrenzten Reserven mündete in einen Streit mit Sloper. Die Lage eskalierte, als London eine Axt des Zimmermanns zerbrach, mit der dieser das Eis für ihr Wasser hackte. London musste mit drei anderen Männern in eine benachbarte Hütte umziehen. Diese spannungsgeladene Episode ließ London später in seiner Kurzgeschichte *In einem fernen Land* aufleben, in der zwei Männer, die in einer Blockhütte am Klondike überwintern, sich am Ende gegenseitig umbringen.

Als der Yukon im Mai 1898 schließlich auftaute, demontierten London und einer seiner neuen Mitbewohner ihre Hütte und bauten aus den Hölzern ein Floß, mit dem sie nach Dawson City ruderten. Der Verkauf der Baumstämme brachte ihnen etwa 600 Dollar ein und der Schriftsteller konnte seine Skorbut-Symptome teilweise lindern, indem er rohe Kartoffeln und Zitronensaft zu sich nahm. Am 8. Juni hatte London den Entschluss gefasst, Dawson zu verlassen. Mit zwei weiteren Männern ruderte er in einem kleinen Boot den Yukon über 2400 Kilometer hinab bis zur Beringsee. Nach der strapaziösen, fast einen Monat dauernden Flussreise legten sie Ende Juni an der Küste Alaskas in St. Michael an, wo London als Heizer auf einem Dampfer nach San Francisco anheuerte. Ende Juli 1898 traf er wieder zu Hause in Oakland ein. London war körperlich am Ende und ziemlich pleite, hatte aber dafür den Kopf voller Geschichten, die er in den nächsten achtzehn Jahren erzählen und verkaufen konnte.

◀ Die Illustration zeigt einen Goldsucher-Treck auf dem Chilkootpass während des Goldrauschs in Alaska, 1897.

▶ Buchcover von *The Call of the Wild*, 1903 (dt. Titel *Der Ruf der Wildnis*).

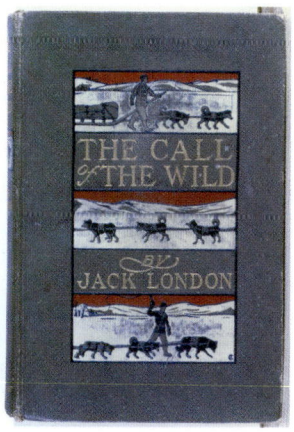

Federico García Lorca schließt Freundschaften in New York

Der spanische Dichter und Dramatiker Federico García Lorca (1898–1936), der surrealistische Weggefährte von Salvador Dalí und Luis Buñuel, erlitt im späten Frühjahr 1928 eine Depression. Sein kürzlich veröffentlichter Gedichtband *Romancero gitano,* der das Volk der Roma, die Gitano-Kultur, die Mythen und bunte Vielfalt seiner Heimat Andalusien feierte, hatte großen Anklang gefunden und den Lyriker in Spanien sozusagen auf einen Schlag berühmt gemacht. Der Erfolg belastete aber sein Verhältnis zu Dalí. Lorca gewann zunehmend den Eindruck, dass Buñuel (und andere) seine Freundschaft mit dem Maler und Lorcas Ruf generell untergraben wollten. Großen Kummer bereitete ihm obendrein, dass der attraktive Bildhauer Emilio Aladrén, mit dem er eine wahrscheinlich (sexuell) unerwiderte Liebesbeziehung eingegangen war, sich nun ernsthaft Eleanor Dove zuwandte, einer im Kosmetikhandel in Madrid tätigen Engländerin.

Besorgt um die psychische Gesundheit ihres Sohnes, suchten Lorcas Eltern Rat bei seinen Freunden in Madrid, von denen einer vorschlug, dass eine Reise außerhalb Spaniens dem Dichter guttun könnte. Kurze Zeit später kündigte Lorca an, er würde Fernando de los Ríos, den sozialistischen Politiker und Juraprofessor an der Universität von Granada, zu dessen Schützlingen er zählte, nach New York begleiten, wo de los Ríos an der Columbia University einen Vortrag halten sollte.

Lorcas Ankunft in den USA wurde in der hispanischen Literaturszene mit Spannung erwartet. Als er am 29. Juni 1929 von Bord ging, begrüßte ihn eine Gruppe spanischer Bekannter und Journalisten am Kai. Unter ihnen waren Federico de Onís, der den Lehrstuhl für Spanisch an der Columbia University innehatte, und Angel del Rio, der ebenfalls Mitglied der dortigen spanischen Abteilung war und später eine Studie über Lorca veröffentlichen sollte. De Onís schrieb den Dichter als Englischstudenten ein und verschaffte ihm dadurch auf dem Morningside Campus der Universität ein Zimmer (Nr. 671) in der Furnald Hall. Lorca besuchte zwar fleißig diesen Kurs, der Ausländern Sprachgrundlagen vermitteln sollte, doch seine Englischkenntnisse blieben bestenfalls rudimentär. Del Rio erinnerte sich, dass Lorca nach neun Monaten in Amerika nur überlebte, weil er die wichtigsten Sätze auswendig lernte, und dass seine Aussprache schrecklich war.

Die Topografie der Stadt und der übersichtliche, schachbrettartige Grundriss erleichterten dem Dichter sehr, sich in New York zurechtzufinden. Lorca liebte es, durch die belebten Straßen zu schlendern. Er war ständig unterwegs – in Harlem, The Battery und der Lower East Side, auf dem Broadway und der Fifth Avenue – und besuchte Jazzclubs, Kinos, Musicals, Diners und Speakeasys (damals galt noch die Alkoholprohibition). Manche Titel seiner fast halluzinatorischen Gedichte, die er nach seinen Streifzügen schrieb, wie „Landschaft mit Menschenmenge, die sich erbricht (Abend auf Coney Island)", „Landschaft mit urinierender Menschenmenge

(Battery-Place-Nocturne)", „Schlaflose Stadt (Broooklyn-Bridge-Nocturne)", vermitteln eine Ahnung davon, wie tief er in die zwielichtigen Gegenden eintauchte, die ihn gleichermaßen begeisterten und abschreckten. Auch die Vielfalt der Bewohner sowie ihre ethnische und religiöse Verschiedenheit faszinierten ihn. Er besuchte Gottesdienste in protestantischen Kirchen, deren schmucklose Ausstattung und nüchterne Rituale seine Liebe zum Spektakel der spanisch-katholischen Tradition, in der er aufgewachsen war, nur noch verstärkte. Schon eher nach seinem Geschmack waren die Liturgie und Musik, denen er in der sephardischen Synagoge Shearith Israel, Ecke Central Park West und 70th Street, gebannt lauschte.

Der Dichter Hart Crane, mit dem Lorca einen feucht-fröhlichen Abend mit betrunkenen Matrosen verbracht haben soll, zählte zu seinen Bekanntschaften mit US-amerikanischen Literaten in New York. Auch die Schriftstellerin und Krankenschwester Nella Larsen gehörte dazu, deren Vater Schwarz und deren Mutter dänischer Herkunft war. Larsen machte ihn mit den afroamerikanischen Kirchen und Nachtclubs in Harlem vertraut. Zu Lorcas Stammlokal wurde das Small's Paradise, einer der populärsten Jazzclubs in Harlem, im Keller von 2294 Seventh Avenue. Eine seiner ersten lyrischen Reaktionen auf New York war das Gedicht „Der König von Harlem", in dem er das Elend der Schwarzen Bevölkerung und das seiner Ansicht nach rassistische, kapitalistische System der USA scharf anprangerte.

Unterwegs am Broadway, stieß er eines Abends auf einen alten englischen Freund, Campbell Hackforth-Jones, den er aus Spanien

▼ Im Small's Paradise, Nachtclub in Harlem, New York, 1929.

▶ Blick auf das Empire State Building, New York.

kannte und den sein Vater, ein Londoner Börsenmakler, nach New York geschickt hatte, um in einer Partnerfirma an der Wall Street eine Lehre zu machen. Von da an verbrachte Lorca mit Hackforth-Jones und dessen Schwester Phyllis in ihrer Mietwohnung nahe der 70th Street viele fröhliche Nächte mit geschmuggeltem Gin. Der Engländer führte ihn auch durch die New Yorker Börse. Diese Konfrontation mit dem schier dionysischen Geldrausch floss unmittelbar in Gedichte wie „Totentanz" ein, in denen Lorca schonungslos die Finanzspekulationen an der Wall Street anklagte.

Als Lorca sich ein paar Monate später unter die aufgebrachte Menge mischte, die sich nach dem Börsenkrach vom 29. Oktober 1929 in der Wall Street versammelte, sah er laut eigener Aussage mindestens einen Banker, der sich aus dem Fenster eines nahen Wolkenkratzers in den Tod stürzte.

Zuvor jedoch hatte Lorca in der Sommerpause Manhattan verlassen und war der Einladung des amerikanischen Dichters Philip Cummings und dessen Eltern in ihr Ferienhaus in Vermont gefolgt, am Lake Eden in den Ausläufern der Green Mountains. In der ruhigen Umgebung und wohltuenden Natur beruhigten sich die Nerven des Dichters, die in New York allmählich blank lagen. Nach zehn Tagen in Vermont reiste Lorca weiter zu Del Rio und dessen Frau

Amelia in ein Holzhaus auf einer Farm in Bushnellsville, in der Nähe von Shandaken in den Catskills. „Gedichte vom Lake Eden Mills" und die Sequenz „In der Hütte des Farmers" gehören zu Lorcas fernab der Metropole entstandenen Versen.

Am 21. September 1929 kehrte der Dichter nach New York zurück und bezog Zimmer Nr. 1231 in der John Jay Hall, im Herzen des Campus der Columbia University. Es war seine letzte bekannte Adresse in New York. Hier entstanden viele Verse, die in seinem Gedichtszyklus *Dichter in New York* posthum erscheinen sollten. Kurze Zeit später lud ihn die Institución Hispano-Cubana de Cultura ein, im nächsten Frühjahr in Havanna Vorlesungen zu halten – eine willkommene Abwechslung für den Dichter, der mittlerweile sehr an Heimweh litt. Wie sein Biograf Ian Gibson schrieb, wurde Lorca erst in Manhattan bewusst, „wie leidenschaftlich er sein Heimatland liebte". Als er New York am 4. März 1930 mit dem Zug in Richtung Tampa in Florida verließ, um dort auf den Dampfer nach Kuba zu steigen, war Lorca wahrscheinlich „spanischer, andalusischer und granadischer denn je", wie ein zeitgenössischer Kommentator geistreich bemerkte.

▼ Lake Eden, Vermont, USA.

Katherine Mansfield sammelt Geschichten in einem deutschen Kurort

Auf einem Streifzug durch Bad Wörishofen im bayerischen Allgäu, seinerzeit ein aufstrebender Kurort, stößt man im Kurpark am Eisbergweiher auf eine Statue der neuseeländischen Schriftstellerin Katherine Mansfield (1888–1923). Sie zählt zu den berühmtesten Kurgästen, die wegen der vom örtlichen katholischen Pfarrer Sebastian Kneipp entwickelten und populär gemachten Hydrotherapie in Wörishofen weilten. Zu Mansfields Zeiten zählte der Kurort etwa 3000 ständige Bewohner. Dazu gesellten sich jährlich über 9000 Heilsuchende, die in dem ruhigen Städtchen vor erhabener Alpenkulisse die Kneippschen Anwendungen genossen – meist in Form eiskalter Güsse.

Dass Mansfield die Ehre einer Statue zuteil wurde, überrascht fast, da sie in ihrer ersten, im Dezember 1911 erschienenen Kurzgeschichtensammlung *In einer deutschen Pension* ein erstaunlich scharfzüngiges Bild von der Wörishofer Bürgerschaft zeichnete. Laut Aussage ihres zweiten Ehemanns, John Middleton Murry, hatte Mansfield im Ersten Weltkrieg eine Neuveröffentlichung des Erzählbands abgelehnt aus Furcht, dass ihre jugendlich-satirischen Kommentare, mit denen sie sich über bestimmte germanische Charakterzüge und kulinarische Gewohnheiten mokierte, von patriotischen britischen Propagandisten missbraucht würden.

Trotz jugendlicher Schwächen markierte dieser Erzählband das Debüt einer einzigartigen, modernen Schriftstellerin. Seine gesamte Entstehungszeit bis zur Publikation waren von Krankheit, persönlichen Tragödien, scheiternden Liebschaften und emotionalen Wirren überschattet. Mansfields Biografen konnten die meisten Geschehnisse jener Jahre grob skizzieren, doch einiges bleibt umstritten und die Versuche, das Gesamtbild zu vervollständigen, scheitern deshalb, weil Mansfield entschied, fast ihren gesamten Briefwechsel aus dieser Zeit und ihre „Jammertagebücher", wie sie ihre 1909 bis 1912 notierten Erinnerungen nannte, zu vernichten.

Mansfield, die in Neuseeland aufgewachsen und teilweise in London zur Schule gegangen war, war eine ausgesprochen freigeistige und sexuell ungezwungene junge Frau, die Männer ebenso wie Frauen begehrte. Als sie 1908 wieder nach London zog, ging sie ein Verhältnis mit dem Geiger Garnet Trowell ein, für dessen Zwillingsbruder sie zuvor ebenfalls Gefühle gehegt hatte. Für eine kurze Zeit lebte sie bei den Trowells, zog jedoch nach heftigem Streit mit Garnets Eltern, die mit der Beziehung nicht einverstanden waren, wieder aus. Da war sie bereits im dritten Monat von dem Musiker schwanger. Aus diesem Grund nahm sie sofort den Heiratsantrag des älteren Gesangslehrers George Bowden an, verließ ihn allerdings am Morgen nach der Hochzeitsnacht wieder, da sie sich nicht überwinden konnte, diese Ehe zu vollziehen. Um ihrer Liebe zu Garnet, der mit einer Operntruppe auf Tournee war, noch eine

Chance zu geben, reiste Mansfield zu ihm nach Liverpool. Fast einen Monat ging sie mit ihm auf Tour, bevor sie die Beziehung für beendet erklärte und ins belgische Brügge reiste, wo sie sich etwas ausruhte und über ihre Optionen nachsann.

Die Kunde vom Scheitern ihrer überstürzten Ehe sowie Gerüchte über die Liaison mit Garnet und eine womöglich homoerotische Freundschaft mit ihrer Londoner Vertrauten und früheren Klassenkameradin Ida Baker erreichten bald Neuseeland und dort auch Mansfields Mutter, Annie Beauchamp. Beauchamp brach sofort nach England auf. Als sie am 27. Mai 1909 in London eintraf, stellte sie gleich ihre Tochter zur Rede. Anschließend verfrachtete Beauchamp ihr missratenes Kind nach Deutschland. Einige Biografen bezweifeln, dass sie von der Schwangerschaft ihrer Tochter wusste, während andere – was überzeugender klingt – meinen, sie hätte Mansfield gezielt auf den Kontinent gebracht, damit dort das uneheliche Kind geboren und zur Adoption freigegeben werden konnte, fernab der anständigen britischen bzw. neuseeländischen Gesellschaft. Sicher ist, dass Mansfield am 4. Juni im Hotel Kreuzer in der Kneippstraße in Wörishofen untergebracht wurde und dort rund eine Woche wohnte. Die günstigere Pension Müller in der Türkheimer Straße, wohin die Schriftstellerin anschließend umzog und in der sie fast zwei Monate blieb, diente ihr als Vorlage für die deutsche Pension in ihren späteren Erzählungen.

Laut ihrem Biografen Jeffrey Meyers zog sich Mansfield eine starke Erkältung zu, nachdem sie bei Kneippschen Anwendungen barfuß im nahe gelegenen Wald unterwegs gewesen war. Sie fühlte sich krank, einsam und ausgegrenzt, die Mutter war längst nach Neuseeland zurückgekehrt. Diese Umstände verliehen den Schilderungen, die sie während ihrer Genesung schrieb, besondere Schärfe. Ein wenig Wärme fand sie bei Fräulein Rosa Nitsch, die über dem

◀ Alpenpanorama im bayerischen Unterallgäu.

Postamt am Kasinoweg (heute Bonifaz-Reile-Weg) eine Leihbücherei betrieb. Nachdem sie einen schweren Koffer angehoben hatte, erlitt Mansfield jedoch eine Frühgeburt und ihr Baby kam tot zur Welt. Ende September 1909 kam sie bei der Familie von Johann Brechenmacher in der Kaufbeurer Straße unter und blieb dort bis zu ihrer endgültigen Abreise im Januar 1910. Der Familienname sollte in ihrer Erzählung „Frau Brechenmacher besucht eine Hochzeitsfeier" weiterleben.

Zurück in London wagte Mansfield einen kurzlebigen Versöhnungsversuch mit Bowden und zog für die nächsten zwei Monate zu ihm in die Junggesellenwohnung am Gloucester Place in Marylebone. Bowden war beeindruckt von ihren Geschichten, die sie in Wörishofen geschrieben hatte. Er schlug vor, sie an *New Age* zu schicken, eine neue progressive Zeitschrift, die A. R. Orage herausgab. Nachdem er die Kurzgeschichte „Das Kind, das müde war" gelesen hatte, stimmte Orage sofort der Veröffentlichung zu. Mansfields Erzählung erschien in der Ausgabe vom 23. Februar 1910, neun weitere wurden bis August abgedruckt. Sechs Monate später empfing die Londoner Literaturszene Mansfields Erzählband *In einer deutschen Pension* mit großer Begeisterung. Kurz nach der Veröffentlichung stellte man ihr John Middleton Murry vor, den Herausgeber der fortschrittlichen Zeitschrift *Rhythm*. Er wurde ihr Verleger und in rascher Folge ihr Vermieter, Liebhaber und schließlich Ehemann. Leider starb Mansfield im viel zu jungen Alter von vierunddreißig Jahren an Tuberkulose, doch in der kurzen Zeit, die ihr auf Erden vergönnt war, hatte sie mehr erlebt als manche Literaten in doppelt so vielen Jahrzehnten.

◀ Sebastian Kneipps Pfarrhaus im bayerischen Wörishofen, um 1890.

▶ Illustration mit Erläuterungen der Kneipp-Kur für englischsprachige Kurgäste.

KNEIPP CURE.

Fig. 1. The Knee-jet.

Fig. 2. The Head-affusion.

Fig. 3. Walking barefoot in wet grass.

Herman Melville erkundet die Weltmeere

Herman Melville (1819–1891) sei „nicht gerade ein Landtier" gewesen, meinte D. H. Lawrence, der im ersten Viertel des zwanzigsten Jahrhunderts mit Virginia Woolf zu einer Autoren- und Kritikergeneration gehörte, die sich für Melvilles über Jahrzehnte missachtetes und vergessenes Werk stark machte.

In New York als Sohn einer sehr respektablen amerikanischen Familie schottisch-holländischer Herkunft geboren, konnte Melville nicht absehen, was das Schicksal für ihn einmal bereithielt. Sein Vater Allan leitete ein florierendes Großhandelsunternehmen für schicke Importwaren, das der Familie genügend Einkommen für ein angenehmes Leben in einem stattlichen Haus mit schönem Garten bescherte. Am Broadway 675, im eleganten „Bond Street"-Viertel von Manhattan, wohnten außer ihnen nur vornehme Geschäftsleute. Eine Gouvernante kümmerte sich um die Erziehung von Herman und seinen Geschwistern. Die Geschäfte führten Melvilles Vater auch über den Atlantik, wo er Waren beschaffte und Deals mit europäischen Lieferanten und Herstellern aushandelte. Wenn der Vater von seinen Reisen erzählte und die Eindrücke von Paris, Bordeaux, London, Liverpool und Edinburgh schilderte, hing der junge Melville an dessen Lippen. Die Regale der väterlichen Bibliothek standen voll mit Bänden in französischer Sprache, Reiseberichten und Reiseführern – mehr als genug, um mit wilden Geschichten und Bildern von fernen Ländern die Fantasie des Jungen zu beflügeln. Als es aber für Melville so weit war, seine eigene Odysee in die „Alte Welt" zu wagen, reiste er nicht als reicher Kaufmann, sondern als gewöhnlicher Seemann, noch dazu als rangniedrigster, ungelernter „Schiffsjunge".

Melville war elf Jahre alt, als sein Vater in Konkurs ging und die Familie in das etwas nördlich gelegene Albany zu Melvilles Großeltern mütterlicherseits, Onkel, Tanten und sonstiger Verwandtschaft ziehen mussten. Innerhalb von zwei Jahren starb der Vater und Melvilles Mutter Maria stand hoch verschuldet und mit acht Kindern alleine da. Melville und sein älterer Bruder Gansevoort mussten für den Familienunterhalt sorgen. Melville arbeitete zwei Jahre als Hilfskraft in einer New Yorker Bank und half auf der Farm seines Onkels bei Pittsfield (Massachusetts), danach assistierte er seinem Bruder Gansevoort in dessen Pelzgeschäft. Im Zuge der Bankenpanik an der Wall Street 1837 ging auch Gansevoorts Pelzgeschäft pleite. Für Melville begann eine trostlose Zeit als Dorfschullehrer. Er belegte ein Seminar in Ingenieurwissenschaften und machte sich erfolglos auf die Suche nach einem (fast egal welchem) Job. Nachdem er alle andere Optionen an Land ausgeschöpft hatte, kam Melville zwei Monate vor seinem zwanzigsten Geburtstag in seiner Verzweiflung der Gedanke, es einmal auf den Weltmeeren zu versuchen.

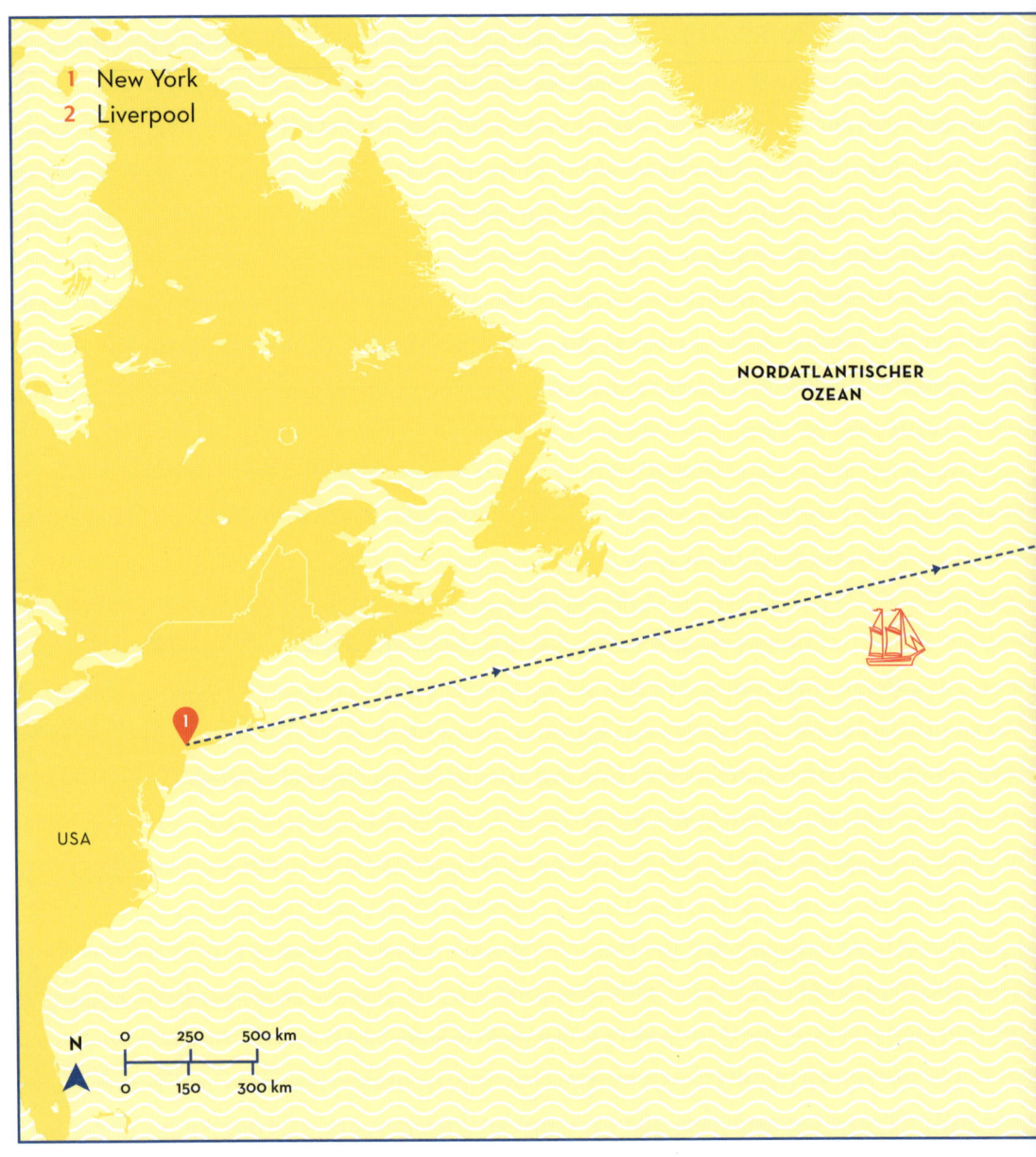

◀ VORIGE SEITE Liver Building, Pier Head, Liverpool, England.

Melvilles Reise von New York nach Liverpool (1837)

Wegen seines recht jungen Alters und der fehlenden seemännischen Erfahrung heuerte er auf der *St. Lawrence* im niedersten Rang an. Das Paketschiff, ein rahgetakelter Dreimaster, stand unter dem Kommando von Kapitän Oliver P. Brown und war auf dem Weg nach Liverpool, England. Die Abfahrt aus New York verzögerte sich durch auflandigen Wind und Dauerregen, der drei Tage lang anhielt. Womöglich war dies ein böses Omen für einen Jungen, dessen realitätsferne romantische Erwartungen an diese Überfahrt von seiner Liebe zu Lord Byrons Gedichten genährt wurden und die auf seine eigenen, seit Kurzem entstehenden jugendlichen Texte erkennbaren Einfluss hatten. Am Mittwoch, dem 5. Juni 1837, legte die *St. Lawrence* mit 920 Baumwollballen und wenigen Passagieren an Bord endlich von Pier 14 des New Yorker Hafens ab. In der offiziellen Besatzungsliste ist ein „Norman Melville (Alter 19; Größe 1,74 m; Hautfarbe hell; Haare braun)" aufgelistet – der fehlerhafte Vorname rührt wahrscheinlich daher, dass der Zahlmeister Hermans bekanntlich unleserliche Handschrift nicht entziffern konnte.

Ganze siebenundzwanzig Tage brauchte die *St. Lawrence,* bis sie den River Mersey erreichte und am Prince's Dock anlegte – siebenundzwanzig Tage harter Schule für Melville, in denen er die raue Wirklichkeit des Lebens an Bord erfuhr. Als kleinem Schiffsjungen oblag ihm die Drecksarbeit, er hatte die Decks zu fegen und zu wischen, die Masten abzuwaschen, Leinen aufzuschießen sowie die Segel zu lockern und loszumachen. Ad hoc musste er Namen und Gebrauch unzähliger Taue kennen und wissen, wie eine verrückte Anzahl an Knoten zu knüpfen war, musste Wache halten und den Schweine- und Hühnerstall an Bord ausmisten.

Offenbar machte er seine Sache einigermaßen ordentlich und war stolz darauf, sich Zweiflern gegenüber zu behaupten. Melville war aus einem anderen Holz geschnitzt als die Männer seiner Crew, unter denen es viele

Raubauze gab, die ihn wegen seiner nautischen Unkenntnis, Lust am Lesen und bürgerlichen Manieren gnadenlos hänselten.

In *Mardi und eine Reise dorthin,* seinem dritten Roman, soll Melville mehreren Biografen zufolge eine Beschreibung seiner eigenen Situation auf der *St. Lawrence* geliefert haben:

„Auf See nun und in der Gemeinschaft der Seeleute erscheinen alle Männer so, wie sie sind. Keine bessere Schule als ein Schiff, will man die menschliche Natur studieren. Der Kontakt von Mann zu Mann ist zu nah und konstant, als dass er Täuschung beförderte. Salopp trägt man seinen Charakter wie die flatternden Hosen. Umsonst alle Mühe, andere Eigenschaften anzunehmen als die eigenen; oder die zu verhehlen, die man hat. Inkognitos, obwohl wünschenswert, kommen nicht infrage. Und daher war ich an Bord aller Schiffe, mit denen ich fuhr, gleichermaßen unter einer Art Salonname bekannt. Nicht – um das rasch zu sagen – dass ich mit sauertöpfischer Miene in den Teertopf gegriffen oder die Takelage mit Chesterfield'scher Ziererei erklommen hätte. Nein, nein, ich war nie besser als meine Tätigkeit; und ich hatte derer viele. Ich wirkte braun wie eine Kastanie, handfest, als die teerigste Teerjacke von allen; und nie schalt mich mein Schiffsmaat wegen einer vornehmen Abneigung gegenüber meiner Pflicht, obwohl diese mich in den wölfischsten Wind trieb, der je heulte, bis zum Flaggenknopf des Hauptmasts und zum Klüverbaumende.

Warum denn dann diese ärgerliche Benennung? (Denn ärgerlich war sie ganz gewiss.) Sie gründete auf etwas in mir, was nicht zu verbergen war, was sich in einer gelegentlichen Vielsilbigkeit bemerkbar machte, einer andererseits unverständlichen Bedächtigkeit beim Essen, in abseitigen, unbedachten Anspielungen auf Literarisches und in anderen, nicht erwähnenswerten Lappalien."

Ironischerweise war *Mardi und eine Reise dorthin* Melvilles erster Flop. Dieser Misserfolg nötigte ihn, in rascher Folge *Redburn* und *Weißjacke* herauszubringen, zwei viel geradlinigere Seefahrergeschichten, welche die Buchkäufer erleichtert aufseufzen ließen und nach dem ausufernden Philosophieren und den verworrenen Handlungssträngen des Vorgängerbuchs als Rückkehr zu früherer Form begrüßten. Dagegen wertete Melville selbst diese beiden Romane stets ab. In einem Brief tat er sie als „zwei Aufträge" ab, die er nur des Geldes wegen angenommen hatte, „ich war dazu gezwungen wie andere Männer zum Holzsägen". Allerdings ist fraglich, ob Melville jemals in der Lage gewesen wäre, *Moby-Dick* zu schreiben, dieses weitschweifige Werk über die fanatische Jagd des holzbeinigen Kapitäns Ahab auf den weißen Wal, hätte er zuvor nicht diese beiden Romane in solch einem Tempo und mit solcher Präzision fertiggestellt. Außerdem hielten ihn deren Verkäufe auf dem Buchmarkt im Gespräch. In seinem in nur zehn Wochen geschriebenen Roman *Redburn* mit dem Untertitel *Seine erste Reise – Geständnisse und Erinnerungen des Sohnes eines Gentleman im Handelsdienst,* lieferte er zudem einen kunstvoll fiktionalisierten Bericht über seine Zeit auf der *St. Lawrence.* So wie Charles Dickens mit David Copperfield, wies Melvilles Biografie mit der des Schiffsjungen Wellingborough Redburn viele Gemeinsamkeiten auf, bis hin zum Verlust eines weitgereisten und belesenen Vaters, der bankrott ging.

Bis zum 13. August lag die *St Lawrence* in Liverpool vor Anker. Die Besatzung war mit der Vorbereitung für die Rückreise beschäftigt und hatte genügend Freizeit zur Erkundung der Stadt. Melville, der zum ersten Mal außerhalb der USA weilte, nutzte dies ausgiebig, auch wenn er kein Geld hatte, was seine Erfahrungen und Streifzüge in der Stadt einschränkte. Liverpool war erst kürzlich zum zweitgrößten Hafen aufgestiegen. Angetrieben wurde das rasante, unkontrollierte Wachstum durch den transatlantischen Sklavenhandel und den Ausbau des Kanalnetzes zu den landeinwärts gelegenen Mühlenstädten von Lancashire. Während die Stadtherren sich an ihrem Glück und Wohlstand erfreuten, war Melville erschüttert von der Armut und den Bettlern in den Slums am Hafen von Liverpool, was er in *Redburn* ausgiebig als modernes Sodom und Gomorra beschrieb.

Auf der Rückfahrt gen Westen war das Schiff erneut schlechter Witterung ausgesetzt. So dauerte es siebenundvierzig Tage, bis der heimwehkranke Melville endlich am 30. September 1839 nach New York zurückkehrte. Die Zeit auf See hatte ihn verändert. Doch war er weder reicher als vor der Abreise, noch hatte sich die Lage seiner Familie augenscheinlich verbessert. Ein weiteres Mal versuchte Melville es als Lehrer. Dann fuhr er nach New Bedford in Massachusetts, die „Walfängerstadt", von wo aus er im Januar 1841 mit der *Acushnet* in den Pazifik auslief. Im folgenden Jahr desertierte er vor den polynesischen Marquesasinseln von der *Acushnet* und sammelte zahllose Erfahrungen als Harpunier und Meuterer. Von Tahiti bis nach Hawaii hangelte er sich von einem Schiff zum nächsten, bevor er sich 1844 bei der US-Marine meldete und auf diese Weise seine Heimreise sicherte.

Die positiven Reaktionen auf seine abenteuerlichen Berichte bestärkten ihn darin, sie aufzuschreiben. Daraus entstand sein Roman *Typee* (dt. Titel *Taipi*), der erstmals 1846 in Großbritannien von der Londoner Verlagsbuchhandlung John Murray – Byrons Verlegern – gedruckt wurde. Und ähnlich wie sein früheres dichterisches Idol erwachte auch Melville eines Morgens und war plötzlich berühmt. Leider war seine Berühmtheit zu Lebzeiten nur von kurzer Dauer.

▼ Stich von Prince's Dock in Liverpool, England, 1840.

Alexander Puschkin erholt sich im Kaukasus und auf der Krim

Bekanntlich verbannte der antike Philosoph Platon in seinem Werk *Politeia* die Dichter aus seiner Idealstadt, weil er fürchtete, ihre erdachten Verse übten schädlichen Einfluss auf die Bürger aus. Wie um dies zu beweisen, wurde Alexander Puschkin (1799–1837), einer der meist verehrten russischen Dichter, zur ernsthaften Bedrohung der nationalen Sicherheit erklärt, als die aufständischen Dekabristen im Dezember 1825 Puschkins Gedicht „Ode an die Freiheit" zitierten. Seine politischen Verse bescherten dem Dichter Zeiten des Exils sowie der offiziellen Zensur und er entging mehr als einmal nur knapp dem Gefängnis und der Exekution.

Sein literarisches Debüt gab Puschkin im zarten Alter von vierzehn Jahren, als er noch eine Eliteschule besuchte, das Kaiserliche Lyzeum in Zarskoje Selo. Nach dem Abschluss nahm er eine Stellung im Kollegium für Auswärtige Angelegenheiten an, bevor er sechs Jahre später erstmals in Konflikt mit den russischen Behörden geriet. Damals kamen der Sankt Petersburger Polizei einige seiner Verse zu Ohren, in denen er den Zaren Alexander verspottete und die Leibeigenschaft auf dem Land anprangerte. Glücklicherweise verwendeten sich einflussreiche Freunde für Puschkin und er entging einem Todesurteil oder der Verbannung nach Sibirien, was manche für noch schlimmer als den Tod erachteten.

Nachdem der Dichter gelobte, das Schreiben politischer Gedichte fortan zu unterlassen, wurde er in die Kanzlei des Generals Iwan Inzow strafversetzt. Man hoffte, dass der versierte Beamte dem talentierten, aber aufmüpfigen jungen Herrn ein korrektes Gespür für Glaube und Moral vermitteln würde. Inzow war damals in der südrussischen Stadt Dnipro (damals Jekaterinoslaw) am Fluss Dnjepr in der heutigen Ukraine stationiert, sollte aber bald zum bevollmächtigten Gouverneur von Bessarabien ernannt werden, was seinen Umzug in die Provinzhauptstadt Chișinău (Kischinew) in der Republik Moldau bedeutete. Dort sollte Puschkin die nächsten drei Jahre verbringen. Zuvor war Puschkin ein kurzes Reise-Intermezzo durch den Kaukasus und die Krim vergönnt. Der Aufenthalt, den er später als eine der glücklichsten Zeiten seines Lebens bezeichnete, wirkte sich tiefgreifend auf sein späteres literarisches Schaffen aus.

Puschkins Reise in den Süden, den er als „glühend heiße Grenze Asiens" beschrieb, begann in der ersten Maiwoche 1820 mit dem Aufbruch von Sankt Petersburg nach Dnipro. Nach einer einwöchigen Reise erreichte der Dichter Kiew, wo er mit seinem Freund

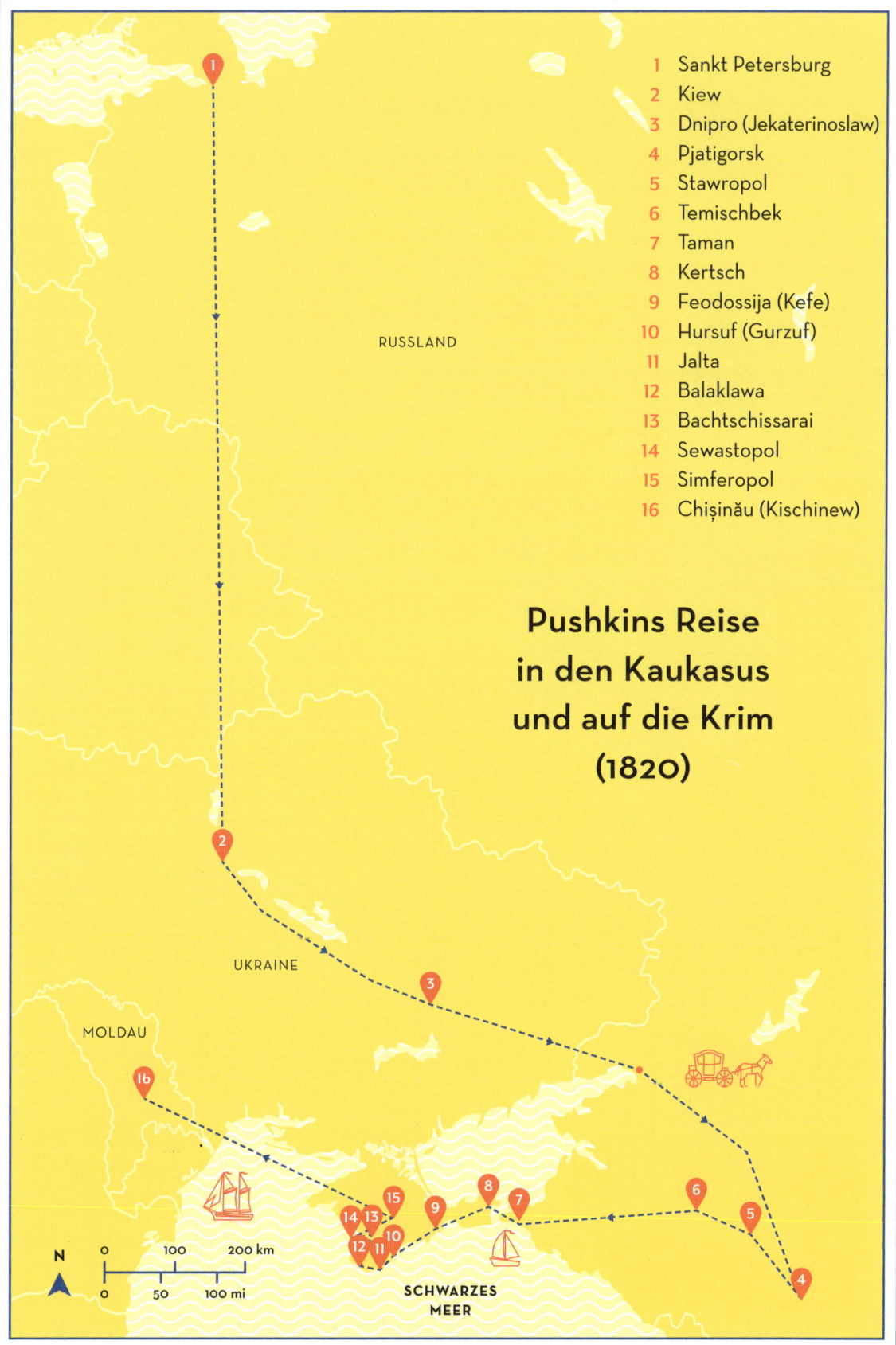

Nikolai Rajewski, einem jungen Husaren, und dessen Vater, dem General Nikolai Nikolajewitsch Rajewski, einem hochrangigen Militärkommandanten, den Abend verbringen wollte. Die beiden Männer waren mit den zwei jüngsten Töchtern des Generals auf der Durchreise in den Kaukasus. Dort weilte gerade der älteste Sohn des Generals, Alexander, im Heilbad von Pjatigorsk an den Hängen des Berges Maschuk. Im Anschluss plante die Familie, mit ihrem Gefolge auf die Krim weiterzureisen, wo sie sich mit der Gattin des Generals und den zwei ältesten Töchtern treffen wollten, die dort ein paar Tage Ferien machten. Weil ihre erste Etappe über Dnipro führte, erklärte sich der General einverstanden, mit Inzow zu reden und anzufragen, ob Puschkin sie auf dieser Urlaubsreise begleiten dürfte.

Am nächsten Morgen brach Puschkin nach Dnipro auf, wo er nach drei Tagen eintraf und bei Inzow vorstellig wurde. Offenbar hinterließ er bei seinem neuen Vorgesetzten einen guten ersten Eindruck. Bald war Inzow aber mit den Vorbereitungen auf seine neue Gouverneursstelle so beschäftigt, dass der Dichter wenig zu tun hatte. Die meiste Zeit verbrachte er am Flussufer und segelte, schwamm oder faulenzte, bis er sich vom vielen Wassersport eine Erkältung zuzog. Als die Rajewskis am 26. Mai in Dnipro eintrafen, fanden sie einen ungepflegten, unrasierten und fiebernden Puschkin in dessen gemieteter Bleibe vor. General Rajewski konnte Inzow davon überzeugen, dass Puschkin den Sommer mit den Rajewskis verbrachte, um die (geistige und körperliche) Genesung des Dichters voranzutreiben, und dass er im Herbst, sobald Inzow in Chișinău eingerichtet war, in den Dienst des Gouverneurs zurückkehren würde.

Sie verließen Dnipro am 28. Mai in zwei großen Kutschen und einer Kalesche (einem offenen Wagen mit Faltverdeck) und trafen am 6. Juni in Pjatigorsk ein. Die Route führte entlang der Taganroger Bucht, wo sie alle ausstiegen und die wunderbare Aussicht aufs Asowsche Meer bewunderten.

In Pjatigorsk machte Puschkin Bekanntschaft mit dem nur vier Jahre älteren Alexander Rajewski. Der charmante, zynische Alexander, ein lyrikbegeisterter Byron-Anhänger, übte kurzzeitig starken Einfluss auf Puschkin aus. Später sollte Alexanders Unaufrichtigkeit ziemlich spektakulär zur Zerrüttung ihrer Freundschaft führen, was ihm Puschkin in seinem Gedicht „Der Dämon" 1823 recht unverhüllt heimzahlte.

In Pjatigorsk unterzogen sich Puschkin und die anderen Erwachsenen der Reisegruppe einer strengen Bade- und Reinigungskur und erkundeten interessiert die anderen Kurorte der näheren Umgebung. In einem Brief an seinen Bruder schrieb Puschkin, dass ihm das Wasser im Kaukasus „sehr geholfen hat, besonders die heißen Schwefelbäder". Die Kureinrichtungen jener Zeit waren in Pjatigorsk wie anderswo eher primitiv. Die Bäder, so erinnerte er sich später, „befanden sich in rasch zusammengezimmerten Hüttchen. Die Quellen ... sprudelten, dampften und flossen in verschiedenen Richtungen die Berge hinab". Der Weg zum Wasser war eine Kraxelei und führte meist über steile, steinige Pfade, vorbei an ungesicherten Steilhängen mit Gestrüpp. Als Puschkin rund neun Jahre später in die Region zurückkehrte, war diese Wildnis zu seiner Enttäuschung größtenteils gezähmt und die Heilbäder waren einfacher zugänglich, auch wenn sie viel zu sauber, zu ordentlich und zu aufgehübscht erschienen. Am meisten begeisterte ihn am Kaukasus die Urwüchsigkeit sowohl der Landschaften als auch der faszinierenden, überwiegend muslimischen Stammesvölker. Für den jungen Dichter war der Kaukasus nach Meinung seines Biografen T. J. Binyon genauso anders und von exotischer Anziehungskraft „wie die Levante ... für Byron oder die amerikanische Wildnis ... für Fenimore Cooper".

◀ Schwarzmeerküste auf der Krim, Ukraine.

Auf zahlreichen Ausflügen in die Umgebung kam Puschkin zu Fuß oder zu Pferd in tatarische Bergdörfer. Der Dichter liebte nichts mehr, als sich von den Bewohnern Geschichten und Legenden erzählen zu lassen – je grandioser, desto besser. In einem Dorf soll ihm ein alter Soldat von seiner Gefangenschaft bei kaukasischen Banditen erzählt haben, was für eines seiner populärsten Gedichte, „Der kaukasische Gefangene", die Grundlage bildete.

Im August verließ die Gruppe den Kaukasus in Richtung Krim. Nach Stawropol führte ihre Route durch potenziell feindliches Gebiet, weswegen sie von einer Militäreskorte von sechzig Kosaken und einer geladenen Kanone begleitet wurden. Über Temischbek (heute Kawkasskaja) reisten sie nach Taman am Schwarzen Meer und überstanden bei entsetzlichem Sturm die neunstündige Überfahrt nach Kertsch, die antike griechische Stadt Panticapaeum auf der Krim, in der sich König Mithridates einst selbst getötet hatte. Mit Spannung erwartete Puschkin „die Trümmer vom Grab des Mithridates" und die Überreste von Panticapaeum. Stattdessen erblickte er irritiert „auf einem nahegelegenen Friedhof einen Haufen Steine, grob ausgehauene Felsen, bemerkte einige von Menschen angelegte Stufen. Ob es ein Grab gewesen war, das Fundament eines antiken Turms – ich weiß es nicht." Als Andenken pflückte er eine Blume, die er aber „am folgenden Tage unbarmherzig wieder verlor".

Von Kertsch führte ihre Reise weiter zum Hafen von Feodossija (seinerzeit Kefe). An Bord einer Brig, die man dem General zur Verfügung stellte, segelten sie vor der Südküste der Krim nach Hursuf (Gurzuf). Auf dieser Schiffspassage begann Puschkin sein erstes Krim-Gedicht in Form einer romantischen Elegie. Dieser erste Blick auf Hursuf – bunte „strahlende" Berge, Tatarenhütten „wie Bienenstöcke", Pappeln „wie grüne Säulen" und der gewaltige Berg Ayu-Dag – wurde zu einem wiederkehrenden Bild in Puschkins

Lyrik und Prosa. In Hursuf badete Puschkin im Meer, naschte Weintrauben und besuchte die Ruinen einer Festung, die Kaiser Justinian I. auf den Klippen in der Umgebung errichten ließ. Außerdem schmökerte er gerne zusammen mit Nikolai in der Bibliothek des Hauses, das die Rajewskis von einem angesehenen französischen Emigranten angemietet hatten und dessen Büchersammlung von Voltaire bis Byron reichte. Lord Byrons Prosa in Übersetzung las Puschkin während dieser Zeit am liebsten.

Gewiss trugen die romantischen Verse Byrons und die dramatische Kulisse der Krim teilweise dazu bei, dass sich Puschkin in die älteste Tochter des Generals, die zweiundzwanzigjährige Jekaterina, verliebte, diese aber erfolglos umwarb. Vermutlich diente sie Puschkin als Modell für die Darstellung der ehrgeizigen russischen Adeligen Marina Mnischek in seiner Tragödie *Boris Godunow*.

Nach drei Wochen in Hursuf unternahmen Puschkin, der General und Nikolai vor ihrer Abreise eine letzte Rundtour durch die Region. Dabei besichtigten sie Jalta und Balaklawa. Das St.-Georgs-Kloster in Balaklawa, eine von griechischen Händlern am Kap Fiolent in den Fels geschlagene christliche Höhlenkirche, sowie die Ruinen eines Dianatempels hinterließen bei Puschkin bleibende Eindrücke. Auf ihrer Fahrt über Sewastopol nach Simferopol machten sie noch Halt in Bachtschissarai, wo sie die baufälligen Überreste eines krimtatarischen Khan-Palastes aus dem 16. Jahrhundert erkundeten. Dort sah Puschkin einen maroden Brunnen, dem er später in seinem Gedicht „Der Brunnen von Bachtschissarai" ein Denkmal setzte. Wenige Tage danach machte sich Puschkin schließlich auf den Weg in die Stadt Chișinău. Die Südgrenze des Russischen Reiches jedoch sollte für den Rest seines Lebens „eine unerklärliche Faszination" auf ihn ausüben.

▲ Porträt von Alexander Nikolajewitsch Rajewski, um 1820.

◀ *Blick auf den Berg Ayu-Dag*, Nikanor Tschernetsow, um 1836.

J. K. Rowling kommt im Zug von Manchester nach London ein genialer Einfall

Die Geschichte der arbeitslosen, alleinerziehenden Mutter, die mit einem vermeintlich unveröffentlichbaren Kinderbuch zu einer der größten Bestseller-Autorinnen der Welt aufstieg, klingt fast wie ein Märchen. Dabei beruhte der Senkrechtstart der schreibwütigen J. K. Rowling (geb. 1965) und weltberühmten Harry-Potter-Schöpferin in erster Linie auf Durchhaltevermögen und harter Arbeit. Dass ihr die zündende Idee für ihren Zauberschüler ausgerechnet auf einer Zugfahrt in den Sinn kam, noch dazu in einem stinknormalen Zug, der um einiges anders war als der dampfende, schnaubende Hogwarts-Express, klingt allerdings schon ein wenig nach Zauberei.

1990 schlug sich Rowling in London mit diversen, meist befristeten Büro- und Sekretariatsjobs durch. Darunter war auch ein Verlag, in dem sie Absagen an Autorinnen und Autoren verschicken musste, deren Manuskripte abgelehnt wurden. In ihrer Freizeit (und zwischendurch im Büro, weil sie jeden Leerlauf zum Schreiben nutzte) versuchte sich Rowling an Erwachsenenromanen.

Ihr damaliger Freund wohnte in Manchester im Nordwesten Englands und Rowling fuhr am Wochenende mit dem Zug ab dem Bahnhof London Euston zu ihm. Die Situation war für beide nicht ideal und ihr Freund drängte Rowling, sich in Manchester einen Job zu suchen und zu ihm zu ziehen. Sie willigte ein und fand eine Stelle bei der Handelskammer von Manchester und später an der Universität, allerdings zu ihrem Leidwesen wieder im Sekretariat. Zuvor allerdings musste das Paar noch eine gemeinsame Wohnung finden. Nach einem frustrierenden Wochenende, an dem schick gekleidete Makler ihnen ungeeignete Objekte gezeigt hatten, bestieg Rowling müde, erschöpft und genervt am Bahnhof Manchester Piccadilly den Zug zurück nach London, wo ein WG-Zimmer über einem Sportgeschäft in Clapham Junction, frühes Aufstehen am Montag und ein neuer Bürotag in der City auf sie warteten.

Zu allem Übel war ihr Zug verspätet und anstatt nach zweieinhalb Stunden traf sie erst nach vier Stunden am Bahnhof London Euston ein. Doch diese Verspätung erwies sich als himmlische Fügung. Als ihr Zug stillstand und Rowling gedankenversunken durchs Fenster auf grasende Kühe starrte, schoss ihr aus heiterem Himmel eine Idee in den Kopf: das ungebetene, aber nahezu vollständige Bild eines kleinen Jungen mit grünen Augen und zerbrochenen runden Brillengläsern – Harry Potter. Innerhalb von Sekunden sah sie, wie Harry zu einem Internat für Zauberer unter-

Rowlings Zugfahrt von Manchester nach London (1990)

ENGLAND

1 Bahnhof Manchester Piccadilly
2 Bahnhof London Euston

wegs war. Immer mehr Ideen strömten auf sie ein, die sie unbedingt niederschreiben wollte. Hektisch kramte sie in ihrer Tasche nach einem Stift und bemerkte verdrießlich, dass sie nichts eingesteckt hatte, nicht einmal einen Kajalstift. Später gestand sie, dass sie „zu schüchtern war, im Zug jemanden zu fragen, ob sie wohl einen leihen könnte". Dabei war die Tatsache, dass sie keinen Stift hatte, ihr Glück, wie sie später sagte, denn so hatte sie während der restlichen langen Zugfahrt Zeit für noch mehr Einfälle. Während sich der Zug wieder in Bewegung setzte und durch Cheshire, Staffordshire, Northamptonshire, Buckinghamshire und Hertfordshire zuckelte, erwachten Ron Weasley, Hagrid, Peeves und andere Figuren zum Leben, genau wie die Hogwarts-Schule für Hexerei und Zauberei. Bei ihrer Ankunft in Clapham konnte Rowling endlich alles zu Papier bringen und so kam es, dass in dieser Wohnung, wie sie sagte, „die ersten Bausteine von Hogwarts gelegt" wurden.

Bis Rowling *Harry Potter und der Stein der Weisen* beendet hatte, dauerte es allerdings noch fünf Jahre, und zwei weitere Jahre vergingen, bis ihr Werk erschien und in die Buchläden kam. In all der Zeit schrieb Rowling mit einer Leidenschaft und Entschlossenheit weiter, die ihr nicht nur für die Fertigstellung des ersten Buchs Antrieb lieferten, sondern

▲ Gleis 9 ¾, King's Cross Station, London.

◄ Personenzug auf der Fahrt durch die ländliche Gegend bei Manchester, England.

für alle weiteren sieben Harry-Potter-Bände. Unter einem Erfolgsdruck, dem weniger starke Autorinnen und Autoren womöglich nicht standgehalten hätten, produzierte sie einen sensationellen Bestseller nach dem nächsten.

Übrigens lässt sich noch ein weiteres beliebtes Detail der Harry-Potter-Romane auf Rowlings Zugfahrten nach Manchester zurückführen: der legendäre Bahnsteig 9 ¾ am Bahnhof King's Cross, von dem aus der Hogwarts-Express abfährt. 2001 gestand die Autorin in einem BBC-Interview, King's Cross Station mit Euston Station verwechselt zu haben. „Ich schrieb Gleis 9 ¾, als ich in Manchester wohnte, und hatte die Bahnsteige damals falsch in Erinnerung. Eigentlich meinte ich Euston, und wer schon einmal auf den echten Bahnsteigen 9 und 10 in King's Cross stand, wird sehen, dass sie denen im Buch kaum ähneln. Ich sag's ehrlich, ich war in Manchester und konnte es nicht nachprüfen."

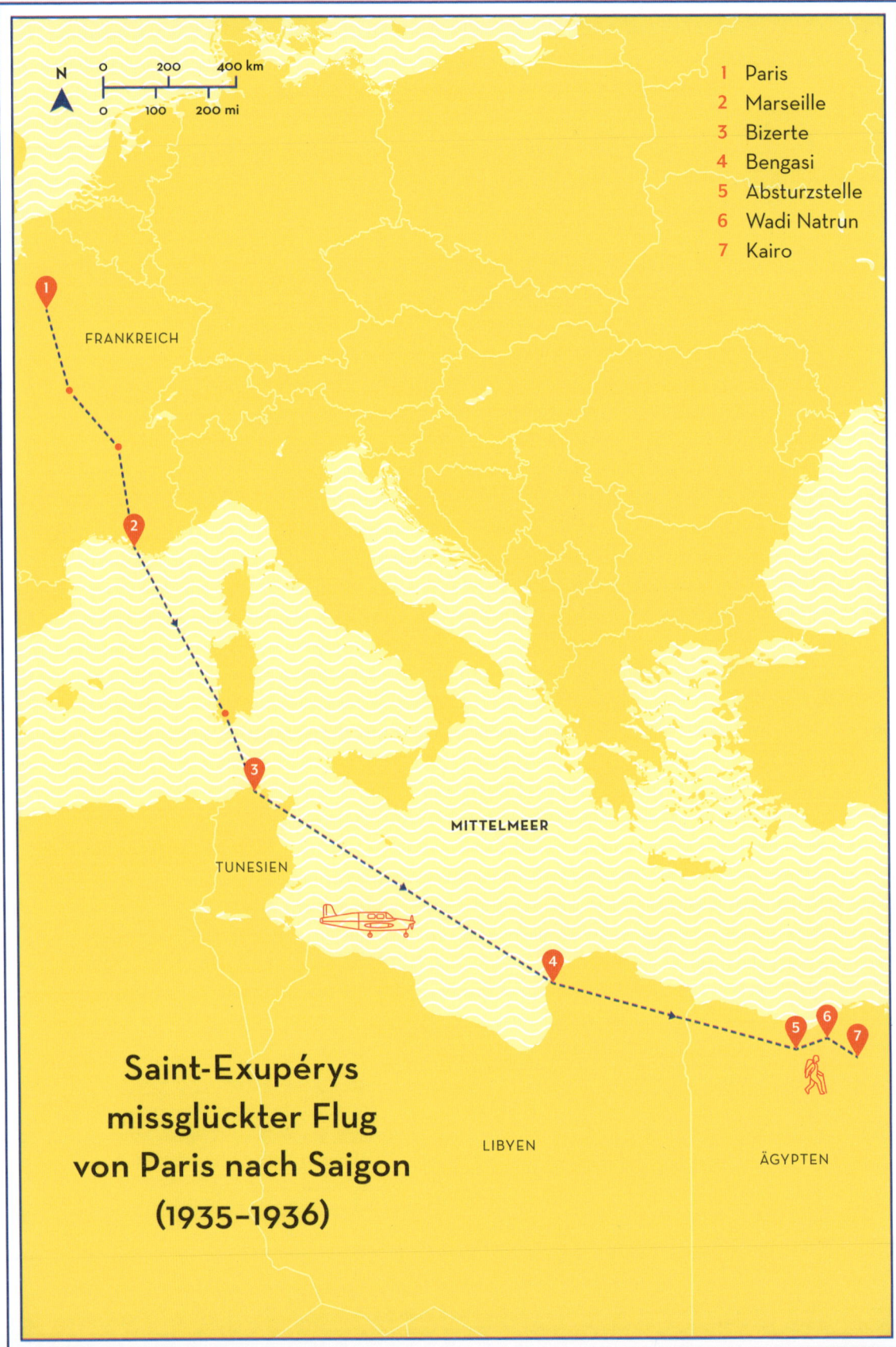

Antoine de Saint-Exupéry überlebt den Absturz in Ägypten

Antoine de Saint-Exupéry (1900–1944), Autor des Kinderbuchklassikers *Der kleine Prinz* und Flugpionier, stand der Sportfliegerei bzw. „aviation sportive", wie sie *Le Figaro* nannte, anfangs skeptisch gegenüber. Bei den unter französischen Fliegern als „raids" bezeichneten Ausdauer- und Abenteuerflügen wurde die Zeit gestoppt, denn es ging um das Aufstellen von Geschwindigkeits- oder Streckenrekorden. Allerdings sahen die eingesetzten Flugmaschinen oft nicht danach aus, als wären sie für einen längeren (oder überhaupt einen) Aufenthalt in der Luft geeignet. Ende 1935 geriet Saint-Exupéry, der bis dato die Wettfliegerei für überflüssig hielt und seine Luftfahrtkarriere als Postflieger für eine noblere und sinnvollere Tätigkeit ansah, allerdings in finanzielle Not. Außerdem kriselte es erneut in seiner Ehe mit der salvadorianischen Schriftstellerin und Künstlerin Consuelo Suncín de Sandoval, deren Freigeist und feuriges Temperament, gepaart mit Saint-Exupérys Untreue, zu emotionalen und kreativen Konflikten führten. Folglich zögerte Saint-Exupéry nicht, als ihm sein Freund und Fliegerkollege Jean Mermoz und General René Davet, ein hochrangiger Beamter der Luftstreitkräfte, die Teilnahme an einem Wettbewerb des französischen Luftfahrtministeriums vorschlugen, der mit einem Preisgeld von 150 000 Francs für den schnellsten Flug zwischen Paris und Ho-Chi-Minh-Stadt (Saigon) in Vietnam (damals zum französisch kontrollierten Indochina gehörig) ausgeschrieben war. Seine Zusage war allerdings eher halbherzig. Außerdem standen die Chancen für das Vorhaben mit einer Frist bis zum 31. Dezember 1935 denkbar schlecht.

Im Unterschied zu Charles Lindbergh, der 1927 monatelang an der richtigen Notfallausrüstung für seinen legendären ersten Transatlantikflug tüftelte, oder zu André Japy, dem damaligen Rekordhalter auf der Strecke Paris–Saigon, der mit mehreren Aufwärmflügen nach Oslo, Oran und Tunis für seinen Saigon-„Raid" trainierte, lenkte Saint-Exupérys private Situation ihn zu sehr ab. Weil ihm nur noch knapp zwei Wochen bis zum Start blieben, verließ sich der Dichter und Pilot vor allem auf seine Caudron Simoun mit ihrem 180-PS-Motor, eine weitaus bessere Maschine als die von Japy. Saint-Exupéry war überzeugt, ja fast unbesorgt, dass er Japys Rekord von achtundneunzig Stunden und zweiundfünfzig Minuten um knapp zwanzig Stunden unterbieten würde. Um das Umrüsten der Maschine speziell für diese Aktion kümmerten sich Davet und seine Mechaniker von der Air Bleu, Saint-Exupéry war daran kaum beteiligt. Auch die Auswertung der Kompasswerte und die Kartierung der Flugroute überließ er Jean Lucas, einem Kollegen bei der Aéropostale.

André Prévot würde Saint-Exupéry auf der Reise begleiten, ein ehemaliger Luftwaffenhelfer, Mechaniker und Navigator sowie einer seiner treuesten Leutnants. Als Operationsbasis diente ihnen das Hôtel Pont Royal in Saint-Germain-des-Prés, in dem Saint-Exupéry angeblich genauso lange mit Consuelo herumzankte, wie er die Landkarten studierte und die Mission besprach.

Trotz der schlechten Wettervorhersagen und den Prognosen einer Wahrsagerin, die Saint-Exupéry nach dem Abschiedsessen in einem Bistro am Montmartre noch konsultiert hatte, hoben der Schriftsteller und Prévot am Sonntag, dem 29. Dezember 1935, morgens um 7 Uhr 01 vom Boden ab. Ihr Abflug bestimmte die Schlagzeilen, denn die Sensationsgier der Öffentlichkeit nach Storys über Fliegerhelden wie Lindbergh, die quer über die Kontinente flogen, war ungebremst. Bei der Pariser Tageszeitung *L'Intransigeant* stand der Schriftsteller unter Exklusivvertrag, er sollte eine Artikelserie über dieses Abenteuer abliefern.

Unter den vielen wichtigen Entscheidungen, die vor dem Abflug getroffen wurden, war vielleicht die folgenreichste der Verzicht auf ein Funkgerät zugunsten von extra Treibstoff, um Gewicht zu sparen. Und so kam es, dass Saint-Exupéry, als er am frühen Morgen des 30. Dezembers in Schwierigkeiten geriet, niemanden anfunken konnte, um seine Position durchzugeben oder Hilfe zu erbitten. Nach minutenlangem Flug bei schlechter Sicht ging er davon aus, dass der Nil weit hinter ihnen lag, und begann mit dem Sinkflug, als die Maschine inmitten der Libyschen Wüste mit 270 km/h in eine Sanddüne krachte.

▶ Dünen im Großen Sandmeer, Oase Siwa, Ägypten.

ANTOINE DE SAINT-EXUPÉRY ÜBERLEBT DEN ABSTURZ IN ÄGYPTEN

Wie durch ein Wunder kletterten Saint-Exupéry und Prévot weitgehend unversehrt aus den Trümmern ihres Flugzeugs, das nicht explodierte, sodass sie ihre wenigen Vorräte aus dem Wrack bergen konnten. Ihre Lage war „alles andere als ideal", wie der Autor später mit meisterhaft aristokratischem Understatement à la française bemerken würde.

Ihre Absturzstelle lag etwa 200 Kilometer westlich von Kairo, doch Saint-Exupéry und Prévot hatten keinen blassen Schimmer, wo sie waren. Wenn sie in der Luft und auf Kurs geblieben wären, meint Saint-Exupérys Biografin, dann hätten sie den von André Japy aufgestellten Rekord wahrscheinlich gebrochen, da sie zum Absturzzeitpunkt gut zwei Stunden vor ihrem Zeitplan lagen. Doch das hatte jetzt keine Relevanz mehr. Silvester war vorbei, die Frist für die Trophäe war verstrichen und die zwei Männer irrten blind durch die Wüste in der Hoffnung, nach Kairo zu gelangen. Nach schier endlosem Fußmarsch im Wüstensand kehrten sie irgendwann um und änderten zum Glück die Richtung, diesmal nach Nordosten. Am vierten Tag trafen sie auf eine Beduinenkarawane. Umgehend brachte man die beiden ins Haus eines Schweizer Ehepaars in dem Wadi Natrun.

Monsieur und Madame Raccaud versorgten sie mit reichlich Tee und Whisky, bis die zwei Flieger wieder einigermaßen bei Kräften waren. Danach bot ihnen Raccaud an, sie nach Kairo zu fahren. Als wären sie vom Pech verfolgt, war etwa sechs Kilometer vor den Pyramiden der Fahrzeugtank leer und es musste Treibstoff besorgt werden. Endlich machte die Gruppe an einer Hotelbar in Gizeh halt, rund 24 Kilometer außerhalb von Kairo, und Saint-Exupéry konnte den französischen Behörden telefonisch mitteilen, dass er in Sicherheit war. Der Beamte, der den Anruf entgegennahm, hielt dies zunächst für einen Scherz – es war nach Mitternacht und im Hintergrund waren betrunkene Stimmen zu hören.

◀ Die *Caudron Simoun* nach der Bruchlandung in der Lybischen Wüste, Ägypten, 30. Dezember 1935.

▶ André Prévot und Saint-Exupéry vor ihrer Maschine, kurz bevor sie zu ihrem Flug Paris–Saigon aufbrechen, Flughafen Paris-Le Bourget, Frankreich, 29. Dezember 1935.

In Kairo setzte Raccaud die zwei abgerissenen, sonnenverbrannten Männer vor dem Hotel Continental ab, bevor er sein Auto parkte, aber der überkorrekte Portier hielt die beiden für Bettler und verwehrte ihnen den Zutritt. Zufällig kehrten gerade die Delegierten einer internationalen Chirurgenkonferenz, die in Kairo tagte, vom Dinner zurück und bekamen den Aufruhr mit. Innerhalb weniger Minuten erkannten sie Saint-Exupéry und Prévot, deren Verschwinden seit dem 1. Januar die Nachrichten beherrschte, und führten sie ins Hotel. Dort erwartete sie nicht nur eine überschwängliche Begrüßung, sondern ein heißes Bad, Essen und Whisky, bevor einige der weltbesten Ärzte ihre vielen Schrammen und Beulen auf bleibende Schäden untersuchten.

Als Saint-Exupéry spätabends am 2. Januar 1930 im Hôtel Pont Royal in Paris anrief und mitteilte, dass sie beide am Leben und wohlauf waren, brach in der Lobby großer Jubel aus und man feierte bis in die frühen Morgenstunden.

Dass die beiden Piloten den Absturz überlebten und sicher heimkehrten, grenzte an ein Wunder. Im Anschluss verfasste Saint-Exupéry eine poetische Schilderung ihres Überlebenskampfes und ihrer Rettung, die zunächst in sechs Beiträgen im *L'Intransigeant* abgedruckt wurde. Später übernahm er sie mit geringfügigen Änderungen in *Wind, Sand und Sterne*, das viele bis heute für sein schönstes Werk halten.

Sam Selvon kommt auf dem Seeweg nach England

Die Ankunft der *Empire Windrush* am 22. Juni 1948 in den Tilbury Docks im englischen Essex war ein so bedeutsamer Moment der britischen Nachkriegsgeschichte, dass der Name des Schiffes selbst zum Synonym für eine ganze Einwanderergeneration aus dem britischen Commonwealth wurde. Angeworben in den 1950er- und 1960er-Jahren, sollte sich die „Windrush-Generation" in Großbritannien niederlassen, um die freien Stellen in staatlichen Einrichtungen wie im National Health Service oder in den Londoner Verkehrsbetrieben zu besetzen. Die Neuankömmlinge, im Glauben erzogen, dass England ihr „Mutterland" sei, erwartete bei der Ankunft im Vereinigten Königreich nicht gerade ein herzlicher Empfang. Damals wie später hatten einige unter massiven rassistischen Vorurteilen zu leiden und kämpften für anständige Wohnungen oder für Arbeit, die ihrer Ausbildung oder ihren Fähigkeiten entsprach.

Der Schriftsteller Samuel Selvon (1923–1994) aus Trinidad war einer der Einwanderer, die aus der sonnenreichen Karibik ins graue, feuchte London reisten und feststellten, dass das einst pulsierende Herz des britischen Empires für Neuankömmlinge aus ehemaligen Kolonien ein recht frostiger, herzloser Ort sein konnte. Selvons persönliche Erfahrungen und Beobachtungen machen die Authentizität seiner Erzählungen aus. Laut dem Kritiker Sukhdev Sandhu sei „die Existenz der Migranten nirgends so gegenwärtig wie in Samuel Selvons Werk". Mit *The Lonely Londoners* (*Die Taugenichtse*, 2017 auf Deutsch erschienen) wurde 1956 der erste vorwiegend in kreolischen Dialekten und Sprachmustern erzählte Roman eines karibischen Autors veröffentlicht. In den nächsten zwei Jahrzehnten folgten weitere herausragende Kurzgeschichten und Romane, in denen Selvon die Mühen der aufstrebenden Schwarzen Community in Großbritannien nachzeichnet. In Kooperation mit dem Regisseur Horace Ové lieferte er 1975 auch das Drehbuch zu *Pressure,* einem der ersten Filme aus den „British West Indies".

Geboren wurde Selvon 1923 in der Mount Moriah Road in San Fernando, einer eher ländlichen Stadt im Süden Trinidads. Im Jahr 1940 verpflichtete er sich als Funker bei der britischen Royal Naval Reserve. Von einem seiner beleseneren Marinekollegen ermuntert, begann er zwischen den langweiligen Schichten Kurzgeschichten zu schreiben. Nach dem Krieg hatte er eine Stelle beim *Trinidad Guardian* in der Hauptstadt Port of Spain. Von 1946 bis 1950 war er bei der Schwesterzeitung *Sunday Guardian* als Redakteur der Literaturseiten tätig und lernte eine Reihe junger karibischer Schriftsteller kennen, darunter Derek Walcott, George Lamming und V. S. Naipaul. Inwischen erschienen auch Selvons eigene Geschichten in *Bim,* einer der führenden Literaturzeitschriften der „British West Indies". Auch im BBC-Radio

UNTERWEGS

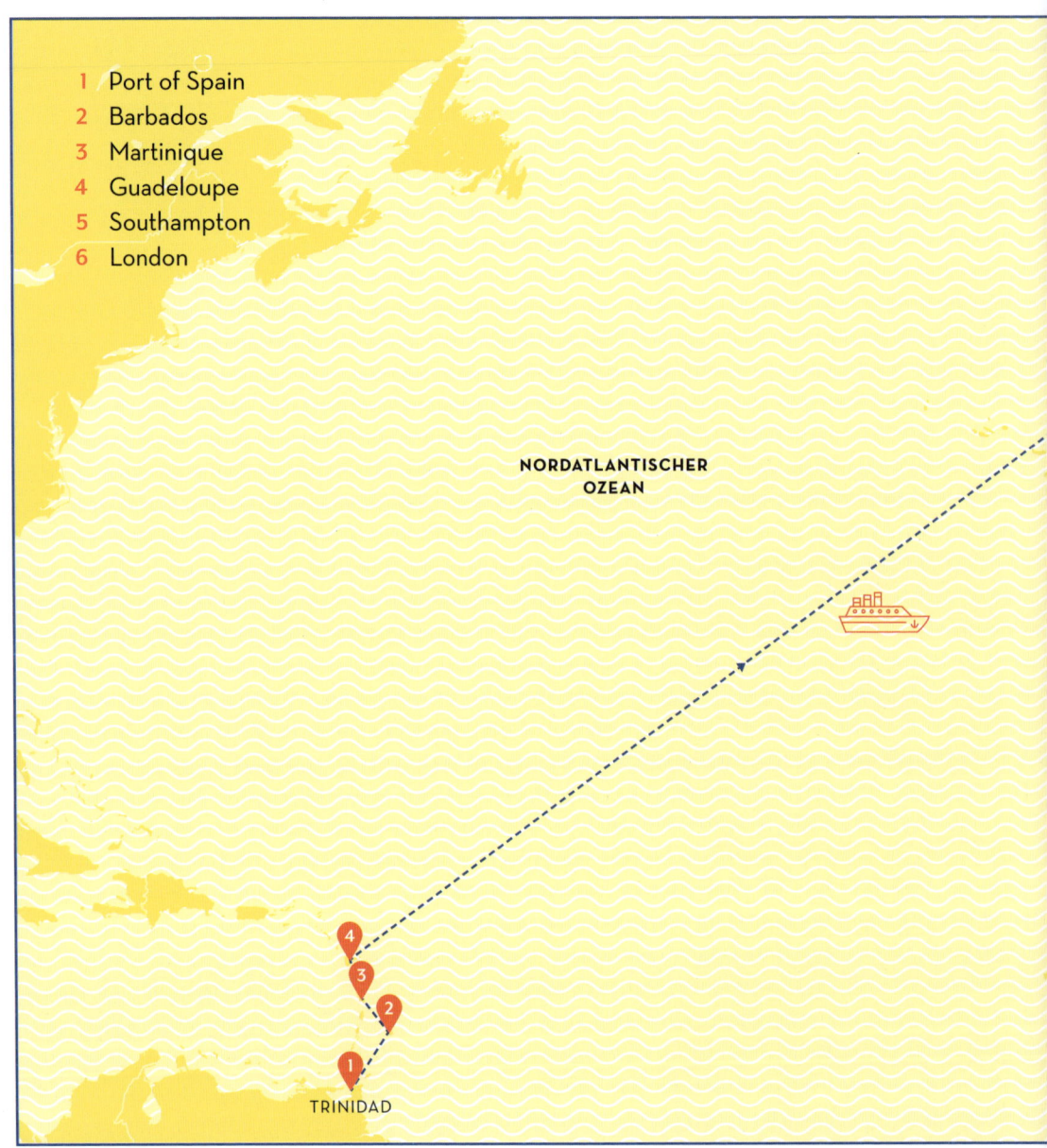

◀ VORIGE SEITE
Martinique.

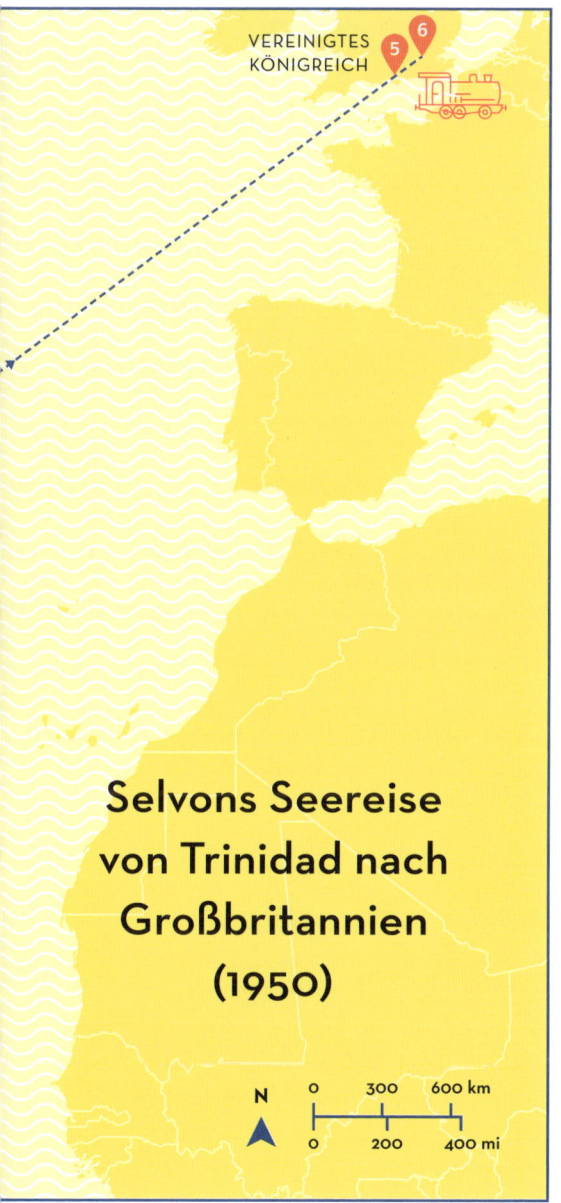

Selvons Seereise von Trinidad nach Großbritannien (1950)

wurden sie ausgestrahlt, einer der wenigen etablierten Rundfunkanstalten, die aktiv nach Beiträgen nicht-weißer Autorinnen und Autoren Ausschau hielten.

Selvon fühlte, dass er zur Verwirklichung seiner literarischen Ambitionen nach London musste. Mitte März 1950 buchte er eine Schiffspassage nach England – ohne zu wissen, dass Lamming mit demselben Schiff reiste. Später im selben Jahr sollte auch Naipaul die Heimat Trinidad in Richtung Großbritannien verlassen und ein Stipendium in Oxford antreten.

Naipauls Reisekosten übernahm das British Council als Teil des Stipendiums, dementsprechend stilvoll war seine Anreise: Er flog mit Pan American World nach New York und fuhr dann mit dem Transatlantikdampfer in einer Kabine erster Klasse, die er ganz für sich allein hatte, nach Southampton. Der Luxus wurde ihm nur zuteil, da der Zahlmeister nicht mit einem „farbigen" Passagier gerechnet hatte und sich scheute, die anderen, allesamt weißen Touristen zu fragen, wer eine Kabine mit ihm teilen würde. So löste er das Problem mit dem Upgrade des künftigen Literaturnobelpreisträgers in die erste Klasse.

Im Unterschied dazu war das Schiff, auf dem Selvon und Lamming fast einen Monat unterwegs waren, ein höchst primitiver französischer Truppentransporter, der die Route nach Großbritannien über Barbados, Martinique und Guadeloupe nahm. Nur die reichen weißen Reisenden waren in Kabinen untergebracht, während man Selvon und Lamming mit anderen „westindischen" Auswanderern in einem großen Schlafsaal voller Metallstockbetten einquartierte. Der Fahrpreis belief sich auf 50 Pfund, was heute etwa 1000 Pfund entspricht – ein recht gutes Preis-Leistungs-Verhältnis für die damalige Zeit.

Zum Zeitpunkt der Reise hatte Selvon bereits den Arbeitsentwurf seines ersten Romans im Gepäck, *Eine hellere Sonne,* der auf Trinidad spielt. Mit Lamming wetteiferte er um die einzige Imperial-Schreibmaschine an Bord, um auf hoher See weiterzuschreiben. Beide Schriftsteller lauschten angeregt den Gesprächen der anderen

Passagiere, meist junge Menschen der „British West Indies", die sich ein besseres Leben und obendrein vielleicht etwas Geld versprachen.

Ihr erster Blick auf Großbritannien war wenig ermutigend. Später erinnerte sich Lamming daran, wie ein schneidender Wind jeden Versuch vereitelte, die näherkommende Landschaft zu betrachten. Als ihr Schiff in Southampton anlegte, so Lamming weiter, dämmerte es beiden Schriftstellern, dass keiner von ihnen eine Rückfahrkarte besaß. Sie bestiegen den Zug nach London Waterloo Station und die Stimmung wurde ausgelassener, die Leute sangen Calypso-Songs, erzählten sich lustige Geschichten und routinierte Rückkehrer erklärten den Neulingen aus den „West Indies" die aktuelle Lage im Land.

Beim Eintreffen am Bahnhof in London packte die Einwanderergruppe große Unruhe, denn die meisten hatten noch keine Unterkunft. Verglichen damit ging es Selvon und Lamming gut. Mitarbeiter des British Council brachten sie zum Balmoral Hotel in Queen's Gate Gardens, South Kensington, üblicherweise die erste Anlaufstelle für Studenten aus den Kolonien. Dort pferchte man sie zu dritt, mit einem Neuankömmling aus Afrika, in „ein Zimmer so groß wie das Büro eines erfolgreichen Verlegers".

Der einzigartige kosmopolitische Schmelztiegel London versorgte Selvon mit literarischem Stoff. Da er anfangs vom Schreiben alleine kaum leben konnte, hatte er diverse Jobs, putzte im Stadtteil Bayswater und machte Büroarbeit im indischen Hochkommissariat. In Westlondon, seinerzeit berüchtigt und heute längst aufgewertet, zog er von einer tristen Wohnung in die nächste. All dies verarbeitete Selvon in seinen Romanen, die mit seltener Eindrücklichkeit das aufkeimende multikulturelle Großbritannien und die Übergangszeit nach dem Kolonialismus in der Karibik porträtieren.

▲ Straßenverkehr auf der Westminster Bridge, London, 1949.

▶ Einwanderer aus den „West Indies" am Dock in Southampton, 1956.

SAM SELVON KOMMT AUF DEM SEEWEG NACH ENGLAND

Bram Stoker lässt Dracula im englischen Whitby an Land

Schriftsteller werden oft gefragt, wie sie auf ihre Ideen kommen, und viele scheuen diese Frage, denn selten gibt es darauf eine simple Antwort. Was die Inspiration für den blutsaugenden Vampir aus Transsilvanien im Gruselklassiker *Dracula* angeht, lässt sich die Frage indes sehr leicht beantworten: Bram Stoker (1847–1912) hatte einen Albtraum. Dieser handelte von scheußlichen Nachtgestalten, die ihren Mitmenschen in den Hals bissen, und von einem grausamen alten Grafen. Am 14. März 1890 kritzelte Stoker seinen Traum ins Notizbuch, um daraus eventuell eine Geschichte zu machen.

Der Schriftsteller, Zeitgenosse und Freund Oscar Wildes schmiss 1878 seine Laufbahn in der öffentlichen Verwaltung Irlands hin und trat in London den Posten des „treuen, loyalen und ergebenen" Assistenten von Henry Irving an, eines gefeierten Schauspielers. Sowohl im Hinblick auf Stokers und Irvings Nachtleben am Theater als auch ihre berufliche Beziehung (Irving war Mädchen für alles, Theatermanager und Organisator für den ichbezogenen, aufsässigen und fordernden Irving) zeigen sich Parallelen zu den beiden Protagonisten in *Dracula* – dem ehrgeizigen Immobilienmakler Jonathan Harker und dem hypnotisierenden Vampir.

Ab 1881 schrieb Stoker fantastische Abenteuergeschichten. Die meisten davon waren „grässlich", wie ein Literaturwissenschaftler schonungslos bemerkt. Dann hatte Stoker 1890 seinen Albtraum und er begann, an einer Erzählung über einen Vampir zu arbeiten, dem er zuerst den lapidaren Namen Graf Wampyr gab. In jenem Juli hatte Stoker gerade eine ermüdende Theatertournee mit Irving durch Schottland hinter sich gebracht und machte Urlaub in Whitby an der Küste von North Yorkshire. Das malerische, vom River Esk zweigeteilte Fischerdorf mit einer Drehbrücke für die durchfahrenden Boote, das sich am östlichen und westlichen Flussufer emporreckte, bot in jenen Jahren eine ruhigere Alternative zum mondänen Nachbarort Scarborough.

In Whitby gibt es schöne gewundene Straßen (Stoker logierte im Gasthaus der Mrs Veazey, Royal Crescent 6), urige Fischerhäuschen, einen betriebsamen Hafen, Sandstrände und viele Aussichtspunkte mit freier Sicht auf die Nordsee. Auf der East Cliff, der östlichen Flussklippe, thront eine verfallene gotische Abtei aus dem elften Jahrhundert, die an der Stelle eines weitaus älteren, 867 von den Dänen zerstörten Klosters errichtet wurde. Neben den Ruinen liegen der Friedhof und die alte Pfarrkirche St. Mary's, die in einem Reiseführer aus Stokers Zeiten als „kirchliches Kuriosum" beschrieben wurde: „Das hässliche Äußere soll die Besucher nicht von einer Besichtigung des Inneren abschrecken, das noch hässlicher, aber gerade deshalb sehenswert ist."

Wahrscheinlich angelehnt an Stokers eigene Erfahrungen, notierte in *Dracula* Mina Murray in ihrem Tagebuch über den Friedhof, er sei „der bezauberndste Fleck von ganz Whitby … Es führen Spazierwege, mit Bänken versehen, durch den Friedhof; den ganzen Tag gehen und sitzen hier Leute." Eine dieser Bänke sowie die 199 Stufen, über die man die Ostklippe erklimmt, tauchen in Schlüsselszenen des Romans auf.

Stoker, so heißt es, habe bei seinem Aufenthalt in Whitby die örtlichen Seeleute zu ihren Geschichten über Schiffswracks und Aberglauben ausgefragt. Bei der Gelegenheit hörte er vielleicht auch zum ersten Mal von dem russischen Schoner *Dmitri,* der 1885 bei einem Unwetter Schiffbruch erlitt und strandete. Eventuell bekam Stoker aber auch einen Sepiadruck des Fotografen Frank Meadow Sutcliffe zu Gesicht, das den zerschellten Schoner am Strand zeigt. Jedenfalls machte er aus dem Schiff die fiktive *Demeter,* auf der Dracula und seine Kisten voll transsilvanischer Erde vom Schwarzen Meer nach Großbritannien kommen und die, bis auf die Leiche des ans Steuer gebundenen Kapitäns, ohne Crew am Strand von Whitby aufläuft. Das grausame Schicksal der Besatzung wird im Buch mittels Logbucheinträgen enthüllt, die Stoker neben weiteren fiktiven Zeugnissen wie Briefen und Tagebüchern als Stilmittel einsetzte, um die Romanhandlung zu entwickeln und Spannung zu erzeugen. Zeitungsausschnitte, die Mina angeblich in ihr Tagebuch einklebt, liefern den Inhalt des Logbuchs sowie Berichte über den Schiffbruch der *Demeter* oder Draculas Ankunft in Gestalt eines riesigen Hundes, der bei der Landung vom Schiff springt, zum Kirchhof rennt und verschwindet.

Für Stokers Verhältnisse benötigte der Roman *Dracula* extrem lange, insgesamt sechs Jahre, bis zu seiner Fertigstellung, erst 1897 wurde er publiziert. Teile des Werks entstanden im schottischen Cruden Bay, wo Stoker in den 1890er-Jahren die Sommer mit seiner Familie verbrachte. Nach seinem Tod würde sich Stokers Ehefrau Florence daran erinnern, wie ihr Mann seinerzeit an diesem „einsamen Abschnitt der schottischen Ostküste vom Geist

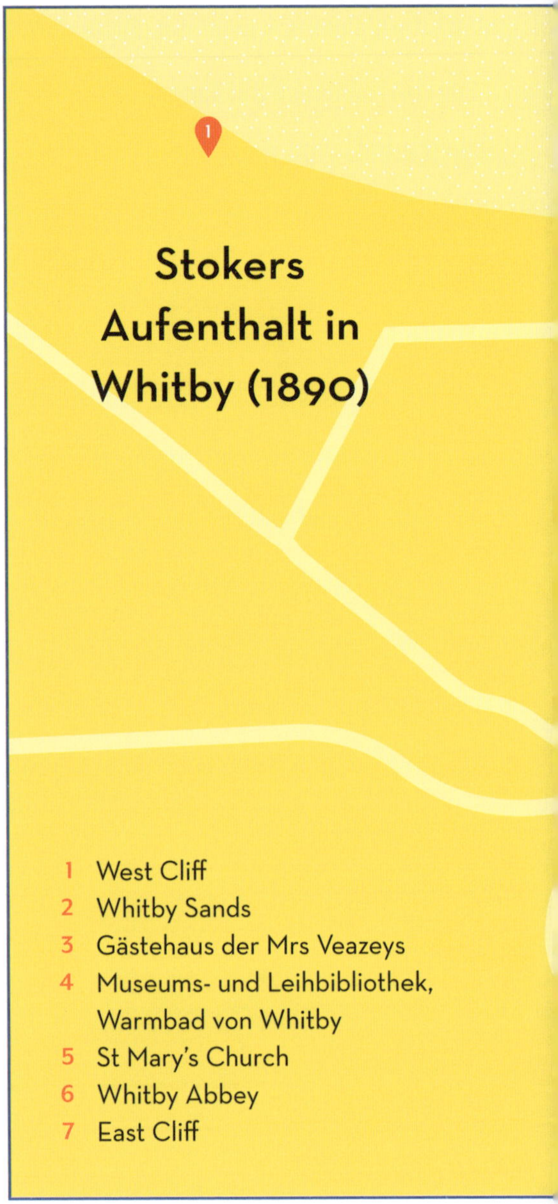

Stokers Aufenthalt in Whitby (1890)

1   West Cliff
2   Whitby Sands
3   Gästehaus der Mrs Veazeys
4   Museums- und Leihbibliothek, Warmbad von Whitby
5   St Mary's Church
6   Whitby Abbey
7   East Cliff

BRAM STOKER LÄSST DRACULA IM ENGLISCHEN WHITBY AN LAND

◂ VORIGE SEITE Whitby, England.

der Sache besessen schien" und stundenlang „wie eine große Fledermaus am Ufer kauerte ... und sich alles ausdachte".

Stoker reiste selbst nie nach Transsilvanien. Es war das Küstenstädtchen Whitby, das seine Fantasie befeuerte und die Kulisse für viele spannende Kapitel seines Romans bildete. Zudem bescherte der Ort dem Autor wichtige fiktionale Elemente, nicht zuletzt den Titel und Namen seiner Schreckensfigur: Im August 1890 stieß Stoker in der Museums- und Leihbibliothek von Whitby, die im Coffee House End of the Quay eingerichtet war, auf ein Buch mit dem Titel *Account of the Principalities of Wallachia and Moldavia*, die Memoiren eines William Wilkinson. Dieser Erfahrungsbericht des vermeintlich „letzten britischen Konsuls in Bukarest" über die Region des heutigen Rumäniens war für Stoker eine wahre Fundgrube, was die Bräuche und Landschaften der Karpaten anging. Sogar der katastrophale Zustand der Straßen war ausführlich beschrieben. Komplette Textpassagen daraus legte Stoker seinem lichtscheuen Grafen in den Mund. Vor allem aber erfuhr er bei der Lektüre von einem gefürchteten Herrscher namens Vlad III. aus der Walachei im vierzehnten Jahrhundert, auch bekannt als Vlad Țepeș, (der Pfähler) und Drăculea, was laut Wilkinson in der walachischen Sprache „Teufel" bedeutete – ein Beiname, den „jede Person erhielt, die sich durch Mut, Grausamkeiten oder Gerissenheit hervortat". Daraufhin strich Stoker in seinen Notizen zu dem Roman, an dem er gerade arbeitete, den Namen „Graf Wampyr" durch und ersetzte ihn durch „Graf Dracula".

◀ Whitby Abbey mit Grabsteinen bei Sonnenuntergang.

▼ Gestrandetes Wrack des russischen Schoners *Dmitri* in Whitby, England, 1885.

Sylvia Townsend Warner findet Poesie in der Marsch von Essex

Der italienische Autor Italo Calvino sagte einmal, jede Landkarte würde die Idee einer Reise vorwegnehmen. Tatsächlich resultierte aus dem Kauf einer Karte im Sommer 1922 ein Ausflug, der das Leben von Sylvia Townsend Warner (1893–1978) grundlegend verändern sollte. Wie sie später schrieb, verspürte sie an einem Julitag das „häusliche Bedürfnis", die „Billigwarenabteilung" von Whiteley's, einem Londoner Kaufhaus unweit ihrer Wohnung in der Queen's Road (heute Queensway) in Bayswater aufzusuchen, wo es gewöhnlich einen Tisch mit günstigen Büchern und Schreibwaren gab, an dem Warner gerne stöberte. An jenem Tag erstand sie eine Bartholomew-Karte von der englischen Grafschaft Essex. Sie war in dieser Gegend noch nie gewesen, doch die vielen als grüne und blaue Flächen eingezeichneten Sümpfe und Bäche verzauberten sie ebenso wie die ungewöhnlichen Namen. Fasziniert fuhr sie die Buchstaben mit dem Finger nach und las rätselhafte Dorfnamen wie Old Shrill, High Easter, Willingale Spain und Shellow Bowells, die wundersam poetisch klangen.

An jenem Feiertagswochenende im August hatte Warner Lust, etwas von Essex zu erkunden, und stieg am Bahnhof Fenchurch Street in den Zug, der überfüllt war mit Ausflüglern auf dem Weg ins Seebad Southend-on-Sea an der Themsemündung – das traditionelle Ziel der Londoner Arbeiterklasse, die sich nach Spaß, Sonne und Salzluft sehnten. Doch Warner blieb bis zur Endstation Shoeburyness sitzen und nahm dort einen Bus nach Great Wakering.

Dummerweise hatte sie ihre Landkarte in Bayswater vergessen, doch sie erinnerte sich, dass „Great Wakering im grünen Abschnitt mit den blauen Bächen" lag. Nach ihrer Ankunft wanderte sie hinaus in die Sümpfe und gelangte an einen Bach, hinter dem sich ein flaches grünes Ufer erstreckte. Diese Landschaft, in der die Grenzen zwischen Land und Wasser, zwischen Weichem und Festem verschwommen, zog sie magisch an, wie sie sich erinnerte:

„Ich stand lange dort und beobachtete das langsam fließende Wasser und ein altes weißes Pferd, das am anderen Ufer graste. Ich folgte dem Bach, weil ich törichterweise glaubte, es gäbe einen Weg hinüber. Der Bach schlängelte sich in beide Richtungen und nun erkannte ich, dass dieses flache grüne Ufer eine Insel war, was ich ebenso als wundersam empfand. Ich blieb noch eine ganze Weile stehen und ließ meine Gedanken mit dem Wasser der Gezeiten treiben."

Mittlerweile hatte sich Warner komplett verlaufen. Plötzlich geriet sie in ein Gewitter und hatte Angst, vom Blitz getroffen zu werden. Ein Bauer, der selbst in einem nahen Kuhstall Schutz suchte, kam ihr zum Glück zu Hilfe und nahm sie mit nach Hause. Seine Frau gab ihr trockene Kleidung und eine Tasse starken Tee und versorgte sie mit einem herzhaften Abendessen, bevor sie Warner in den dicken Wollstrumpfhosen ihrer Tochter auf den Heimweg schickte, damit sie sich in der Kälte nicht den Tod holte.

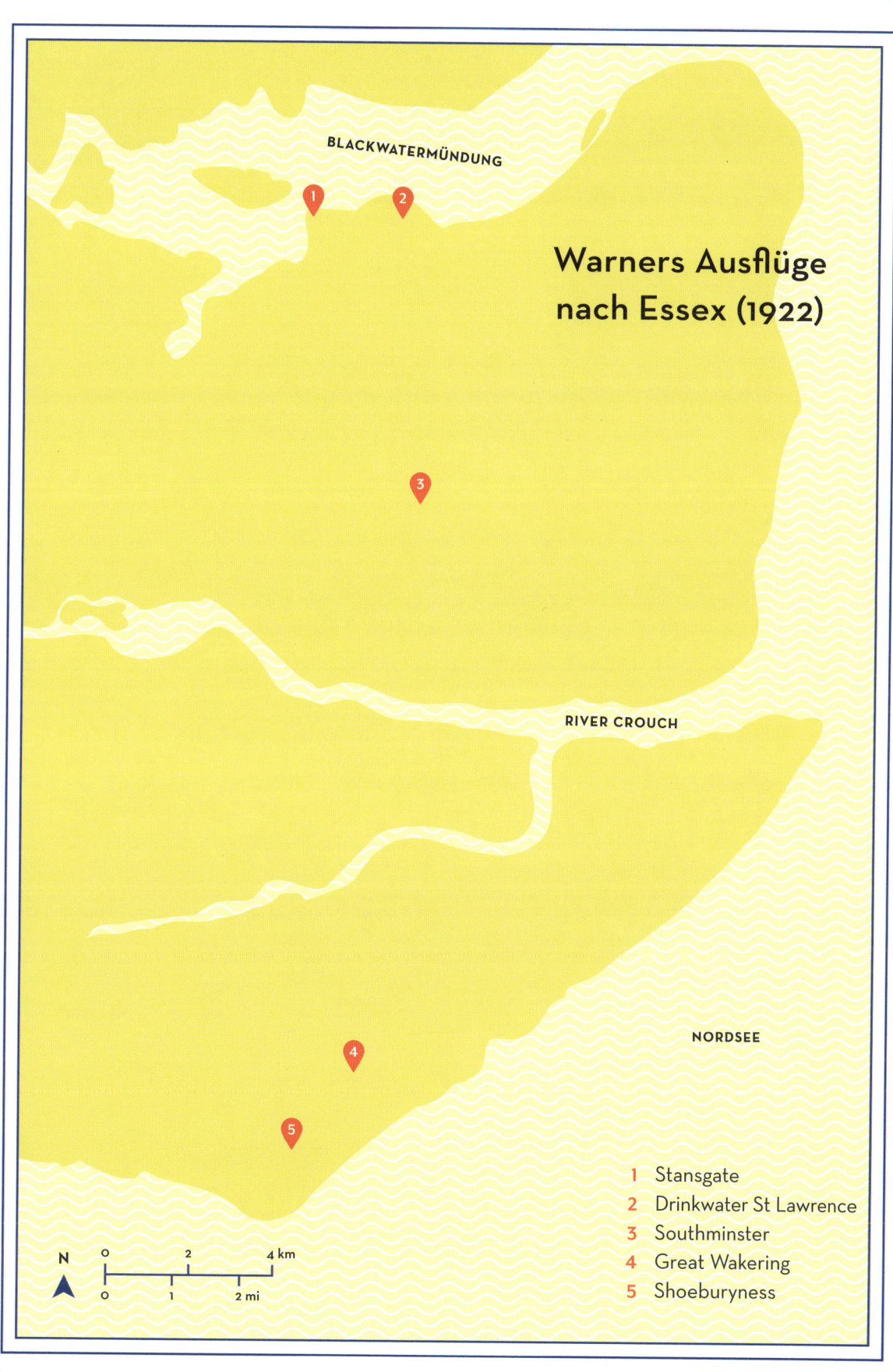

◀ In der Ferne die Küste von Osea Island in der Blackwatermündung, Essex, England.

Tief beeindruckt beschloss sie ihre baldige Rückkehr nach Essex. Diesmal würde sie in einem Gasthaus übernachten, um mehr Zeit in den flachen Feuchtwiesen und dem salzigen Mündungsgebiet zu haben. Sie fuhr von Liverpool Street Station nach Southminster und folgte einem Fußweg auf ihrer Karte nach Stansgate an der Blackwatermündung. Wieder entzückte sie die geradezu unheimliche Landschaft. Das Sumpfland bei Blackwater war „voller Farben und mit Bäumen, Gruppen von Ulmen oder vereinzelten Weiden übersät". Sie ließ sich an einem kleinen Steg an der Flussmündung nieder und bemerkte verwundert „das Segel eines kleinen Bootes", das „sich hinter ein paar Bäumen bewegte und übers Land zu gleiten schien". Bei näherem Blick auf ihre Karte musste sie feststellen, dass es entgegen ihrer Erwartungen in der Nähe kein Gasthaus gab. Ein „göttlicher Irrtum", erklärte sie rückblickend. Ein kleiner Junge riet ihr, es doch bei einer Mrs May zu versuchen, deren Bauernhaus in Drinkwater St. Lawrence lag, etwa eine halbe Meile die Straße hinunter, vielleicht würde sie Warner für eine Nacht unterbringen.

Mrs May war sofort bereit, die Fremde zu beherbergen, und die zwei Frauen waren sich auf Anhieb sympathisch. Als Warner am nächsten Morgen im Gästezimmer erwachte, in dem ein großer weißer Porzellan-Waschtisch „wie Mondlicht schimmerte", lief sie eilends zum Fenster und blickte über das Moor von Essex. Gebannt beobachtete sie, wie sich der alles umhüllende Nebel verflüchtigte und vor ihren Augen der Bauernhof mit den Anbauten, Gärten und Obstwiesen Gestalt annahm. Sofort fragte sie Mrs May, ob sie noch eine Nacht bleiben dürfe.

Beflügelt von der Aussicht auf einen langen Tag in der Marsch und den Abend in der wohltuenden Gesellschaft der Familie May, brach Warner auf, im Gepäck ihre bewährte Karte und *Das große Testament,* einen französischen

Gedichtband von François Villon. Nahe der Blackwatermündung setzte sie sich ins Gras und las. Gelegentlich blickte sie auf und betrachtete die Umgebung, die sie als echte Offenbarung erlebte. „Ich kannte dieses magische Gefühl, genau dort zu sein, wo ich sein wollte, verankert im Universum und leidenschaftlich still."

Einen ganzen Monat verbrachte Warner bei den Mays in der Marsch. Jeden Winkel saugte sie in sich auf, so sehr faszinierten sie die Landschaft und deren Bewohner. Darunter waren auch die Peculiar People, eine kleine puritanische christliche Sekte, die es nur in Essex gab. Und sie machte „die Entdeckung, dass es möglich war, Gedichte zu schreiben". Bisher hatte sie sich an Theaterstücken und Geschichten versucht – ihr erster publizierter Text war der längere Artikel „Behind the Firing Line" („Hinter der Schusslinie"), ein Erfahrungsbericht über ihre Arbeit in der Munitionsfabrik Vickers in Erith, der im Februar 1916 im *Blackwood's Magazine* erschien. Doch erst die Marsch von Essex machte sie zur Dichterin und entfesselte ihr schriftstellerisches Talent.

Etwas später im selben Jahr kehrte sie für einen Tag nach Blackwater zurück. Diesmal begleitete sie David „Bunny" Garnett, ein führender Literat der Bloomsbury Group und 1922 Preisträger des James Tait Black Memorial Prize für seinen Roman *Lady into Fox* (2016 in Neuübersetzung: *Dame zu Fuchs*). Warner hatte den Mitinhaber der Buchhandlung Birrell & Garnett in der Taviton Street 19, unweit des Britischen Museums, erst kürzlich kennengelernt, ihm aber bei der ersten Begegnung von den traumhaften Sümpfen in Essex vorgeschwärmt, sodass Garnett für den folgenden Sonntag einen gemeinsamen Ausflug zur Halbinsel Dengie vorschlug. Zuerst behagte es Garnett nicht besonders, an einem kalten grauen Wintertag „unter dem weiten Himmel über die grauen Felder einem unsichtbaren grauen Horizont" entgegenzustapfen. Dann gestand er ein, dass sie recht hatte und dass „den grauen Mooren eine ganz eigene, melancholisch-schaurige Schönheit innewohnte".

Auf der langsamen, kalten Zugfahrt zurück nach London war die von Kopf bis Fuß mit Schlamm bespritzte Warner zu erschöpft zum Reden, doch sie gab Garnett einige ihrer Gedichte zu lesen. Dieser war sofort von der Qualität ihrer Verse überzeugt und sorgte dafür, dass sie bei Charles Prentice, Redakteur bei *Chatto & Windus,* auf dem Tisch landeten. Prentice wollte nicht nur mehr von ihr lesen, sondern publizierte ihre Gedichte und fragte sie, ob sie nicht auch Erzählungen oder einen Roman zu bieten hätte. Daraufhin legte Warner ihm ihren Entwurf für *Lolly Willowes oder Der liebevolle Jägersmann* vor, einen fulminanten Bericht über eine alte Jungfer, die (im ziemlich wörtlichen Sinne) einen Pakt mit dem Teufel schließt. Ihr Debütroman 1926 war eine Sensation und ist bis heute ihr bekanntestes Werk. Erst in ihrem zweiten Roman, *The True Heart,* einer Neubearbeitung der Geschichte von Amor und Psyche, nutzte Warner sehr wirkungsvoll die Landschaften von Essex und der fiktive Schauplatz New Easter knüpft an die einzigartigen Gegenden an, die Warner auf der Bartholomew-Karte von Anbeginn fasziniert hatten.

▲ Porträtfoto von David Garnett.

▶ Der Fluss Blackwater und das Marschland von Essex, England.

SYLVIA TOWNSEND WARNER FINDET POESIE IN DER MARSCH VON ESSEX

Mary Wollstonecraft tröstet ihr Herz in Skandinavien

Mary Wollstonecraft (1759–1797) verließ Ende Juni 1795 die englische Hafenstadt Hull und brach nach Göteborg in Schweden auf. Gerade erst einen Monat zuvor hatte sie versucht, ihrem Leben ein Ende zu setzen. Eine unglückliche Liebesaffäre mit dem zwielichtigen US-amerikanischen Geschäftsmann Gilbert Imlay hatte die couragierte Autorin der radikalfeministischen Streitschrift *A Vindication of the Rights of Woman* („Verteidigung der Rechte der Frau") zu diesem Schritt getrieben. Dass sie in Imlays Auftrag nach Skandinavien fuhr, um eine finanzielle Angelegenheit zu klären, bei der es um ein abhandengekommenes Schiff mit dubioser Silberfracht ging, war verknüpft mit der Hoffnung (ihrer zumindest), die Beziehung doch noch zu retten. Für Imlay hatte der Plan, abgesehen von dem Geld, wahrscheinlich den gemeinen Vorteil, sich die lästige Autorin so für eine Weile vom Hals zu schaffen. Vielleicht redete er sich auch – irrtümlicherweise – ein, der Aufenthalt im eiskalten Norden könnte ihren Übereifer etwas abkühlen.

Eine Frau auf Geschäftsreise, mit einjährigem Kind und französischem Kindermädchen im Schlepptau, war in den nordischen Ländern sehr unüblich. Schweden, Norwegen und Dänemark, die heute in puncto Gleichberechtigung bewundernswerte Zahlen vorweisen, gaben vor zweihundert Jahren ein erheblich tristeres Bild ab. Wollstonecraft berichtete, wie schockiert und irritiert die schwedischen Frauen reagierten, als sie einfach nur alleine spazieren gehen wollte, und dass sie von einem der ersten Gastgeber im Lande sanft gerügt wurde, weil sie „Männerfragen" stellte.

Geboren wurde Wollstonecraft in Spitalfields, einem begüterten Vorort im Osten der Londoner City, in dem viele aus Frankreich eingewanderte protestantische Hugenotten lebten, die in der Seidenindustrie arbeiteten. Wollstonecrafts Großvater war ein ehemaliger Seidenweber, der es im Einzelhandel zu Wohlstand gebracht hatte, und die Familie war zum Zeitpunkt der Geburt der Autorin gut situiert. Bedauerlicherweise verschleuderte Wollstonecrafts Vater Edward, ein launischer, unberechenbarer Alkoholiker, das familiäre Vermögen, indem er seinem Wunschtraum nachjagte, ein vornehmer Gutsbesitzer werden zu wollen. Der erste einer Reihe katastrophaler Umzüge, die dazu führten, dass sie abwechselnd in Barking (Essex) und einem Dorf außerhalb von Beverley (East Riding of Yorkshire) lebten, führte die Familie nach Epping Forest in Essex, wo sich der Vater als Landadeliger versuchte. In der Schule in Beverley erhielt Wollstonecraft eine prägende Lektion, was die sexuelle Ungleichheit betraf. Ihre Brüder wurden am örtlichen Jungengymnasium in Latein, Geschichte und Mathematik unterrichtet, während man ihr und ihrer Schwester an der benachbarten

Mädchenschule nur einfaches Rechnen und Handarbeiten beibrachte.

Gemeinsam mit ihrer Freundin Fanny Blood gründete Wollstonecraft 1783 eine progressive Tagesschule für Mädchen in Newington Green. In dieser Londoner Gegend gab es auch eine Kapelle der Unitaristen, die Mary mit anderen christlichen Abweichlern besuchte und in der Versammlungen stattfanden, die politische Reformen und die Abschaffung der Sklaverei einforderten. Wollstonecrafts literarisches Debüt folgte zwei Jahre später, eine 162-seitige Abhandlung über Frauen und Pädagogik mit dem Titel *Thoughts on the Education of Daughters* („Gedanken zur Erziehung von Töchtern"). Die positive Resonanz auf die Veröffentlichung brachte ihren Verleger Joseph Johnson dazu, sie mit Korrektur- und Übersetzungsarbeiten zu versorgen und alle nachfolgenden Bücher der Autorin zu publizieren. So konnte Wollstonecraft ihre Lehrtätigkeit aufgeben und einzig und allein vom Schreiben leben, was für eine Frau in jener Zeit außergewöhnlich war.

Weder die Autorin noch ihr Verleger wollten Material vergeuden und so mündete ihr Skandinavien-Aufenthalt in ein weiteres Werk: *Reisebriefe aus Südskandinavien*. Das Buch, 1796 erschienen, sollte nicht nur ihr letztes sein, das sie zu Lebzeiten veröffentlichte, sondern auch das von Kritikern am höchsten gelobte und das kommerziell erfolgreichste Werk ihrer Laufbahn. Bestehend aus 25 Briefen, die Wollstonecraft an den anonymen Vater ihres Kindes schrieb, basiert es auf den sehr realen, recht emotionalen

MARY WOLLSTONECRAFT TRÖSTET IHR HERZ IN SKANDINAVIEN

▼ Fjord in der Nähe der Stadt Risør, Provinz Agder, Norwegen.

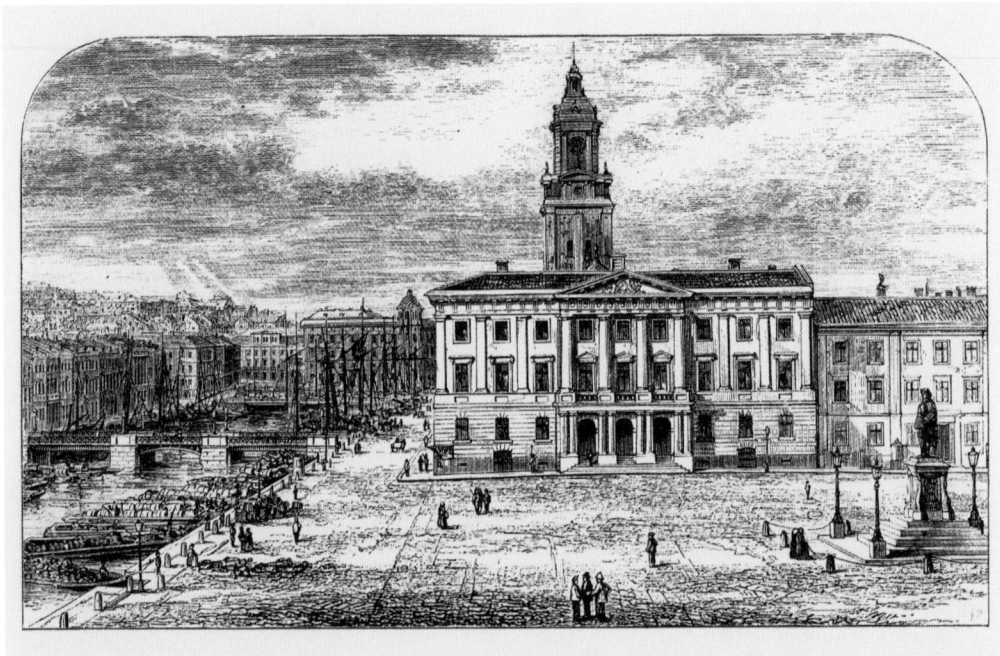

und gelegentlich auch bissigen, persönlichen Nachrichten, die sie an Imlay schickte, während sie ihre Reise entlang der schwedischen Küste nach Norwegen, zurück nach Dänemark und nach Hamburg führte, von wo aus sie ein Schiff zurück nach England nahm.

Für einige Wochen ließ Wollstonecraft ihre Tochter Fanny in der Obhut des Kindermädchens in Göteborg und besuchte währenddessen Larvik (Laurvik), Kviström (Kvistrum) und Strömstad in Schweden. Anschließend setzte sie nach Norwegen über und reiste nach Oslo (damals Kristiania). Sie staunte über die Freiheiten, die der dänische König der Bevölkerung des Landes gewährte. Ihre wohl glücklichsten Tage verbrachte sie im norwegischen Tønsberg, in dem sie sich Ende Juli für eine Weile niederließ. Sie wanderte, ging reiten und badete im Meer, außerdem machte sie sich im Auftrag von Johnson ans Schreiben. Ihre literarischen Bemühungen halfen ihr, sich von Imlay loszusagen, und die frische Luft und spektakulären Landschaften wirkten sich heilend auf ihr körperliches und geistiges Wohlbefinden aus.

Ihre *Reisebriefe aus Südskandinavien*, in denen die einsame und melancholische, vom Liebhaber verschmähte Ich-Erzählerin über ihre Reise durch abgelegene und unwirtliche Regionen berichtete, wurden zum Vorbild für eine Vielzahl romantischer Wanderungen. Wollstonecrafts eigene Gefühlslage spiegelt sich an vielen Stellen in den poetischen Schilderungen des steinigen Geländes wider. Außerdem birgt ihr Werk viele soziologische Details über die Gesetze und Bräuche der Schweden, Norweger und Dänen, denen sie unterwegs begegnet war.

Ihre Schilderungen der Wasserfälle von Fredrikstad in Norwegen und Trollhättan in Schweden sollen Samuel Taylor Coleridge zu seiner lyrischen Darstellung des mythischen Flusses bei Xanadu inspiriert haben. Auch dass Wollstonecrafts zweite Tochter Mary Shelley ihren Victor Frankenstein, der das Monster erschuf, in den eisigen hohen Norden schickte, soll auf die Berichte ihrer Mutter über die Reise in die frostigen Gefilde zurückzuführen sein.

Nachdem sich Wollstonecraft endlich von Imlay gelöst hatte und mit dem Sozialphilosophen und politischen Denker William Godwin eine für beide Seiten erfüllende Partnerschaft eingegangen war, starb sie tragischerweise nur zehn Tage nach Shelleys Geburt. Godwin sprach wohl im Namen vieler Bewunderer ihres letzten Werks, als er sagte: „Vielleicht wäre ein Reisebuch, das die Herzen der Leser weniger innig berührt hätte, niemals gedruckt worden."

◀ OBEN Stich von Oslo (seinerzeit Kristiania), um 1800.

◀ UNTEN Stich von Göteborg, Schweden, um 1800.

Virginia Woolf begeistert sich für das antike Griechenland

In ihrem Essay *A Sketch of the Past* (dt. Titel *Eine Skizze der Vergangenheit*) von 1939 erinnert sich Virginia Woolf, geborene Stephen (1882–1941), daran, wie sie von ihrem älteren Bruder erstmals etwas über die Griechen erfuhr. Thoby „Goth" Stephen erzählte seiner Schwester die Geschichte von Hektor und Troja, als er das erste Mal von seiner Oberschule in Clifton nach Hause kam. Tatsächlich studierte Woolf ab 1897 im Ladies' Department am King's College London Altgriechisch bei George Ward. Und 1902 nahm sie Privatunterricht bei der Altgriechisch-Gelehrten Janet Case, deren Unterricht die Grundlage bildete für ihren Essay *Von der Unkenntnis des Griechischen*.

Im September 1906 sollte Woolf ihre erste Reise nach Griechenland unternehmen, auf der ihre Schwester Vanessa sowie Violet Dickinson, eine ältere, enge Freundin der Familie, sie begleiten würden. Thoby und ihr jüngster Bruder Adrian, die sie in Olympia treffen wollten, waren bereits vorausgefahren. Woolf bereitete sich gründlich auf die Reise vor, studierte Karten und Reiseführer und versuchte das klassische Griechenland ihrer Studien und Fantasie geografisch im Verhältnis zur modernen griechischen Nation einzuordnen, die nach jahrhundertelanger osmanischer Herrschaft entstanden war.

Virginia, Vanessa und Violet reisten zuerst mit dem Zug durch Italien nach Brindisi und setzten mit dem Schiff nach Patras in Griechenland über, von wo sie ein Bummelzug nach Olympia brachte. Einen Bahnhof in unmittelbarer Nähe zur antiken Hermes-Statue des Praxiteles vorzufinden, machte Woolf sprachlos.

Ihrer Biografin Hermione Lee zufolge war Woolf nicht sehr angetan von der modernen hellenischen Welt, zum größten Teil zumindest. Die Bettwanzen in ihrem Hotel in Korinth und die vielen Bettler trugen zu ihrem Missfallen bei. Woolf fand die modernen Stadtteile Athens und die des Altgriechischen nicht mächtigen modernen Athener „nicht athenisch", so Lee. An anderer Stelle, auch in ihrem Tagebuch, notierte Woolf, das moderne Griechenland sei „so schwach und zerbrechlich", dass es „komplett zerfiele, würde es mit den antiken Bruchstücken konfrontiert."

Doch die nobleren Viertel Athens mit den engen Straßen erinnerten sie an St. Ives in Cornwall, wo sie einen Großteil ihrer Kindheit verbracht hatte. Auch die Akropolis enttäuschte sie nicht, welche sie während ihrer Anreise quer durch Europa vorfreudig erwartet hatte, wie man Woolfs Briefen entnimmt. Ihr Roman *Jacobs Zimmer*, 1922 erschienen und zum Teil in Griechenland angesiedelt, greift Woolfs damalige Eindrücke auf: „Der Anblick von Hymettus, Pentelikon, Lykabettos auf der einen Seite, und vom Meer auf der anderen, während man bei Sonnenuntergang im Parthenon steht, der Himmel rosa gefiedert, die Ebene in allen Farben, der Marmor gelbbraun für das Auge, ist auf diese Weise bedrückend."

Gleich mehrere Begebenheiten dieser Griechenlandtour, darunter eine Expedition mit Maultieren auf den Berg Pentelikon, hielten

Einzug in *Die Fahrt hinaus,* ihren Debütroman von 1915, auch wenn dieser eigentlich von einer Gruppe englischer Passagiere auf der Schiffsreise nach Südamerika handelt.

Woolf und ihre Begleiter besichtigten Eleusis (Elefsína), die Festungen von Nauplia (Nafplio), das Amphitheater von Epidauros, die berühmten Gräber von Mykene und den „homerischen Palast" in Tiryns, den sie „wie ein englisches Schloss, nur prähistorisch" fand. In Achmetaga auf der Insel Euböa beobachtete Woolf die Archäologen bei ihrer Arbeit an den Ruinen. Von dort reisten sie auf einem Schiff durch die Dardanellen nach Istanbul (seinerzeit Konstantinopel) und schauten zur Abendandacht in der Hagia Sophia vorbei.

Zuvor war Vanessa, die sich auf der Hinreise eine Blinddarmentzündung zugezogen hatte, in Griechenland fast nur im Hotelzimmer in Athen unter Violets Obhut geblieben, während Virginia und ihre Brüder Exkursionen unternahmen. Thoby reiste am 14. Oktober direkt zurück nach London und die anderen wählten den gemächlicheren Heimweg, trotz Vanessas angeschlagener Gesundheit. Von Istanbul reisten sie mit dem Orient-Express ins belgische Ostende und setzten mit der Fähre nach Dover in England über, das sie am 1. November 1906 erreichten.

Zurück in London erwartete sie die Schreckensnachricht, dass ihr Bruder Thoby an heftigem Fieber und Diarrhö litt. Zuerst tippte der Hausarzt auf Malaria, aber dem Patienten ging es zunehmend schlechter und es stellte sich heraus, dass es Typhus war. Nach zuerst guten Prognosen verschlechterte sich nach einer

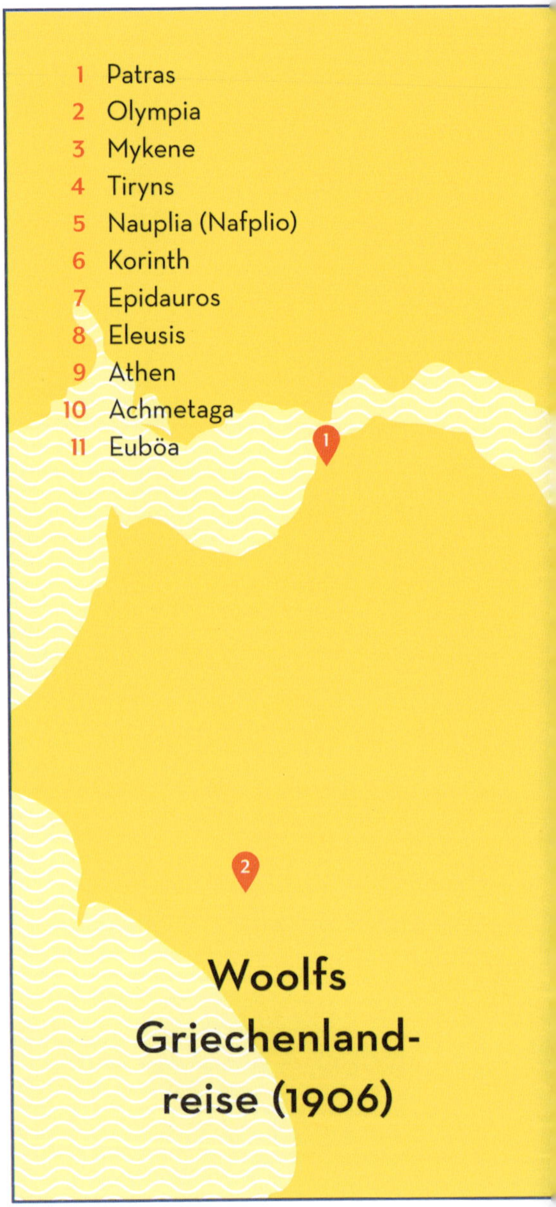

1 Patras
2 Olympia
3 Mykene
4 Tiryns
5 Nauplia (Nafplio)
6 Korinth
7 Epidauros
8 Eleusis
9 Athen
10 Achmetaga
11 Euböa

Woolfs Griechenlandreise (1906)

◀ VORIGE SEITE
Akropolis in Athen.

VIRGINIA WOOLF BEGEISTERT SICH FÜR DAS ANTIKE GRIECHENLAND

Operation am 17. November Thobys Zustand gravierend und er starb drei Tage später im Alter von nur 26 Jahren.

Thoby hatte die regelmäßigen Treffen gleichgesinnter Freunde an einem *jour fixe,* dem Donnerstagabend, im Haus der Stephen-Geschwister im Londoner Stadtteil Bloomsbury initiiert. Er kann somit zu Recht als Gründervater der „Bloomsbury Group", einem intellektuellen Kreis von Schriftstellern und Künstlern, bezeichnet werden. Woolf bewahrte in ihrem Werk das Andenken an ihren Bruder und ihre gemeinsame Zeit in Griechenland. Vor allem ihr Roman *Jacobs Zimmer* ist eine Elegie für Thoby, mit dem der Protagonist viele Lebensumstände und Charakterzüge teilt.

◀ Theater von Epidauros in Griechenland, Aquarell um 1906.

▼ Porträt von Thoby Stephen, um 1902.

Auswahl-bibliografie

Das vorliegende Werk ist dank einer Fülle anderer Bücher und Texte entstanden. Aus diesem Grund will diese Auswahlbibliografie Ehre geben, wem Ehre gebührt, und allen Interessierten ein guter Wegweiser für die vertiefende Lektüre sein.

Hans Christian Andersen
Andersen, Hans Christian: *„Ja, ich bin ein seltsames Wesen …", Tagebücher 1825–1875.* Aus dem Dänischen übersetzt von Gisela Perlet. Wallstein Verlag 2000.
Andersen, Hans Christian: *Märchen meines Lebens.* Aus dem Dänischen übersetzt von Michael Birkenbihl. insel taschenbuch 2004.
Andersen, Hans Christian: *Der Improvisator.* Aus dem Dänischen übersetzt von Jörg Scherzer. Ars Vivendi 2004.
Andersen, Jens: *Hans Christian Andersen – Eine Biographie.* Aus dem Dänischen übersetzt von Ulrich Sonnenberg. Insel Verlag 2005.

Maya Angelou
Angelou, Maya: *Ich kenne einen Ort weit weg von hier.* Aus dem Englischen übersetzt von Marieke Heimburger. Suhrkamp 2022.
Angelou, Maya: *Ich weiß, warum der gefangene Vogel singt.* Aus dem Englischen übersetzt von Harry Oberländer. Suhrkamp 2018.
Angelou, Maya: *Was die Wahrheit uns bedeutet.* Aus dem Englischen übersetzt von Christiane Buchner. Suhrkamp 2022.
Winterling, Tilman: *Maya Angelou: „Ich weiß, warum der gefangene Vogel singt"– Von Rassentrennung, Resignation und Rebellion.* Deutschlandfunk (11.02.2019).

W. H. Auden und Christopher Isherwood
Arendt, Hannah: *Ich erinnere an Wyston H. Auden,* in: *Menschen in finsteren Zeiten.* Piper 2001.
Auden, W. H. und Christopher Isherwood: *Journey to a War.* Faber 1939.
Fryer, Jonathan: *Isherwood: A Biography.* New English Library 1977.
Isherwood, Christopher: *Christopher and His Kind, 1929–1939.* Methuen 1985.

Jane Austen
Austen, Jane: *Die Watsons / Lady Susan / Sanditon: Die unvollendeten Romane.* Aus dem Englischen übersetzt von Christian und Ursula Grawe. Reclam 2011.
Austen-Leigh, William und Richard A. Austen-Leigh: *Jane Austen – Die Biographie.* Aus dem Englischen übersetzt von Gudrun Weithaler. Ullstein Verlag 1998.
Dirdre Le Faye: *Jane Austen und ihre Zeit.* Aus dem Englischen übersetzt von Anja Schünemann und Michael Windgassen. Nicolaische Verlagsbuchhandlung 2002.
Grawe, Christian: *Darling Jane – Jane Austen, eine Biographie.* Reclam 2017.

James Baldwin
Baldwin, James: *Giovannis Zimmer.* Aus dem Englischen übersetzt von Miriam Mandelkow. dtv 2020.
Baldwin, James: *Von dieser Welt.* Aus dem Englischen übersetzt von Miriam Mandelkow. dtv 2019.
Baldwin, James: *Von einem Sohn dieses Landes – „Notes of a Native Son": Essays.* Aus dem Englischen übersetzt von Miriam Mandelkow. dtv 2022.

Bashō

Bashō, Matsuo: *Auf schmalen Pfaden durchs Hinterland.* Aus dem Japanischen übersetzt von Géza S. Dombrady. Dieterich'sche Verlagsbuchhandlung, 2021.

Bashō, Matsuo: *Hundertundelf Haiku.* Aus dem Japanischen übersetzt von Ralph R. Wuthenow. Ammann Verlag 1994.

Ōhashi Ryōsuke (Hg.): *Die Philosophie der Kyōto-Schule.* Verlag Karl Alber 2011.

Teiko, Inahata: *Welch eine Stille! Die Haiku-Lehre des Takahama Kyoshi.* Aus dem Japanischen übersetzt von Takako von Zersse. Hamburger Haiku Verlag 2006.

Charles Baudelaire

Baudelaire, Charles: *Les Fleurs du Mal – Die Blumen des Bösen. Gedichte.* Aus dem Französischen übersetzt von Simon Werle. Rowohlt 2017.

Holitscher, Arthur: *Charles Baudelaire. Eine Biografie.* LIWI Verlag 2021.

Pichois, Claude und Jean Ziegler: *Baudelaire.* Aus dem Französischen übersetzt von Tamina Groepper. Steidl Verlag 1994.

Elizabeth Bishop

Bishop, Elizabeth: *Alles Meer ein gleitender Marmor. Gedichte.* Aus dem Englischen übersetzt von Klaus Martens. Mattes Verlag 2011.

Bishop, Elizabeth: *Brazil.* The Sunday Times, World Library 1963.

Bishop, Elizabeth: *Der stille Wahn: Erzählungen.* Aus dem Englischen übersetzt von Reinhard Kaiser. Fischer 1993.

Bishop, Elizabeth: *Gedichte.* Aus dem Englischen übersetzt von Steffen Popp. Carl Hanser Verlag 2018.

Travisano, Thomas: *Love Unknown: The Life and Worlds of Elizabeth Bishop.* Viking 2019.

Karen Blixen

Ahrens, Helmut: *Die afrikanischen Jahre der Tania Blixen. Eine biografische Skizze.* Droste Verlag 2003.

Blixen, Tania: *Briefe aus Afrika 1914 – 1931.* Aus dem Dänischen übersetzt von Sigrid Daub. Rowohlt 1993.

Blixen, Tania: *Jenseits von Afrika.* Aus dem Dänischen übersetzt von Gisela Perlet. Manesse 2010.

Blixen, Tania: *Schatten wandern übers Gras.* Aus dem Englischen übersetzt von Wolfheinrich von der Mülbe und W. E. Süskind. Fischer 1961.

Blixen, Tania: *Sieben phantastische Geschichten.* Aus dem Englischen übersetzt von Thyra Dohrenburg, Martin Lang und W. E. Süskind. Rowohlt 1993.

Heinrich Böll

Böll, Heinrich: *Irisches Tagebuch.* Kiepenheuer & Witsch 2007.

Fischer, Bernd Erhard: *Das Irland des Heinrich Böll.* Edition A. B. Fischer 2009.

Reiner, Jule: *Grüß die Lieben in Mayo. Auf Heinrich Bölls Wegen durch Irlands Westen.* CD-ROM, Irland Information Frankfurt 2007.

Lewis Carroll

Carroll, Lewis: *Alice hinter den Spiegeln.* Aus dem Englischen übersetzt von Christian Enzensberger. Insel Verlag 1974.
Carroll, Lewis: *Alice im Wunderland.* Aus dem Englischen übersetzt von Christian Enzensberger. Insel Verlag 1973.
Carroll, Lewis: *Tagebuch einer Reise nach Rußland im Jahre 1867.* Aus dem Englischen übersetzt von Eleonore Frey. Insel Verlag 2000.
Kleinspehn, Thomas: *Lewis Carroll.* Rowohlt 1997.
Postma, Heiko: *„Die Frage ist, wer das Sagen hat" – Über Lewis Carroll.* JMB Verlag 2016.

Agatha Christie

Christie, Agatha: *Der Tod auf dem Nil.* Aus dem Englischen übersetzt von Pieke Biermann. Fischer 2003.
Christie, Agatha: *Meine gute alte Zeit: Eine Autobiographie.* Aus dem Englischen übersetzt von Hans Erik Hausner. Atlantik Verlag 2017.
Christie, Agatha: *Mord im Orientexpress.* Aus dem Englischen übersetzt von Otto Bayer. Scherz 1999.
Christie, Agatha: *Mord in Mesopotamien.* Aus dem Englischen übersetzt von Lola Humm. Scherz 1990.
Sichtermann, Barbara: *Agatha Christie – Biografie.* Osburg Verlag 2020.

Wilkie Collins und Charles Dickens

Collins, Wilkie: *Die Frau in Weiß.* Aus dem Englischen übersetzt von Arno Schmidt. Fischer 2009.
Collins, Wilkie und Charles Dickens: *The Lazy Tour of Two Idle Apprentices. No Thoroughfare. The Perils of Certain English Prisoners.* Chapman & Hall 1890.
Gelfert, Hans-Dieter: *Charles Dickens, der Unnachahmliche – Eine Biographie.* C. H. Beck 2011.

Joseph Conrad

Conrad, Joseph: *Herz der Finsternis.* Aus dem Englischen übersetzt von Sophie Zeitz. dtv 2005.
Schenkel, Elmar: *Fahrt ins Geheimnis. Joseph Conrad. Eine Biographie.* Fischer 2015.
Stape, John: *Im Spiegel der See: Die Leben des Joseph Conrad.* Aus dem Englischen übersetzt von Eike Schönfeld. Mareverlag 2007.
Wiggershaus, Renate: *Joseph Conrad. Leben und Werk in Texten und Bildern.* Insel 2007.

Sir Arthur Conan Doyle

Deutsche Sherlock-Holmes-Gesellschaft (Hg.): *Die Abenteuer zweier britischer Gentlemen in der Schweiz – Auf den Spuren von Sir Arthur Conan Doyle und Sherlock Holmes.* DSHG Verlag 2016.
Doyle, Arthur Conan: *Eine Studie in Scharlachrot.* Aus dem Englischen übersetzt von Henning Ahrens. Fischer 2016.
Doyle, Arthur Conan: *Erinnerungen und Abenteuer: Eine Autobiographie.* Aus dem Englischen übersetzt von Mandana Bagheri et al. Verlag 28 Eichen 2017.

F. Scott Fitzgerald

Brown, David S.: *Paradise Lost: A Life of F. Scott Fitzgerald.* The Belknap Press of Harvard University Press 2017.
Elborough, Travis: *Wish You Were Here: England on Sea.* Sceptre 2010.
Fitzgerald, Zelda: *Ein Walzer für mich.* Aus dem Englischen übersetzt von Pociao. Diogenes Verlag 2011.
Fitzgerald, F. Scott: *Der große Gatsby.* Aus dem Englischen übersetzt von Hans-Christian Oeser. Reclam 2012.
Karl, Michaela: *„Wir brechen die 10 Gebote und uns den Hals" – Zelda und F. Scott Fitzgerald. Eine Biografie.* btb Verlag 2013.

AUSWAHLBIBLIOGRAFIE

Gustave Flaubert
Dewitz, Bodo von (Hg.): *Die Reise zum Nil 1849–1850. Maxime Du Camp und Gustave Flaubert in Ägypten, Palästina und Syrien.* Steidl Verlag 1997.
Flaubert, Gustave: *Die Briefe an Louise Colet.* Aus dem Französischen übersetzt von Cornelia Hasting. Haffmans Verlag 1995.
Flaubert, Gustave: *Reisebilder. Briefe aus dem Orient.* Aus dem Französischen übersetzt von Frederick Philip Grove. LIWI Verlag 2020.

Johann Wolfgang von Goethe
Giel, Volker (Hg.): *Johann Wolfgang Goethe, Briefe: Anfang 1785 – 3. September 1786.* De Gruyter Akademie Forschung 2010.
Goethe, Johann Wolfgang von: *Italienische Reise.* Reclam 2020.
Miller, Norbert: *Der Wanderer – Goethe in Italien.* Hanser 2002.

Graham Greene
Greene, Barbara: *Im Hinterland. Barbara und Graham Greene in Liberia.* Aus dem Englischen übersetzt von Christiane Buchner. P. Kirchheim Verlag 2008.
Greene, Graham: *Das Herz aller Dinge.* Aus dem Englischen übersetzt von Edith Walter. dtv 2009.
Greene, Graham: *Reise ohne Landkarten.* Aus dem Englischen übersetzt von Michael Kleeberg. Liebeskind 2015.

Hermann Hesse
Decker, Gunnar: *Hermann Hesse – Der Wanderer und sein Schatten. Biographie.* Suhrkamp 2013.
Hesse, Hermann: *Aus Indien. Aufzeichnungen von einer indischen Reise.* Fischer 1913.
Hesse, Hermann: *Der Steppenwolf.* Fischer 1927.
Hesse, Hermann: *Kindheit des Zauberers: Ein autobiographisches Märchen.* Insel Verlag 1974.
Hesse, Hermann: *Siddhartha. Eine indische Dichtung.* Fischer 1922.

Patricia Highsmith
Cavigelli, Franz, Fritz Senn und Anna von Planta: *Patricia Highsmith – Leben und Werk.* Diogenes 1996.
Highsmith, Patricia: *Der talentierte Mr. Ripley.* Aus dem Englischen übersetzt von Melanie Walz. Diogenes 2002.
Wilson, Andrew: *Schöner Schatten. Das Leben von Patricia Highsmith.* Aus dem Englischen übersetzt von Anette Grube und Susanne Röckel. Berlin Verlag 2003.

Zora Neale Hurston
Boys, Valerie: *Wrapped in Rainbows: The Life of Zora Neale Hurston.* Virago 2003.
Hurston, Zora Neale: *Ich mag mich, wenn ich lache.* Aus dem Englischen übersetzt von Barbara Henninges. Ammann Verlag 2000.
Hurston, Zora Neale: *Vor ihren Augen sahen sie Gott.* Aus dem Englischen übersetzt von Hans-Ulrich Möhring, edition fünf 2011.

Jack Kerouac
Bardola, Nicola: *Jack Kerouac – Beatnik / Genie / Rebell – Die Biografie.* Goldmann 2022.
Hetmann, Frederik: *Bis ans Ende aller Straßen. Die Lebensgeschichte des Jack Kerouac.* Beltz & Gelberg 1989.
Kerouac, Jack: *On the Road. Die Urfassung.* Aus dem Englischen übersetzt von Ulrich Blumenbach und Michael Kellner. Rowohlt 2011.

Jack London
London, Jack: *Der Ruf der Wildnis.* Aus dem Englischen übersetzt von Lutz-W. Wolff. dtv 2013.
London, Jack: *In einem fernen Land. Ausgewählte Erzählungen.* Aus dem Englischen übersetzt von Rainer von Savigny und Renate Sandner. Fischer 2011.
London, Jack: *Wolfsblut.* Aus dem Englischen übersetzt von Günter Löffler. Diogenes 2009.

Viotte, Michel und Mauberret Noël: *Die vielen Leben des Jack London.* Aus dem Englischen übersetzt von Annegret Hunke-Wormser. Knesebeck Verlag 2016.

Federico García Lorca
Genschow, Karen: *Federico García Lorca: Leben, Werk, Wirkung.* Suhrkamp 2011.
Gibson, Ian: *Federico García Lorca: Eine Biographie.* Aus dem Englischen übersetzt von Bernhard Straub. Suhrkamp 1994.
Lorca, Federico García: *Dichter in New York – Poeta en Nueva York.* Aus dem Spanischen übersetzt von Martin von Koppenfels. Suhrkamp 2019.

Katherine Mansfield
Citati, Pietro: *Katherine Mansfield: Ein kurzes Leben.* Aus dem Italienischen übersetzt von Dora Winkler. Europäische Verlagsanstalt 1998.
Mansfield, Katherine: *Fliegen, tanzen, wirbeln, beben: Vignetten eines Frauenlebens.* Aus dem Englischen übersetzt von Irma Wehrli. Manesse Verlag 2018.
Mansfield, Katherine: *In einer deutschen Pension.* Aus dem Englischen übersetzt von Ute Haffmans. Zweitausendeins 2011.

Herman Melville
Delbanco, Andrew: *Melville.* Aus dem Englischen übersetzt von Werner Schmitz. Carl Hanser Verlag 2007.
Melville, Herman: *Mardi und eine Reise dorthin.* Aus dem Englischen übersetzt von Rainer G. Schmidt. btb 2000.
Melville, Herman: *Moby-Dick oder: Der Wal.* Aus dem Englischen übersetzt von Friedhelm Rathjen. Zweitausendeins 2004.
Pechmann, Alexander: *Herman Melville. Leben und Werk.* Böhlau Verlag 2003.

Alexander Puschkin
Keil, Rolf-Dietrich: *Puschkin: Ein Dichterleben. Biographie.* Insel Verlag 1999.
Lauer, Reinhard und Alexander Graf: *A. S. Puškins Werk und Wirkung: Beiträge zu einer Göttinger Ringvorlesung.* Harrassowitz Verlag 2000.
Puschkin, Alexander: *Der Gefangene im Kaukasus.* Aus dem Russischen übersetzt von Martin Remané. Insel Verlag 1983.
Puschkin, Alexander: *Die Reise nach Arzrum während des Feldzugs im Jahre 1829.* Aus dem Russischen übersetzt von Peter Urban. Friedenauer Presse 1998.

J. K. Rowling
Fraser, Lindsey: *Viel Zauber um Harry. Die Welt der Joanne K. Rowling.* Aus dem Englischen übersetzt von Till Martin. Carlsen Verlag 2001.
Rowling, J. K.: *Harry Potter und der Stein der Weisen.* Aus dem Englischen übersetzt von Klaus Fritz. Carlsen Verlag 1998.
Shapiro, Marc: *J. K. Rowling – Die Zauberin hinter Harry Potter.* Aus dem Englischen übersetzt von Ulrike Seeberger. Burgschmiet 2000.

Antoine de Saint-Exupéry
Hanimann, Joseph: *Antoine de Saint-Exupéry – Der melancholische Weltenbummler. Eine Biografie.* Orell Füssli Verlag 2013.
Saint-Exupéry, Antoine de: *Der kleine Prinz.* Aus dem Französischen übersetzt von Hans Magnus Enzensberger. dtv 2015.
Saint-Exupéry, Antoine de: *Wind, Sand und Sterne.* Aus dem Französischen übersetzt von Klaus Völker und Mirko Bonné. Karl Rauch Verlag 2019.
Schiff, Stacy: *Saint-Exupéry: Eine Biographie.* Aus dem Englischen übersetzt von Eva Brückner-Tuckwiller. Knaus 1994.

Sam Selvon

Dawson, Ashley: *Mongrel Nation: Diasporic Culture and the Making of Postcolonial Britain.* Michigan Publishing/University of Michigan 2007.

James, Louis: 'Obituary: Sam Selvon', The Independent, 19. April 1994.

Selvon, Samuel: *Die Taugenichtse.* Aus dem Englischen übersetzt von Miriam Mandelkow. dtv 2017.

Selvon, Samuel: *Eine hellere Sonne.* Aus dem Englischen übersetzt von Miriam Mandelkow. dtv 2019.

Bram Stoker

Belford, Barbara: *Bram Stoker: A Biography of the Author of Dracula.* Weidenfeld & Nicolson 1996.

Frayling, Christopher: *Vampyres: Genesis and Resurrection from Count Dracula to Vampirella.* Thames & Hudson 2016.

Murray, Paul: *From the Shadow of Dracula: A Life of Bram Stoker.* Cape 2004.

Stoker, Bram: *Dracula.* Aus dem Englischen übersetzt von Ulrich Bossier. Reclam 2020.

Sylvia Townsend Warner

Harman, Claire: *Sylvia Townsend Warner. A Biography.* Chatto & Windus 1989.

Warner, Sylvia Townsend: *Letters.* Chatto & Windus 1982.

Warner, Sylvia Townsend: *Lolly Willowes oder Der liebevolle Jägersmann.* Aus dem Englischen übersetzt von Ann Anders. Dörlemann 2020.

Warner, Sylvia Townsend: *The True Heart.* Chatto & Windus 1929.

Mary Wollstonecraft

Godwin, William und Mary Wollstonecraft: *Das Unrecht an den Frauen / Erinnerungen an Mary Wollstonecraft.* Aus dem Englischen übersetzt von Ingrid von Rosenberg. Ullstein 1993.

Priester, Karin: *Mary Wollstonecraft: Ein Leben für die Frauenrechte.* Langen Müller 2002.

Williams, John und Mary Shelley: *A Literary Life.* Macmillan 2000.

Wollstonecraft, Mary: *Reisebriefe aus Südskandinavien.* Aus dem Englischen übersetzt von Susanne Thurm. Reclam 1991.

Wollstonecraft, Mary: *Zur Verteidigung der Frauenrechte.* Aus dem Englischen übersetzt von Petra Altschuh-Riederer. ein-FACH-verlag 2008.

Virginia Woolf

Bell, Quentin: *Virginia Woolf: Eine Biographie.* Aus dem Englischen übersetzt von Arnold Fernberg. Suhrkamp 1982.

Lee, Hermione: *Virginia Woolf: Ein Leben.* Aus dem Englischen übersetzt von Holger Fliessbach. Fischer 2006.

Wiggershaus, Renate: *Virginia Woolf.* dtv 2006.

Woolf, Viriginia: *Augenblicke des Daseins: Autobiographische Skizzen.* Aus dem Englischen übersetzt von Brigitte Walitzek. S. Fischer Verlag 2012.

Woolf, Virginia: *Die Feder wittert die Fährte – Eine Skizze der Vergangenheit.* Aus dem Englischen übersetzt von Elizabeth Gilbert. Manesse-Verlag 2008.

Woolf, Viriginia: *Jacobs Zimmer.* Aus dem Englischen übersetzt von Heidi Zerning. Fischer 2000.

Index

A Vindication of the Rights of Woman 201
Abu Qir 98, 102
Abu Simbel 98
Abukir *siehe* Abu Qir
Accompong 132, 133
Accra 12–15
Achill, Insel 50, 51, 52
Achmetaga 208
Ägypten 12, 17, 67, 79, 98–103, 176, 178–181
al-Atf *siehe* Mahmudiyya
Albuquerque 139, 140
Aleppo 62, 67
Alexandria 98, 102, 103
Ali, Muhammad 15
Alice hinter den Spiegeln 57
Alice im Wunderland 54, 57
All the Year Round 68, 71
Allonby 68, 69, 70
Andersen, Hans Christian 8–11, 212
Anderson, Gidske 31
Angelou, Maya 12–15, 212
Anne Elliot 22–25
Antibes 91, 92, 95
Arcahaie 133, 135
Assuan 98
Athen 62, 206–208
Auden, W. H. 16–21, 212
Auf schmalen Pfaden durchs Hinterland 34, 36
Aupick, General 39
Aus Indien: Aufzeichnungen von einer indischen Reise 122
Austen, Jane 22–27, 212

Bachtschissarai 167, 171
Bad Wörishofen 154–159
Bagdad 162
Bakersfield 139, 140
Balaklawa 167, 171

Baldwin, James 15, 28–33, 212
Barcelona 17
Bashō 34–37, 213
Baudelaire, Charles 38–43, 213
Bengasi 176
Benveniste, Asa 29
Berlin 54, 57
Bernardes, Sérgio 46
Bishop, Elizabeth 44–49, 213
Bizerte 176
Blackwatermündung 195, 197, 198
Blixen, Karen 78–81, 213
Blixen-Finecke, Baron Bror von 78, 81
Blood, Fanny 202
Bloomsbury Group 211
Boas, Franz 131
Bogani-Farm 79, 81
Bolahun 114
Böll, Heinrich 50–53, 213
Bologna 105, 107, 124, 126
Boma 72, 73, 75
Bond, Louis und Marshall 144, 147
Bordeaux 38, 39, 41, 73, 161
Boris Godunow 171
Bouvard und Pécuchet 102
Bowden, George 154, 158
Boyomafälle 72, 74, 75
Bragard, Autard de 40
Brandel, Marc 125
Breslau 57, 58
Brighton 22
Broadwater 25
Broughton, Priscilla 31
Brown, Captain Oliver P. 163
Brüssel 54, 57
Buchanan 114, 116
Bushnellsville 153
Byron, Lord 99, 163, 165, 169, 171

Calais 54, 57, 58, 64, 67
Cap d'Antibes 92, 95
Capa, Robert 17

Capri 8, 10, 11, 111
Carlisle 68, 69, 70
Carrock Fell 70, 71
Carroll, Lewis 54–59, 214
Casement, Roger 74
Cassady, Neal 138, 140
Catania 105, 111
Cavanaugh, Inez 32
Ceylon *siehe* Sri Lanka
Chicago 21, 136, 137, 139
Chilkootpass 142, 144, 146, 147
China 16–21
Chișinău 166, 169, 171
Christie, Agatha 60–67, 214
Christopher and His Kind 17
Clark-Kerr, Sir Archibald 21
Cohen, Kathryn 125, 126
Colet, Louise 99
Collins, Wilkie 68–71, 213, 214
Comer See 105, 110, 111
Conrad, Joseph 72–77, 214
Corinna oder Italien 9
Crane, Hart 150
Crawford, Janie 135
Cru, Henri ,Hank' 136, 138
Cummings, Philip 152

Damaskus 62
Dänemark 8, 10, 78, 79, 200–202, 205
Danzig 54, 57
Das fehlende Glied in der Kette 61
Das Herz aller Dinge 117
Das letzte Problem 87, 88
Das verwitterte Skelett 34
Davenport 136, 139
Dawson City 142, 144, 147
De los Ríos, Fernando 149
De Onis, Federico 149
Demokratische Republik Kongo 72–77
Denver 138, 139
Der große Gatsby 90, 92, 95, 96
Der Improvisator 9, 10
Der kleine Prinz 177

Der Ruf der Wildnis 143, 147
Der Steppenwolf 118
Der talentierte Mr. Ripley 125, 126
Der Zug war pünktlich 51
Deutschland 8, 9, 10, 39, 51, 52, 56, 105, 118, 120, 157, 200,
Dichter in New York 153
Dickens, Charles 68–71, 164, 214
Dickinson, Violet 206
Die Abenteuer des Sherlock Holmes 82
Die Blumen des Bösen 40
Die Eisjungfrau 9
Die Fahrt hinaus 208
Die Frau in Weiß 71
Die Leiden des jungen Werther 104
Die Taugenichtse 182
Die Versuchung des heiligen Antonius 101, 103
Diécké 114
Dinesen, Isak *siehe* Karen Blixen
Dnipro 166, 167, 169
Dodgson, Charles Lutwidge *siehe* Lewis Carroll
Doncaster 68–71
Dover 17, 54, 57, 117, 200, 208
Doyle, Sir Arthur Conan 82–89, 214
Dracula 189, 190, 193
Drinkwater St Lawrence 195, 197
Du Camp, Maxime 99, 101–103
Dublin 51, 52
Duogobma 114
Dyea 142, 144

Edo *siehe* Tokio
Education sentimentale 99
Eine hellere Sonne 185
Eine Studie in Scharlachrot 82
Eleusis 208
Emma 22

Ems 57, 58
England 22–27, 51, 53, 56, 58, 62, 68–71, 87, 113, 124, 125, 157, 163–165, 172–175, 182–187, 188–193, 194–199, 201, 202, 208
Epidauros 208, 210
Essex 194–199
Euböa 208

Faust 111
Feodossija 167, 170
Ferrara 105, 107
Findelgletscher 83, 87
Fitzgerald, F. Scott 90–97, 214
Fitzgerald, Zelda 90, 95, 96
Flaubert, Gustave 98–103, 215
Fleming, Peter 17
Florenz 10, 105, 107, 111, 124, 125, 126
Franco, Bea 140
Frankreich 8, 9, 29–32, 38, 40, 56, 62, 90–96, 99, 124, 177
Französische Riviera 90–97
Fredrikstad 200, 205
Freetown 73, 112–114, 117

Gaienhofen 121
Galaye 114
Ganta 114, 116
Garnett, David ‚Bunny' 198
Gatsby, Jay 95
Genua 118, 121, 124–126
Georg III., König 22
Ghana 12–15
Gießen 57, 58
Giovannis Zimmer 29, 32
Gizeh 98, 102, 103, 180
Godwin, William 205
Goethe, Johann Wolfgang von 9, 104–111, 215
Goodman, James ‚Big Jim' 143, 144
Göteborg 200, 201, 205
Grand Bassa *siehe* Buchanan
Great Wakering 194, 195

Greene, Barbara 112–117
Greene, Graham 112–117, 215
Greenleaf, Richard ‚Dickie' 125, 126
Greville, George 24
Griechenland 206–211
Guangzhou 16, 18
Guinea 73, 114
Guling 18
Gundert, Hermann 118
Gurzuf *siehe* Hursuf

Hackforth-Jones, Campbell 150, 151
Haiti 130–135
Hamburg 200, 202
Hamilton, Sir William 108
Han Chiang 18
Hankou 16, 18
Happersberger, Lucien 32
Harlem 29, 32, 131, 136, 149, 150
Harlem Renaissance 32, 131
Harou, Prosper 74
Harry Potter und der Stein der Weisen 174
Hatton, Denys Finch 78
Herz der Finsternis 73, 75
Heath, Gordon 32
Henderson Creek 142, 144, 147
Herculaneum 10
Hertz, Henrik 10
Hesket Newmarket 69, 70
Hesse, Hermann 118–124, 215
Highsmith, Patricia 125–129, 215
Hill, Ellen 126
Ho-Chi-Minh-Stadt 17, 177
Hocking, Silas 82, 87
Hoetis, Themistocles *siehe* Solomos, George
Hoffmann, E. T. A. 9
Holmes, Sherlock 82–89
Hongkong 16–18
Household Words 68
Hoyt, Rosemary 95

Huangshan (Stadt) 16, 18, 20, 21
Hugo, Victor 9, 99
Hull 200, 201
Hurston, Zora Neale 130–135, 215
Hursuf 167, 170, 171
Hyères 92, 95

Ich kenne einen Ort weit weg von hier 12
Im Hinterland 117
Imlay, Gilbert 201, 205
In einer deutschen Pension 154, 158
Indonesien 118, 121
Inzow, General Iwan 166, 169
Irisches Tagebuch 52
Irland 51–53
Irving, Henry 189
Isherwood, Christopher 16–21, 212
Istanbul 62, 64, 66, 67, 208
Italien 8–10, 62, 79, 99, 103, 104–111, 118, 120, 124–126, 206
Italienische Reise 9

Jacobs Zimmer 206, 211
Jalta 167, 170
Jamaika 130–135
Japan 21, 34–37
Jenseits von Afrika 78, 81
Jinhua 16, 21
Johnson, Joseph 202, 205
Joliet 136, 139
Jonah's Gourd Vine 131
Journey to a War 17, 21
Jozan, Edouard 95, 96
Juan-les-Pins 92, 96
Jiujiang 16
Juneau 142–145

Kailahun 114
Kairo 12, 17, 98–102, 176, 180, 181
Kaliningrad 54, 57

Kawkasskaja *siehe* Temischbek
Kanada 142–147
Kansas City 139, 140
Kanton *siehe* Guangzhou
Karlovy Vary 104, 105
Karlsbad *siehe* Karlovy Vary
Karnak 98, 103
Kaukasus 166–171
Kazin, Pearl 46
Keen, Mary 31
Kefe *siehe* Feodossija
Kena 98, 103
Kenia 78–81
Kertsch 167, 170
Kerouac, Jack 136–141, 215
Kiew 166, 167
Kin-hwa *siehe* Jinhua
King, Dr. Martin Luther, Jr. 12, 15
King Peter's Town 114, 116
Kingston 132, 133, 135
Kinsaku, Matsuo *siehe* Bashō
Kinshasa 72, 74, 75
Kiukiang *siehe* Jiujiang
Klein, Georges-Antoine 75
Kneipp, Sebastian 154, 158, 159
Kniep, Christoph Heinrich 108, 111
Köln 51, 52, 54, 57
Kongo (Fluss) 72–77
Königsberg *siehe* Kaliningrad
Kopenhagen 8, 9, 78, 79
Korinth 206, 208
Korzeniowski, Józef Teodor Konrad *siehe* Joseph Conrad
Krim 166–171
Kristiania *siehe* Oslo
Kuling *siehe* Guling
Kviström 200, 205

La Gonâve 133, 135
Lake Eden 152, 153
Lake Laberge 142, 144
Lamming, George 182, 185, 186
Lancaster 69, 70
Larsen, Nella 150

Larvik 200, 205
Le Locle 8, 9
Leeds 69, 70
Leopoldville *siehe* Kinshasa
Letters from Iceland 17
Li Kwo Yi 16, 18
Liberia 12, 113–117
Liddell, Alice 54
Liddon, Dr. Henry 54
Liverpool 51, 52, 113, 157, 160–165
Lolly Willowes oder Der liebevolle Jägersmann 198
London 17, 21, 61, 62, 64, 67, 68, 69, 71, 75, 113, 117, 124, 125, 154, 157, 158, 161, 165, 172–175, 182–186, 189, 194, 198, 201, 202, 206, 208, 211
London, Jack 142–147, 215, 216
Lorca, Federico García 148–153, 216
Los Angeles 139, 140
Luzern 82–85, 87
Luxor 98, 99, 103
Lyon, Emma 108

MacNeice, Louis 17
Madame Bovary 101–103
Mailand 62, 105, 111
Make, Vusumzi 12
Malaysia 118, 121
Malcesine 104, 105
Malcolm X 15
Malibran, Maria 10
Mallowan, Max 61, 64, 67
Mahmudiyya 98, 102
Manchester 172–175
Mansfield, Katherine 154–159, 216
Manyanga 72
Mardi und eine Reise dorthin 164
Marin County 138, 141
Marseille 17, 95, 102, 124, 125, 176

Martinique 183–185
Maryport 69, 70
Matadi 72–74
Matsushima-Bucht 36, 37
Mauritius 38, 40, 42–43
Mayfield, Julian 12
Mayo 51, 52
Medinet Habu 98, 103
Meiringen 83, 87
Melville, Herman 160–165, 216
Moby-Dick 164
Mombasa 78, 79, 81
Monrovia 114, 116–117
Mord im Orientexpress 61, 67
Moriarty, Dean 138
Morse, Mary 46
Moskau 54–58
Mules and Men 131
Murphy, Gerald und Sara 90, 92, 96
Murry, John Middleton 154, 158
Mykene 208

Nafplio 208
Naipaul, V. S. 182, 185
Nairobi 78, 79, 81
Nanchang 16, 18, 19, 21
Nauplia *siehe* Nafplio
Neapel 8, 10, 78, 79, 105, 108, 111, 118, 124, 126, 127
New York City 21, 29, 46, 125, 131, 132, 135, 136, 139, 140, 148–153, 161–163, 165, 185
Nischni Nowgorod 57, 58
Nkrumah, Kwame 12, 15
Norwegen 200–202, 205
Notizen aus dem Ranzen 34

Oakland 139, 140, 147
Ogaki 25, 36
Ogle, Edward 24, 25
Olympia 206, 208
On the Road 136, 138, 140
Orage, A. R. 158

Orient-Express 60–67, 208
Orient-Express 113
Orwell, George 17
Oslo 31, 177, 200, 205
Ouro Preto 46, 49
Oxford 54, 57, 58, 185

Padua 105, 107
Paestum 105, 108
Palembang 121
Palermo 105, 108, 124
Pandemai 114
Paris 8, 9, 17, 28–33, 38, 39, 41, 57, 58, 90, 95, 99, 103, 124, 126, 176, 177, 181
Patras 206, 208
Penang 118, 121–123
Pendembu 114
Petrópolis 46, 48
Philadelphia 126
Pjatigorsk 167, 169
Platon 166
Poems: North & South – A Cold Spring 44
Poirot, Hercule 61, 62, 67
Pomeray, Cody 138, 140
Pompeji 10, 108
Port-au-Prince 131, 133, 135
Port of Spain 182, 184
Port Said 17, 78
Port Townsend 142, 143
Porter, Cole 92
Positano 124–129
Potter, Harry 172, 174, 175
Pressure 182
Prévot, André 178, 180, 181
Punter, Percy 131, 135
Puschkin, Alexander 166–167, 216

Questions of Travel 49

Rajewski, Alexander 169, 171
Rajewski, Nikolai 166–171
Rajewski, Nikolai Nikolajewitsch 166–171

Ramses II. 99
Raschīd 98, 102
Redburn 164, 165
Regensburg 104, 105
Reichenbachfälle 83, 87
Reise ohne Landkarten 113
Reisebriefe aus Südskandinavien 202, 205
Reno 138, 139
Réunion 38, 40–41
Rio de Janeiro 44, 46, 48
Ripley, Thomas 125, 126
Risør 203
Rom 8–11, 104, 105, 107, 108, 111, 124, 125, 126
Romancero gitano 149
Rosette *siehe* Raschīd
Rouen 99, 103
Rowling, J. K. 172–175, 216
Russland 54–58, 166–171

Saigon *siehe* Ho-Chi-Minh-Stadt
Saint-Denis 40, 41
Saint-Exupéry, Antoine de 176–181, 216
St. Mary 131, 132, 133
St. Michael 142, 147
Saint-Paul-de-Vence 29
Saint-Raphaël 92, 95
Salt Lake City 138–140
Samambaia 46, 48
San Francisco 136, 138, 139, 142, 143, 147
Sanditon 22–25
Sankt Petersburg 54, 57–59, 166, 167
Santos 44, 46
São Paulo 44, 46
Sartre, Jean-Paul 29
Sausalito 138, 139
Schlésinger, Elisa 99
Selvon, Sam 182–187, 217
Senju 35, 36
Serra dos Órgãos 44, 46
Sewastopol 167, 171

Shanghai 16, 17, 21
Shelley, Mary 205
Shepard, Captain James 143, 144
Shoeburyness 194, 195
Sieben phantastische Geschichten 78
Siddhartha 118, 122
Sierra Leone 73, 113, 114
Simferopol 167, 171
Simplon-Orient-Express *siehe* Orient-Express
Singapur 18, 121, 122
Sizilien 105, 108, 109, 111, 126
Sloper, Ira 143, 144, 147
Small's Paradise 148, 150
Soares, Lota de Macedo 44–49
Solomos, George 29, 31
Sora, Kawai 36
Southampton 124, 125, 184–187
Southminster 195, 197
Spanien 17, 149, 150
Sri Lanka 18, 118, 119, 121
Staël, Madame de 9
Stanleyfälle *siehe* Boyomafälle
Stansgate 195, 197
Stawropol 167, 170
Stephen, Thoby ‚Goth' 206, 208, 211
Stephen, Vanessa 206, 208
Stoker, Bram 188–193, 217
Strömstad 200, 205
Sturzenegger, Hans 118, 121, 122
Suezkanal 17, 81
Sumatra 121
Suncín de Sandoval, Consuelo 177, 178
Sutherland, Efua 12
Schweden 200–202, 205
Schweiz 8, 9, 32, 62, 82–88, 118

Taisee 16, 18
Taipi 165
Taman 167, 170
Tarwater, Martin 144
Tell el-Muqejjir 62
Tell My Horse 135
Temischbek (Kawkasskaja) 167, 170
Ternan, Ellen 68, 71
The Ascent of F6 17
The Diary of 'Helena Morley' 48
The Lazy Tour of Two Idle Apprentices 68, 71
The True Heart 198
Theben 98, 103
Thompson, Fred C. 144, 147
Thoughts on the Education of Daughters 202
Tiryns 208
Tischbein, J. H. W. 107, 108
Tod auf dem Nil 67
Tokio 21, 34–36
Tønsberg 200, 205
Trient 105, 107
Trinidad 182, 184, 185
Trollhättan 200, 205
Trowell, Garnet 154
Truckee 138, 139
Tschen, General Chang 18
Tunxi *siehe* Huangshan (Stadt)
Türkei 29, 63, 67, 101, 103

Ukraine 166, 167
Ur 62, 64, 65
USA 12, 15, 21, 29, 48, 125, 131, 135, 136–144, 148–153, 162, 164

Venedig 10, 62, 67, 105, 107, 124, 126
Verona 105, 107
Vesuv 10, 108
Vicenza 105, 107
Vietnam 18, 177
Von dieser Welt 32
Vor ihren Augen sahen sie Gott 135

Wadi Natrun 176, 180
Ein Walzer für mich 96
Warner, Sylvia Townsend 194–199, 217
Warschau 57, 58
Weimar 104, 105, 107, 111
Weißjacke 164
Wenzhou 16, 21
Westport 51, 52
Whitby 188–193
Whitehorse 142, 144
Wien 10, 62
Wigton 69, 70
Wind, Sand und Sterne 181
Wolfsblut 143
Wollstonecraft, Mary 200–205, 217
Woolf, Virginia 161, 206–211, 217
Woolley, Katherine und Leonard 64
Worthing 22–27
Wright, Richard 29, 31, 32

Yoshitada, Tōdō 34
Yuasa, Nobuyuki 36
Yukon 142–147

Zärtlich ist die Nacht 90, 94–96
Zermatt 83, 87
Zero 29, 32
Zigida 114
Zigi's Town 114, 116
Zwei Fremde im Zug 125

Bildnachweise

2 Peter Fogden/Unsplash; 9 Wjaceslav Polejaev/Dreamstime; 11 oben Carlos Ibáñez/Unsplash; 11 unten Niday Picture Library/Alamy Stock Photo; 12 Andrew Pinder; 14 Virgyl Sowah/Unsplash; 15 Ariadne Van Zandbergen/Alamy Stock Photo; 17 Andrew Pinder; 18 Bettmann/Getty Images; 19 Kaiyu Wu/Unsplash; 20–21 Yang Song/Unsplash; 22 Ivona17/Dreamstime; 25 Look and Learn/Illustrated Papers Collection/Bridgeman Images; 26–27 Trigger Image/Alamy Stock Photo; 28 Adrien/Unsplash; 29 Andrew Pinder; 32 Robert Doisneau/Gamma-Rapho/Getty Images; 33 Keystone-France/Gamma-Rapho/Getty Images; 34 CPA Media Pte Ltd/Alamy Stock Photo; 37 David Bertho/Alamy Stock Photo; 39 German Vizulis/Shutterstock; 40–41 Old Images/Alamy Stock Photo; 42–43 Xavier Coiffic/Unsplash; 44 Andrew Pinder; 45 BrazilPhotos/Alamy Stock Photo; 48 Leonardo Finotti; 49 Imagebroker/Alamy Stock Photo; 50 Rizby Mazumder/Unsplash; 51 Andrew Pinder; 54 Ivona17/Dreamstime; 55 Christian Wiediger/Unsplash; 58–59 iam_os/Unsplash; 60 Shawshots/Alamy Stock Photo; 61 Ivona17/Dreamstime; 64–65 robertharding/Alamy Stock Photo; 66 Daniel Burka/Unsplash; 68 Andrew Pinder; 70 Gavin Dronfield/Alamy Stock Photo; 71 oben Illustrated London News Ltd/Mary Evans; 71 unten Hulton Archive/Getty Images; 73 Granger Historical Picture Archive/Alamy Stock Photo; 74 EyeEm/Alamy Stock Photo; 75 DeAgostini/Biblioteca Ambrosiana/Getty Images; 76–77 Zute Lightfoot/Alamy Stock Photo; 78 Andrew Pinder; 80 Apic/Getty Images; 81 DeAgostini/G. Wright/Getty Images; 82 Ivona17/Dreamstime; 84–85 Marc/Unsplash; 86 Hulton Archive/Getty Images; 88–89 eugen_z/Alamy Stock Photo; 90 Andrew Pinder; 91 Michael Shannon/Unsplash; 94 Christie's Images/Bridgeman Images; 95 Photo12/Universal Images Group/Getty Images; 96–97 Gerti Gjuzi/Unsplash; 99 Ivona17/Dreamstime; 100–101 Omar Elsharawy/Unsplash; 103 Granger/Bridgeman Images; 104 Ivona17/Dreamstime; 106 DeAgostini/Getty Images; 107 Henrique Ferreira/Unsplash; 108 DeAgostini/Getty Images; 109 Anastasiia Rozumna/Unsplash; 110–111 Anjuna Ale/Unsplash; 112 Social Income/Unsplash; 113 Andrew Pinder; 116–117 Tommy Trenchard/Alamy Stock Photo; 117 sjbooks/Alamy Stock Photo; 118 Ivona17/Dreamstime; 119 Alex Azabache/Unsplash; 122 VTR/Alamy Stock Photo; 123 oben Hulton Archive/Getty Images; 123 unten Kenishirotie/Alamy Stock Photo; 125 Andrew Pinder; 127 Samuel C./Unsplash; 128–129 Letizia Agosta/Unsplash; 130 Yves Alarie/Unsplash; 131 Andrew Pinder; 132 Everett Collection/Bridgeman Images; 135 J. B. Helsby/Topical Press Agency/Getty Images; 136 Andrew Pinder; 137 Jean Colet/Unsplash; 138 oben Private Collection/Bridgeman Images; 138 unten Jason Finn/Alamy Stock Photo; 141 Robert Gomez/Unsplash; 143 Naci Yavuz/Shutterstock; 145 Kayti Coonjohn; 146 Stefano Bianchetti/Corbis/Getty Images; 147 Christophel Fine Art/Universal Images Group/Getty Images; 149 Andrew Pinder; 150 Bettmann/Getty Images; 151 Zach Miles/Unsplash; 152–153 Kumar Sriskandan/Alamy Stock Photo; 154 Sam Oaksey/Alamy Stock Photo; 156–157 NatureQualityPicture/Shutterstock; 158 ullstein bild/ullstein bild/Getty Images; 159 Look and Learn/Valerie Jackson Harris Collection/Bridgeman Images; 160 Phil Kiel/Unsplash; 161 German Vizulis/Shutterstock; 165 Peacock Graphics/Alamy Stock Photo; 166 T. Latysheva/Shutterstock; 168 Lena Serditova/Shutterstock; 170 Artepics/Alamy Stock Photo; 171 Fine Art Images/Heritage Images/Getty Images; 172 thongyhod/Shutterstock; 174 Shahid Khan/Alamy Stock Photo; 175 Sarah Ehlers/Unsplash; 177 Andrew Pinder; 178–179 Michele Burgess/Alamy Stock Photo; 180 Spaarnestad Photo/Bridgeman Images; 181 Keystone Press/Alamy Stock Photo; 182 Andrew Pinder; 183 Pierre Becam/Unsplash; 186 The National Archives/SSPL/Getty Images; 187 Daily Express/Pictorial Parade/Hulton Archive/Getty Images; 188 Jess McMahon/Unsplash; 189 Private Collection; 192 Paul Williams/Alamy Stock Photo; 193 steeve-x-foto/Alamy Stock Photo; 194 Andrew Pinder; 196–7 G. Scammell/Alamy Stock Photo; 198 Bridgeman Images; 199 Daniel Jones/Alamy Stock Photo; 201 Andrew Pinder; 202–203 mariusz.ks/Shutterstock; 204 oben Universal History Archive/Universal Images Group/Getty Images; 204 unten Universal History Archive/Universal Images Group/Getty Images; 206 Andrew Pinder; 207 Pat Whelen/Unsplash; 210–211 Niday Picture Library/Alamy Stock Photo; 211 Bridgeman Images.

Danksagung des Autors

Mein Dank geht an Zara Anvari, die dieses Buch in Auftrag gab, sowie an Clare Churly für ihr sorgfältiges Lektorieren des Manuskripts und vieles mehr. Danke auch an Michael Brunstrom für seinen redaktionellen Input im Hinblick auf den Inhalt und die endgültige Fassung. Dieses Buch dürfte sich kaum ein Atlas nennen ohne die Karten aus der Feder von Hannah Naughton, die auch das Coverbild gestaltet hat. Ebenso danke ich Andrew Pinder für seine fabelhaften Illustrationen.

Weiterer Dank gebührt Richard Green, Jessica Axe, Katie Bond und dem gesamten Team bei White Lion und Aurum für ihren Einsatz sowohl für dieses Buch als auch für frühere Atlanten, insbesondere Melody Odusanya für die Öffentlichkeitsarbeit.

Ich danke den Mitarbeiterinnen und Bibliothekaren der British Library in St Pancras, der London Library in St James und den Hackney Libraries, Zweigstelle Stoke Newington.

Außerdem möchte ich all meinen (alten und neuen, fernen und nahen) Freunden danken, meinen Verwandten beidseits des Atlantiks, meiner brillanten, schönen Frau Emily Bick und unseren Katzen Hilda und Kit.

IMPRESSUM

Übersetzung aus dem Englischen
von Dagmar Brenneisen

Titel der Originalausgabe: *The Writer's Journey. In the Footsteps of the Literary Great*, ISBN: 978-0-7112-6872-2, erschienen 2022 bei: White Lion Publishing, einem Imprint von The Quarto Group, www.Quarto.com

Copyright © 2022 Quarto Publishing plc
Text © 2022 Travis Elborough

Umschlaggestaltung von Gramisci Editorialdesign, Claudia Geffert, München, unter Verwendung von Grafiken aus dem Buch, Copyright siehe S. 223.

Unser gesamtes lieferbares Programm und viele weitere Informationen zu unseren Büchern, Spielen, Experimentierkästen, DVDs, Autoren und Aktivitäten finden Sie unter kosmos.de.

Gedruckt auf chlorfrei gebleichtem Papier

Für die deutschsprachige Ausgabe:
© 2023, Franckh-Kosmos Verlags-GmbH & Co. KG, Pfizerstraße 5–7, 70184 Stuttgart

Alle Rechte vorbehalten
ISBN: 978-3-440-17745-7

Redaktion: Carolin Kugel
Lektorat: Ulla Gerber, Leipzig
Satz: Dagmar Brenneisen, Speyer
Produktion: Vanessa Frömmig
Druck und Bindung: Papercraft
Printed in Malaysia/Imprimé en Malaisie